# 元号通覧

森 鷗外



講談社学術文庫

# 目次

# はじめに

## 本書について

・本書は森林太郎（鷗外）が、元号の考証をおこなった『元号考』を改題したものです。未完のまま没したため、一九二六年刊行の『鷗外全集』第六巻に収録される際に、図書寮の部下であった吉田増蔵氏によって補訂された旨が同書巻末の「編纂者の言葉」（与謝野寛・平野万里）に記されています。

・本書は一九五三年に岩波書店から刊行された『鷗外全集』第一三巻を底本としました。本文の校訂については収録した「後記」もあわせてご参照ください。

・学術文庫化にあたって、編集部でおこなった作業は以下の通りです。

・漢字の旧字体は新字体に改め、明らかな間違いは訂しました。

・おおよそ一〇〇年ごとに区切りを入れて見出しを付しました。

・元号の下に、［ ］で括って読みおよび期間を西暦で補いました。元号の読みは『国史大辞典』（吉川弘文館、一九七九―九七年）によりました。

・書名、史料名と思われるものには『 』を補いました。

## 本書の読み方

天徳《テントク》［てんとく：九五七―九六一年］　①村上天皇。②天暦十一年丁巳十月廿七日。③為水旱怪異改
元。④『元秘別録』。『略頌抄』。
⑤秦具瞻勘申。『村上天皇御記』。⑥
⑦『易』。飛龍在天、乃位乎天徳。
『礼記』。苟不固聡明聖知、達天徳者、其孰能知之。
⑧応和　菅原文時与天徳同勘申。⑨『村上天皇御記』。⑩『元秘別録』。
⑪董巴議。鳥獣万物、莫不応和。
傅休奕文。峩峩任君、応和秀生。

①在位中の天皇。②改元の日付。③改元の理由。④上記の情報の出典（『』は編集部で補いました。以下、⑥⑦⑩⑪も同様）。⑤勘申者など。⑥上記の情報の出典。⑦元号の典拠となった書物や作品、その該当箇所。⑧同時に勘申された元号。⑨候補となった元号の勘申者。⑩上記の情報の出典。⑪候補となった元号の典拠となった書物や作品、その該当箇所。

＊元号によっては、この形式とは多少異っているものもあります。

# 元号通覧

# 大化—朱鳥（六四五—六八六年）

**大化《ダイクワ》**［たいか：六四五—六五〇年］　孝徳天皇。元年。

『法隆寺縁起』。以大化三年為戊申。紀之四年也。

『日本紀』。改天豊財重日天皇四歳、為大化元年。上有明王、大化旁流、充塞六合。『不知記』。

『書』。〔大誥〕肆予大化誘我友邦君。

『孟子』。〔尽心〕浩生不害問曰、（中略）何謂善、何謂信。孟子曰。可欲之謂善、有諸己之謂信、充実之謂美、充実而有光輝之謂大、大而化之之謂聖、聖而不可知之之謂神。

『荀子』。〔議兵〕夫是之謂大化至一。又。〔天論〕陰陽大化、風雨博施。

『呂氏春秋』。〔大楽〕能以一治其国者、姦邪去、賢者至、成大化。

『漢書』。〔董仲舒伝〕古者修教訓三官、務以徳善化民、民已大化之後、天下常無一人之獄矣。

『漢書』。〔匡衡伝〕道徳弘于京師、淑問揚乎疆外、然後大化可成、礼譲可興也。

『忠経』。聖君。禄賢官能、式敷大化。

『潜夫論』。〔本訓〕法令刑賞者、（中略）未足以興大化而升太平也。

『晋書』。〔楽志〕於穆我皇、大化洽、地平而天成。

『宋書』。〔臨川烈武王道規伝〕鮑照河清頌。朝神省方、大化抑而未許。

『北史』。〔鄭羲伝〕宋弁歌曰。文王政教兮、暉江昭寧、如大化光四表。

陸機。〔連珠〕大化既洽、百姓無匿於心。

魏明帝。〔櫂歌行〕王者布大化、文徳以時、武功伐不随。

『宋書』。〔楽志、魏王粲、兪児舞歌〕神武鷹揚、大化咸熙。

『魏志』。〔劉馥伝〕馥子靖上疏曰。闡弘大化、以綏未賓。

『晋書』。〔荀勗伝〕凡居位者、務思蕭曹之心、以翼佐大化。


白雉《ハクチ》〔はくち：六五〇—六五四年〕　孝徳天皇。大化六年。

古本『水鏡』。活字『水鏡』。『年代記』。『皇代記』。『海東諸国記』。以白雉元年為壬子、紀之三年也。『旧唐書』為乙巳、紀之大化元年也。

『日本紀』。大化六年二月庚午朔戊寅、穴戸国司草壁連醜経、献白雉。甲申改元白雉。

『春秋感精符』。王化旁流四表、則白雉見。

『孝経援神契』。周成王時、越裳献白雉。

『易林』。白雉羣雊、慕徳貢朝。

『後漢書』。〔光武紀〕日南徼外蛮夷、献白雉白兎。

『典略』。白雉、岱宗之精。

班固。〔白雉詩〕啓霊篇兮披瑞図、獲白雉兮効素鳥。
李嶠詩。白雉振朝声、飛来表太平。

**白鳳《ハクホウ》**［はくほう：私年号］　天武天皇。元年。
『日本紀』。白鳳十五年秋七月乙亥朔戊午、改元朱鳥元年。〔按、以天武即位壬申、為白鳳元年。〕

**朱鳥《シユテウ／アカミトリ》**［しゅちょう：六八六年］　持統天皇。白鳳十五年丙戌改元。
『日本紀』。〔二十九〕朱鳥。此云、阿訶美苔利。
『日本紀』。白鳳十五年秋七月乙亥朔戊午、改元朱鳥元年。
『東鑑』。白鳳十五年、自大和国献赤雉、改年号、為朱鳥元年。
『熱田縁起』。天武天皇、朱雀元年丙戌、按当紀朱鳥元年。
『礼記』。前朱鳥而後玄武、左青龍而右白虎。
『淮南子』。南方火也。其獣朱鳥。
『文耀鈎』。南宮赤帝、其精為朱鳥也。
『西京賦』。麒麟朱鳥、龍興含章。〔注。皆殿名。〕

# 大宝—延暦（七〇一—八〇六年）

**大宝**《ダイハウ》［たいほう：七〇一—七〇四年］　文武天皇。五年辛丑三月二十一日甲午。

『続日本紀』。文武五年歳次辛丑三月甲午、対馬嶋貢金。建元為大宝元年。

『神皇正統記』。以大宝、為年号之始。

『易』。〔繋辞〕聖人之大宝曰位。

『荀子』。〔儒効〕有師法者、人之大宝也。

『呂氏春秋』。〔先己〕凡事之本、必先治身、嗇其大宝。〔注。大宝身也。〕又。〔用衆〕

夫以衆者、此君人之大宝也。用其新、棄其陳。

『周礼』。〔春官〕天府、掌祖廟之守蔵、与其禁令。凡国之玉鎮、大宝然蔵焉。

『魏志』。〔王朗伝〕王粛言信之於民、国家大宝也。

『宋書』。〔武帝紀〕晋安帝詔、上則大宝以尊徳、下則建侯以褒功。

**慶雲**《キヤウウン》［けいうん：七〇四—七〇八年］　文武天皇。元明天皇。大宝四年甲辰五月十日甲午改元。

又云、十五日己亥改元。

『続日本紀』。大宝四年甲辰五月十日甲午改元。五月甲子、西楼上慶雲見。詔改元、為慶雲元年。

『漢書』。〔天文志〕若煙非煙、若雲非雲、郁郁紛紛、蕭索輪囷、是謂慶雲。慶雲見喜気也。〔按、『史記』天官書、慶並作卿。而正義以卿音為慶。〕又。〔礼楽志〕神之徠、泛翊翊、甘露降、慶雲出。

**和銅**《ワドウ》［わどう：七〇八—七一五年］元明天皇。元正天皇。慶雲五年戊申正月十一日乙巳改元。

『続日本紀』。和銅元年正月乙巳、武蔵国秩父郡献銅。依此改元。〔按、和銅直旨其物。而其語音或本於和同、未可知也。『呂氏春秋』。〔孟春〕天地和同、草木繁動。『淮南子』。〔俶真〕含陰吐陽、而万物和同者徳也。又『漢書』。上古之治、君臣同心、挙措曲直、各得其所。是以上下和同（一作合）、海内康平也。〕

**霊亀**《レイキ》［れいき：七一五—七一七年］元正天皇。和銅八年乙卯九月三日辛巳改元。

『続日本紀』。乙卯八月丁丑、左京人、大初位下、高田首久比麿、献霊亀、長七寸、濶六寸。乙卯九月三日辛巳改元。

『易』。舎爾霊亀、見我朶頤。

『爾雅』。二曰、霊亀。

**養老**《ヤウラウ》［ようろう：七一七—七二四年］元正天皇。聖武天皇。霊亀三年丁巳十一月十一日丁未改元。一云、十七日癸丑改元。

『続日本紀』。為美濃国当耆郡多度山醴泉出、改元。又。『符瑞書』、醴泉者美泉、可以養老、蓋水之精也。

『孟子』。〔尽心〕伯夷辟紂、居北海之浜、聞文王作、興曰、盍帰乎来、吾聞西伯善養老者。（中略）天下有善養老、則仁人以為己帰矣。

『礼記』。凡三王養老、皆引年。

『周礼』。〔地官〕二曰、養老。

**神亀《ジンギ》**［じんき：七二四―七二九年］聖武天皇。養老八年甲子二月四日甲子改元。

『続日本紀』。養老七年九月、神亀出。八年甲子二月四日、改元神亀。

『爾雅』。一曰、神亀。

『大戴礼』。甲虫三百六十、神亀為之長。

**天平《テンビヤウ》**［てんぴょう：七二九―七四九年］聖武天皇。神亀六年己巳八月五日癸亥。

『続日本紀』。神亀六年五月己卯、左京職献亀、長五寸三分、濶四寸五分、其背有文云、天王貴平知百年、八月癸亥、改元天平。

『易』。〔文言〕雲行雨施、天下平也。

『礼記』。国治而後、天下平也。

『越絶書』。聖人上知天、下知地、中知人、此之謂天平地平。

『詩』。〔鄭箋〕謂天下和、政教平也。

天平感宝《テンピヤウカンハウ》［てんぴょうかんぽう：七四九年］　聖武天皇。孝謙天皇。天平二十一年己丑四月十四日丁未改元。

『続日本紀』。天平廿一年己丑二月丁巳、陸奥国始貢黄金。四月丁未、改元、天平感宝。

天平勝宝《テンピヤウショウハウ》［てんぴょうしょうほう：七四九―七五七年］　孝謙天皇。天平二十一年己丑、天平感宝元年己丑七月二日甲午改元。一云、八月十八日改元。

『続日本紀』。天平感宝元年七月二日甲午、改感作勝。

天平宝字《テンピヤウハウジ》［てんぴょうほうじ：七五七―七六五年］　孝謙天皇。淳仁天皇。称徳天皇。天平勝宝九年丁酉三月十八日丙辰改元。一云、八月十八日甲午改元。

『続日本紀』。天平勝宝九年三月廿日戊辰、寝殿承塵之裏、天下太平四字自生焉。又駿河国益頭郡之人、金刺舎人麻呂、献蚕産成字。以是八月十八日甲午改元。

天平神護《テンピヤウジンゴ》［てんぴょうじんご：七六五―七六七年］　称徳天皇。天平宝字九年乙巳正月七日己亥改元。

『続日本紀』。称徳天皇勅、中麿外戚近臣、幸頼神霊護国助軍、不盈旬日、咸伏誅戮。

神護景雲《ジンゴケイウン》［じんごけいうん：七六七―七七〇年］　称徳天皇。光仁天皇。天平神護三年丁未八月十六日癸巳、一云、十八日乙未改元。

『続日本紀』。天平神護三年、以景雲屢現改元。

『孝経援神契』。王者徳至、山陵則景雲出。

『晋書』。〔文志天〕景雲、太平之応。

応貞詩。鳳鳴朝陽、龍翔景雲。

蔡邕『釈誨』。属炎気於景雲。


**宝亀**《ハウキ》〔ほうき：七七〇―七八一年〕光仁天皇。神護景雲四年庚戌十月朔己丑改元。

『続日本紀』。神護景雲四年八月五日、肥後国葦北郡人、日奉部広主売、献白亀。十七日、同国益城郡人、山稲主、献白亀。

『書』。寧王、遺我大宝亀。

『礼記』。青黒緑者、天子之宝亀也。


**天応**《テンノウ》〔てんおう：七八一―七八二年〕光仁天皇。桓武天皇。宝亀十二年辛酉正月朔日辛酉改元。一云、二日壬戌改元。

『続日本紀』。正月辛酉朔詔、比有司奏、伊勢斎宮所見美雲、正合大瑞。彼神宮者、国家所鎮、自天応之、吉無不利云云。

『易』。順乎天而応乎人。

『礼緯』。〔含文嘉〕伏羲徳合上下、天応以鳥獣文章、地応以河図洛書。

『漢書』。〔董仲舒伝〕天瑞応誠而至。又。善言天者、必有徴于人、故朕垂問乎天人之応。

『後漢書』。〔郅惲伝〕武王不以天下易一人之命、故能獲天地之応。又。天下並応伝福無窮。

延暦《エンリャク》［えんりゃく：七八二―八〇六年］　桓武天皇。平城天皇。天応二年壬戌八月十九日己巳改元。

『続日本紀』。八月己巳詔、今者宗社降霊、幽顕介福、年穀豊稔、徴祥仍臻、思与万国、嘉此休祚、宜改天応曰延暦元年。

# 大同—昌泰（八〇六—九〇一年）

**大同**《ダイドウ》［だいどう：八〇六—八一〇年］平城天皇。嵯峨天皇。延暦二十五年丙戌五月十八日辛巳改元。

『書』。〔洪範〕亀従、筮従、卿士従、庶民従、是之謂大同。

『礼記』。〔礼運〕大道之行也、天下為公、（中略）是謂大同。

『潜夫論』。〔卜列〕鴻範之占、大同是尚。

**弘仁**《コウニン》［こうにん：八一〇—八二四年］嵯峨天皇。淳和天皇。大同五年庚寅九月廿日丁巳改元。
又云、廿五日壬戌改元。又云、廿七日甲子改元。

**天長**《テンチヤウ》［てんちょう：八二四—八三四年］淳和天皇。仁明天皇。弘仁十五年甲辰正月五日乙卯改元。

都腹赤、南淵弘貞、菅原清公同勘申。『元秘別録』。『略頌抄』。

『老子』。天長地久。

**承和**《ソウワ》《ジョウワ》［じょうわ：八三四—八四八年］　仁明天皇。天長十一年甲寅正月三日甲寅。一云、四日乙卯。為即位改元。『続日本後紀』。

『大和物語』。ソウワノ御門。

『続日本後紀』。承和元年春正月壬子朔、（中略）甲寅、（中略）是日改年号、下詔曰、（中略）是知正始重本之典、千帝同符。


**嘉祥**《カジヤウ》［かしょう：八四八—八五一年］　仁明天皇。文徳天皇。承和十五年戊辰六月十三日庚子。一云、十四日辛丑。為即位改元。『続日本後紀』。

『続日本後紀』。豊後国大分郡、献白亀。

『漢書』。〔宣帝紀〕洒者神爵五采以万数、集長楽、未央、北宮、高寝、甘泉、泰畤殿中、及上林苑、屢獲嘉祥。

『抱朴子』。人主有道、嘉祥並臻、此則天喜也。

『文選』。国静民康、神応休臻、屢獲嘉祥。

『毛詩正義』。将有嘉慶、禎祥先来見也。


**仁寿**《ニンジュ》［にんじゅ：八五一—八五四年］　文徳天皇。嘉祥四年辛未四月廿八日庚午。為得白亀甘露瑞改元。『文徳実録』。

『文徳実録』。孫氏瑞応図、甘露降於草木、食之令人寿。

『論語』。知者楽、仁者寿。

**斉衡《サイカウ》**［さいこう：八五四―八五七年］　文徳天皇。仁寿四年甲戌十一月晦日改元。一云、十一月二十八日己酉。又云、二十九日庚戌。

『文徳実録』。石見国醴泉出。詔、欲使曠代禎府、及万邦以共慶、随時徳政、逐五帝而斉衡。

楊炯碑文。南昌晦跡、共梅福而斉衡、左部韜真与橋玄而等列。

**天安《テンナン》**［てんあん：八五七―八五九年］　文徳天皇。清和天皇。斉衡四年丁丑二月二十日戊子改元。一云、二十一日己丑。

『文徳実録』。縁美作常陸二国、献白鹿連理之瑞。

『史記』。〔陸賈伝〕陸生曰、天下安、注意相、天下危、注意将。

**貞観《ヂヤウグワン》**［じょうがん：八五九―八七七年］　清和天皇。陽成院天皇。天安三年己卯四月十五日庚子改元。又云、十六日辛丑。

『易』。〔繋辞〕天地之道、貞観者也。

**元慶《グワンギヤウ》**［がんぎょう：八七七―八八五年］　陽成院天皇。光孝天皇。貞観十九年丁酉四月朔壬申改元。又云、十一日壬午。又云、十五日丙戌。又云、十六日丁亥、又云、二十一日壬辰。

『三代実録』。備前国献白鹿。但馬国献白雉。尾張国言木連理。

張華詩。称元慶、奉聖觴、后皇延遐祚、安楽撫万方。

仁和《ニンナ》［にんな：八八五―八八九年］光孝天皇。宇多院天皇。元慶九年乙巳二月二十一日丁未改元。

『礼記』。歌楽者、仁之和也。

『魏書』。〔游明根伝〕処身以仁和、接物以礼譲。

寛平《クワンペイ》《クワンベイ》［かんぴょう：八八九―八九八年］宇多院天皇。醍醐天皇。仁和五年己酉四月二十六日丁亥改元。又云、二十七日戊子。

『唐書』。〔刑法志〕高祖太宗、除隋虐乱、治以寛平、民楽其安、重於犯法、致治之美、幾乎三代之盛。

昌泰《シヤウタイ》［しょうたい：八九八―九〇一年］醍醐天皇。寛平十年戊午四月廿六日乙丑改元。又云、八月十六日癸丑。

『旧唐書』。〔音楽志〕堂堂聖祖興、赫赫昌基泰。

# 延喜—長保（九〇一—一〇〇四年）

延喜《エンギ》［えんぎ：九〇一—九二三年］醍醐天皇。昌泰四年辛酉七月十五日甲子。為歳次辛酉。又老人星見改元。『良賢記』。『略頌抄』。
尚書『璇璣鈐』。禹開龍門、導積石、玄珪出刻、曰延喜、王受徳、天錫佩。

延長《エンチヤウ》［えんちょう：九二三—九三一年］醍醐天皇。朱雀院天皇。延喜二十三年癸未正月十一日丙戌改元。一云、閏四月十一日。

醍醐天皇勅勘。『西宮記』。『元秘別録』。『略頌抄』。

『文選』。〔班固東都賦、白雉詩〕彰皇徳兮侔周成、永延長兮膺天慶。

『詩』。〔受命不殆疏〕商之先君、受天之命、年世延長。

『史記正義』。南極為人主寿命延長之応。

『漢書』。〔礼楽志〕福滂洋、邁延長。

承平《ショウヘイ》《ジョウヘイ》［じょうへい：九三一—九三八年］朱雀院天皇。延長九年辛卯四月廿六日甲寅。為即位改元。『元秘別録』。

大江維時、大江朝綱同勘申。『李部王記』。『元秘別録』。

『後漢書』。〔食貨志〕今累世承平、豪富吏民、貲数鉅万。


天慶《テンキヤウ》［てんぎょう：九三八—九四七年］　朱雀院天皇。村上天皇。承平八年戊戌五月廿二日戊辰。又云、二十三日己巳。為御慎、且地震改元。『元秘別録』。『略頌抄』。

大江維時、大江朝綱勘申。『貞信公記』。『元秘別録』。

『漢書』。〔倪寛伝〕唯天子建中和之極、兼総条貫、金声而玉振之、以順成天慶、垂万世之基。


天暦《テンリヤク》［てんりゃく：九四七—九五七年］　村上天皇。天慶十年丁未四月二十二日丁丑。又云、二十四日己卯。為即位改元。『元秘別録』。

『論語』。天之暦数、在爾躬。

『史記』。天暦始改、建于明堂。

『魏書』。朕以寡昧、夙承天暦。

天受　大江朝綱与天暦同勘申。『元秘別録』。
『孟子』。尭薦舜於天而天受之、暴之於民而民受之。舜為天人所受、故得天下。敢問天民受如何。曰使之主祭、百神享也、是天受也。使之事而事治、百姓安之、是民受也。（按、此合『孟子』本文与趙注而為言者。）

治安　大江朝綱与天暦同勘申。『元秘別録』。

『漢書』。〔文帝紀〕古者殷周有国、治安皆且千歳、有天下者莫長焉。

**天徳《テントク》**［てんとく：九五七―九六一年］　村上天皇。天暦十一年丁巳十月廿七日。為水旱怪異改元。『元秘別録』。『略頌抄』。

秦具瞻勘申。『村上天皇御記』。

『易』。飛龍在天、乃位乎天徳。

『礼記』。苟不固聡明聖知、達天徳者、其孰能知之。

応和　菅原文時与天徳同勘申。『村上天皇御記』。『元秘別録』。

董巴議。鳥獣万物、莫不応和。

傅休奕文。峩峩任君、応和秀生。

**応和《オウワ》**［おうわ：九六一―九六四年］　村上天皇。天徳五年辛酉二月十六日庚辰。為歳次辛酉、且皇居火改元。『良賢記』。『元秘別録』。

菅原文時天徳改元度勘申。『元秘別録』。

董巴議。鳥獣万物、莫不応和。

傅休奕文。峩峩任君、応和秀生。

嘉保　菅原文時与応和同勘申。『天暦御記』。『元秘別録』。

『史記』。〔始皇紀〕黔首修節、人楽同則嘉保天平、後敬奉法。

康保　菅原文時与応和同勘申。『天暦御記』。『元秘別録』。

乾徳　『書』。別求聞由古先哲王、用康保民。

藤原俊生与応和同勘申。『天暦御記』。『元秘別録』。

『易林』。扶陽之政、以保乾徳、終終蠱惑。

『呉志』。〔薛瑩伝〕乾徳博好、文雅是貴。

**康保**《カウハウ》［こうほ：九六四―九六八年］村上天皇。冷泉院天皇。応和四年甲子七月十日癸未。為歳次甲子改元。『元秘別録』。

菅原文時、応和度勘申。『天暦御記』。『元秘別録』。
『書』。別求聞由古先哲王、用康保民。
嘉保　菅原文時、大江維時応和度同勘申。『天暦御記』。『左継記』。『元秘別録』。
乾徳　藤原俊生応和度勘申。『天暦御記』。『元秘別録』。
乾綱　大江維時康保前勘申。『左継記』。『元秘別録』。
『晋書』。〔華譚伝〕聖人之臨天下也、祖乾綱以流化、順谷風以興化。
長徳　大江維時康保前勘申。『小右記』。『元秘別録』。
揚雄文。唐虞長徳、而四海永懐。

**安和**《アンナ》［あんな：九六八―九七〇年］冷泉院天皇。円融院天皇。康保五年戊辰八月十三日癸亥。

又云、十三日甲子。為即位改元。『元秘別録』。

『漢書』。〔杜延年伝〕延年為人安和、備于諸事、久典朝政、上任信之。

『宋書』。〔楽志〕文帝造四時舞、以明天下之安和。

**天禄**《テンロク》［てんろく：九七〇—九七三年］円融院天皇。安和三年庚午三月廿五日丙寅。為即位改元。『元秘別録』。又云、為天変改元。『西襦抄』。

『詩』。天保定爾、俾爾戩穀、罄無不宜、受天百禄。

『論語』。尭曰咨爾舜、天之暦数在爾躬、允執其中、四海困窮、天禄永終。

『孟子』。弗与食天禄也。

**天延**《テンネン》［てんえん：九七三—九七六年］円融院天皇。天禄四年癸酉十二月二十日庚子。又云、廿日戊申。為天変地震改元。『元秘別録』。『略頌抄』。『西襦抄』。

**貞元**《ヂヤウグヱン》［じょうげん：九七六—九七八年］円融院天皇。天延四年丙子七月十三日戊寅。為火災地震改元。『元秘別録』。『略頌抄』。

**天元**《テングヱン》［てんげん：九七八—九八三年］円融院天皇。貞元三年戊寅四月十三日丁卯。又云、十五日。為災変、且太一陽五厄改元。『元秘別録』。

『史記』。王者易姓受命、必慎始初、改正朔、易服色、推本天元、順承其意。

『後漢書』。〔陳忠伝〕臣願明主厳天元之尊、正乾剛之位、職事巨細皆任賢能。

**永観**《エイクワン》［えいかん：九八三―九八五年］　円融院天皇。花山院天皇。天元六年癸未四月十日庚子。又云、十五日。為炎旱火災改元。『元秘別録』。

『書』。其永観朕子、懐徳。

『詩』。我客戻止、永観厥成。

**寛和**《クワンナ》［かんな：九八五―九八七年］　花山院天皇。一条院天皇。永観三年乙酉四月二十五日己亥。又云、廿七日辛丑。為即位改元。『元秘別録』。
『漢書』。〔東方朔伝〕使遇明王聖主、得清燕之間、寛和之色、発憤畢誠、図画安危、揆度得失。又。〔杜延年伝〕示以倹約寛和、順天心説民意。

**永延**《エイエン》［えいえん：九八七―九八九年］　一条院天皇。寛和三年丁亥四月五日丁酉。為即位改元。『元秘別録』。又云、為天変改元。『西嬬抄』。

馬融『広成頌』。豊千億之子孫、歴万載而永延。

曹植文。天禄永延。

潘岳辞。伊邈古之遐冑、遠祖考之永延。

**永祚**《エイソ》［えいそ：九八九―九九〇年］　一条院天皇。永延三年己丑八月八日丙辰。為彗星地震改元。『元秘別録』。『西嬬抄』。
大江維時旧勘申。『元秘別録』。

『晋書』。〔楽志〕保茲永祚、与天比崇。

『旧唐書』。〔王方慶伝〕当思答極施之洪慈、保無疆之永祚。


正暦《シヤウリヤク》［しょうりゃく：九九〇—九九五年］　一条院天皇。永祚二年庚寅十一月七日戊寅。又云、十七日戊子。為大風天災改元。『元秘別録』。

『史記』。〔律書〕新恒平以望気見、頗言正暦服色事。

『隋書』。〔経籍志〕臣先人考古法、以為正暦、垂之于後、事皆符験、不可改。

能成　菅原輔正与正暦同勘申。『元秘別録』。『園太暦』。
『易』。日月得天而能久照、四時変化而能久成、聖人久於其道而天下化成。又。能成天下之務、能通天下之志。〔注〕各得其所恒、故皆能久長也。

天保　菅原輔正与正暦同勘申。『元秘抄』。『元秘別録』。

『詩』。天保定爾、俾爾戩穀、罄無不宜、受天百禄。〔注〕戩福也、穀禄也。

『詩』。天保下報上、君能下下、以成其政、臣能帰美、以報其上焉、天保定爾、亦孔之固。〔注〕保安也、天之定汝亦固也。

『礼記』。嘉楽君子、憲憲令徳、宜民宜人、受禄于天、保佑命之、自天申之、故大徳者必受命。

『孟子』。楽天者保天下、畏天者保其国。

皆安　菅原輔正与正暦同勘申。『元秘別録』。
『書』。〔周官〕庶政惟和、万国咸寧。〔注〕官職有序、故衆政惟和、万国皆安、所以為至治也。

平康　菅原輔正与正暦同勘申。『元秘別録』。

『書』。俊民用章、家用平康。〔注〕賢臣顕用、国家平寧。

和平　菅原輔正与正暦同勘申。『元秘別録』。

『易』。聖人感人心、而天下和平。

咸和　藤原能成与正暦同勘申。『園太暦』。『西糯抄』。

『書』。自朝至于日中、昃不遑暇食、用咸和万民。『西糯抄』。

能安

『書』。〔顧命〕柔遠能邇、安勧小大庶邦。又。〔文侯之命〕柔遠能邇、恵康小民、無荒寧。〔注〕能柔遠者、必能柔近、然後国安。〔疏〕欲安遠、必能安近。

長徳《チヤウトク》［ちょうとく：九九五―九九九年］一条院天皇。正暦六年乙未二月廿一日。又云、二十二日戊戌。為疫癘天変改元。『元秘別録』。

大江維時旧勘申。『小右記』。『元秘別録』。『温旧知新』。

揚雄文。唐虞長徳、而四海永懐。

長保《チヤウハウ》［ちょうほ：九九九―一〇〇四年］一条院天皇。長徳五年己亥正月十三日丁卯。為災異水旱改元。『元秘別録』。

大江匡衡勘申。『権記』。『元秘別録』。

『易』。

『国語』。本国而功成、施徧而民阜、乃可以長保民矣。

延世　菅原輔正与長保同勘申。『元秘別録』。
『書』。罰不及嗣、賞延于世。〔注〕延久也、父子及其賞、道徳之政也。
『北斉書』。〔帝紀〕高祖平定四明、威権延世。

咸寧　菅原輔正与長保同勘申。『元秘別録』。
『書』。野無遺賢、万邦咸寧。〔注〕賢才在徳、天下安也。
『易』。乾道変化、各正性命、首出庶物、（中略）万国咸寧。〔注〕国所以寧者、以有君也。

恒久　菅原輔正与長保同勘申。『元秘別録』。
『易』。天地之道、恒久而不已、利有所往、得其道也。〔注〕得其所久、故不已。

休和　菅原輔正与長保同勘申。『元秘別録』。
『左伝』。一人行善、百姓休和、可不務乎。

# 寛弘—康和（一〇〇四—一一〇四年）

**寛弘**《クワンコウ》［かんこう：一〇〇四—一二年］　一条院天皇。三条院天皇。長保六年甲辰七月廿日壬寅。

為天変地妖改元。『元秘別録』。

大江匡衡勘申。『小右記』。『権記』。

『後漢書』。〔元帝紀〕寛弘尽下、出于恭倹、号令温雅、有古之鳳烈。

寛仁　大江匡衡与寛弘同勘申。『小右記』。『権記』。

『前漢書』。〔高帝紀〕高祖寛仁愛人、意豁如也。


**長和**《チヤウワ》［ちょうわ：一〇一二—一七年］　三条院天皇。後一条院天皇。寛弘九年壬子十二月廿五日戊子。為即位改元。『元秘別録』。

菅原宣義、大江通直勘申。『小右記』。『権記』。大江為清艸詔。『権記』。藤原惟光奉行。『小右記』。

『礼記』。君臣正、父子親、長幼和、而後礼義立。

太初　菅原宣義、大江通直与長和同勘申。『小右記』。『権記』。

『列子』。有太易、有太初、有太始、有太素。

政和　『易』。易有太極。〔疏〕太極謂天地未分以前、元気混而為一、即是太初、太一也。

菅原宣義、大江通直与長和同勘申。『小右記』。『権記』。

『礼記』。治世之音、安以楽、其政和。

『詩』。〔関雎〕〔文同上〕

『左伝』。寛以済猛、猛以済寛、政是以和。

『典言』。夫民之依、猶莫在保、盛則有須、政和則民悦。〔注〕言人後明王而悦焉。

寛仁《クワンニン》［かんにん：一〇一七―二一年］後一条院天皇。長和六年丁巳四月十三日辛巳。為即位改元。

藤原広業勘申。『権記』。『左経記』。

『書』。克寛克仁、彰信兆民。

『会稽記』。寛仁祐。

『漢書』。〔高祖紀〕寛仁愛人、意豁如。

寛徳　大江通直与寛仁同勘申。『権記』。『左経記』。

永貞　菅原宣義与寛仁同勘申。『権記』。

『易』。永貞吉。永保其貞。

淳徳　菅原宣義、大江通直与寛仁同勘申。『権記』。

『史記』。〔秦紀〕上含淳徳、以遇其下、下懐忠信、以事其上。

建徳　菅原宣義与寛仁同勘申。『権記』。『西孺抄』。

『文選』。建至徳、以創洪業。（洪一作鴻。）
『唐暦』、天子建徳固生。

礼道　大江通直与寛仁同勘申。『権記』。

崇徳　大江通直与寛仁同勘申。『権記』。

天受　藤原広業与寛仁同勘申。『権記』。

地寧　藤原広業与寛仁同勘申。『権記』。『温旧知新』。
『老子経』。天得一以清、地得一以寧、王侯得一以貞也。

**治安**《チアン》［ちあん：一〇二一―一〇二四年］　後一条院天皇。寛仁五年辛酉二月二日丁未。為歳次辛酉改元。『元秘別録』。
三善為政勘申。『左経記』。『元秘別録』。
『漢書』。〔賈誼伝〕陛下何不一令臣得孰数之於前、因陳治安之策、試詳択焉。

**万寿**《マンジュ》［まんじゅ：一〇二四―一〇二八年］　後一条院天皇。治安四年甲子七月十三日。又云、二十日乙巳。又云、二十五日庚戌。為歳次甲子改元。『元秘別録』。
三善為政勘申。『左経記』。『小右記』。『元秘別録』。『略頌抄』。『温旧知新』。
『詩』。楽只君子、邦家之光、楽只君子、万寿無疆。

嘉保　藤原義忠与万寿同勘申。『左経記』。『元秘別録』。

承天　藤原広業与万寿同勘申。『小右記』。『元秘別録』。『温旧知新』。

『易』。得主而有常、含万物而化、光承天而時行、積善之家、必有余慶。

『礼記』。承天之祜。〔注。祜福也。〕

『後漢書』。陛下聖徳承天、当隆盛化。

『書』。各守爾典、以承天休。

地寧　藤原広業与万寿同勘申。『小右記』。『元秘別録』。『温旧知新』。

嘉禄　菅原忠貞、藤原義忠与万寿同勘申。『小右記』。『元秘別録』。『温旧知新』。

『博物志』。成王冠、周公使税雍曰、陛下摛顕先帝之光耀、以承皇天嘉禄。又。任賢使能、以承皇天之嘉禄。

広運　三善為政与万寿同勘申。『小右記』。『温旧知新』。

『書』。帝徳広運、乃聖乃神、乃武乃文。

会同　三善為政与万寿同勘申。『小右記』。『温旧知新』。

『書』。四海会同、六府孔脩。

建保　藤原義忠与万寿同勘申。『小右記』。『温旧知新』。

『書』。〔多士〕亦惟天丕建、保乂有殷、殷王亦罔敢失帝、罔不配天其沢。

承保　藤原義忠与万寿同勘申。『小右記』。『温旧知新』。

『書』。〔洛誥〕周公曰、王命予来、承保乃文祖受命民。

**長元《チヤウグエン》**［ちょうげん：一〇二八—三七年］　後一条院天皇。後朱雀院天皇。万寿五年戊辰七月十五日戊申。又云、廿五日戊午。為疾疫炎旱兵革改元。『元秘別録』。

三善為政勘申。『小右記』。『元秘別録』。『温旧知新』。
太公『六韜』。天之為天、元為天長矣、地久矣、長久在其元、万物在其間、各得自利、謂之泰平、故有七十六壬癸、其所繋天下而有。〔今『六韜』無此文。〕（『略頌抄』）
玄通　大江通直与長元同勘申。『小右記』。『元秘別録』。『温旧知新』。
『老子』、古之善為士者、微妙玄通。
天祐　三善為政与長元同勘申。『元秘別録』。『温旧知新』。
『易』。自天祐之、吉无不利。
『詩』。於万斯年、受天之祐、四方来賀。〔注〕祐福也。天下楽仰武王之徳、欲其寿考。
政和　三善為政与長元同勘申。『元秘別録』。
『春秋繁露』。徳侔天地者、称皇帝、天祐而子之、号曰天子。
平泰　三善為政与長元同勘申。『元秘別録』。
『老子』、執大象、天下往、往而不害、安平泰。〔注〕万民帰往而不傷害、則国家安寧而太平、治身不害神明、身体安而大寿也。
承暦　藤原家経与長元同勘申。『元秘別録』。（按、拠『元秘別録』別本、家経所勘以重服不進。）
『維城典訓』。聖人者能体道以為用、以懿徳而承暦、資文明以応期、崇高則天、博厚儀地、鎔鋳包於六合、陶甄殊於万有。
政平　藤原家経与長元同勘申。『元秘別録』。

『符瑞図』。人君其政太平則醴泉涌、其政和平則醴泉出。
『詩』。籩豆之物、潔清而美、政平和気、所致故也。

義同　藤原家経与長元同勘申。『元秘別録』。
張衡『霊憲』。日月之所照、衆星被耀、因水転光、渾蓋雖異、而稟照之義同也、以伝光朝夕、舒　昼夜者也。

盛徳　大江挙周与長元同勘申。『元秘別録』。
『易』。（繋辞）盛徳大業至矣哉。

長育　大江挙周、三善為政与長元同勘申。『小右記』。『元秘別録』。『温旧知新』。
『詩』。君子能長育人材、則天下喜楽之矣。

延世　大江挙周与長元同勘申。『小右記』。『温旧知新』。

延祚　大江挙周与長元同勘申。『小右記』。『温旧知新』。
『後漢書』。（班固伝）歴十二之延祚。
『西征賦』。積徳延祚。

延善（一作政善）大江挙周与長元同勘申。『小右記』。『温旧知新』。

天求　菅原忠貞勘申。『礼部記』。（按、雖為後一条院天皇時所勘申、不知其属那改元度。）

**長暦**《チヤウリヤク》［ちょうりゃく：一〇三七—四〇年］　後朱雀院天皇。長元十年丁丑四月廿一日癸亥。又云、二十二日甲子。為即位改元。『元秘別録』。
藤原義忠勘申。『為房記』。『二東記』。『不知記』。『元秘別録』。『温旧知新』。

『晋書』。〔杜預伝〕預耽思経籍、作盟会、図春秋長暦、備作一家之学。

延世　大江挙周与長暦同勘申。『元秘別録』。

延祚　大江挙周与長暦同勘申。『元秘別録』。
『後漢書』。孝文皇帝賢明臨国、子孫頼福延祚。又。王者承天継宗、保業延祚。
『文選』。建十二之延祚。〔注〕延長、祚禄。

政善　大江挙周与長暦同勘申。『元秘別録』。

大応　大江挙周与長暦同勘申。『元秘別録』。
『史記』。輔徳天下大応、清意以昭待上帝命、天其重命用休徳。

和同　□□□□与長暦同勘申。『不知記』。
『漢書』。上古之治、君臣同心、挙措曲直、各得其所、是以上下和同、（一作合。）海
内康平也。
『書』。無荒寧、簡恤爾都、用成爾顕徳。

大治　菅原忠貞与長暦同勘申。『三東記』。『不知記』。『元秘別録』。『温旧知新』。
『礼記』。治図挻作輔、黄帝修徳立義、天下大治。

承宝　藤原義忠与長暦同勘申。『三東記』。『不知記』。『元秘別録』。『温旧知新』。
『斉書』。作宝鼎、其銘曰、斉帝万年、子孫承宝。
『北斉書』。祗承宝命、志弘治体。

長喜　□□□□与長暦同勘申。『不知記』。

康平　大江挙周与長暦同勘申。『土右記』。『元秘別録』。『温旧知新』。

『漢書』。上下和同、海内康平。

成徳　藤原資業与長暦同勘申。『土右記』。『元秘別録』。『温旧知新』。

『孔子家語』。古之御天下者、以総治焉、冢宰之官以成道、司徒之官以成徳、宗伯之官以成仁、司馬之官以成聖。

『荀子』。〔勧学〕君子其慎所立乎、積土成山、風雨興焉、積水成淵、蛟龍生焉、積善成徳、而神明自得、聖心循焉。

治暦　藤原資業、大江挙周与長暦同勘申。『二東記』。『元秘別録』。『温旧知新』。

『易』。沢中有火革、君子以治暦明時。

延寿　藤原資業、藤原忠貞与長暦同勘申。『二東記』。『元秘別録』。『温旧知新』。

『後漢書』。保延寿而宜子孫。

『文選』。歴千載而弥堅、永安寧以祉福、長与大漢而久存、実至尊之所御、保延寿而宜子孫。

天寿　藤原資業与長暦同勘申。『小右記』。『元秘別録』。

長久《チヤウキウ》［ちょうきゅう：一〇四〇—四四年］　後朱雀院天皇。長暦四年庚辰十一月十日辛酉。又云、十二月十日辛卯。為連年有凶災改元。『元秘別録』。

大江挙周、藤原資業同勘申。『春記』。『土右記』。『不知記』。『温旧知新』。『略頌抄』。

『老子』。天長地久。

延祥　藤原義忠与長久同勘申。『春記』。『野房記』。『資房卿記』。『土右記』。『温旧知新』。

天寿　橘孝親与長久同勘申。『春記』。『土右記』。『元秘別録』。『温旧知新』。『翰苑』。延祥祝栩。〔注〕鳳皇集祝栩県、応其祥瑞営宮也。

元功　橘孝親与長久同勘申。『春記』。『土右記』。『元秘別録』。『温旧知新』。『書』。〔君奭〕公曰、君奭、天寿平格、保乂有殷。

継天　大江挙周与長久同勘申。『春記』。『土右記』。『元秘別録』。『温旧知新』。『文選』。元功茂勲、若斯之盛。〔注〕馮衍集曰、定国家之大業、成天地之元功。

治平　藤原資業与長久同勘申。『元秘別録』。『帝王世紀』。大昊帝庖犠氏、有虞氏、有聖徳継天。

成徳　藤原資業与長久同勘申。『元秘別録』。『春秋元命苞』。直狐北有一大星、為老人星、見則治平主寿、亡則君危主亡、常以秋分候之。

『易』。君子以成徳為行、日可見之行也。
『書』。伊尹乃明言烈祖之成徳、以訓于王。
『孔子家語』。古之御天下者、以総治焉、冢宰之官以成道、司徒之官以成徳、宗伯之官以成仁、司馬之官以成聖。

承宝　藤原義忠与長久同勘申。『元秘別録』。

**寛徳**《クワントク》［かんとく：一〇四四―四六年］　後朱雀院天皇。後冷泉院天皇。長久五年甲申十一月廿四日壬午。又云、二十八日丙戌。為炎旱疾疫改元。『元秘別録』。

平定親、大江挙周勘申。『春記』。『土右記』。『二東記』。『元秘別録』。『略頌抄』。『温旧知新』。源親範艸詔。

『後漢書』。上下歓欣、人懐寛徳。

天喜　平定親与寛徳同勘申。『春記』。『土右記』。『二東記』。『元秘別録』。『温旧知新』。

『抱朴子』。人主有道、則嘉祥並臻、此則天喜也。

康和　平定親、藤原資房与寛徳同勘申。『春記』。『土右記』。『二東記』。『元秘別録』。『温旧知新』。

盛徳　大江挙周与寛徳同勘申。『春記』。『土右記』。『元秘別録』。『温旧知新』。

治暦　藤原資業、大江挙周与寛徳同勘申。『土右記』。『元秘別録』。『温旧知新』。

延寿　藤原資業、大江挙周与寛徳同勘申。『元秘別録』。

寛治　藤原資房与寛徳同勘申。『資房卿記』。『春記』。

治平　藤原資業与寛徳同勘申。『土右記』。『元秘別録』。『温旧知新』。

成徳　藤原資業与寛徳同勘申。『土右記』。『元秘別録』。『温旧知新』。

永承《エイショウ》《エイジョウ》［えいしょう：一〇四六―五三年］　後冷泉院天皇。寛徳三年丙戌四月十四日甲子。為即位改元。『元秘別録』。

平定親勘申。『春記』。『土右記』。『元秘別録』。『略頌抄』。『温旧知新』。

『書』。永承天祚。

康平　藤原資業与永承同勘申。『元秘別録』。『土右記』。『温旧知新』。

継天　大江挙周、藤原資業与永承同勘申。『土右記』。『元秘別録』。『温旧知新』。
承統　大江挙周与永承同勘申。『土右記』。『元秘別録』。『温旧知新』。
『帝王世紀』。大昊帝庖犠氏、有虞氏、有聖徳継天。
大弘　大江挙周与永承同勘申。『土右記』。『元秘別録』。『温旧知新』。
『符瑞図』。百王承統。

『晋書』。〔武帝紀〕大弘倹約。

承保　平定親与永承同勘申。『土右記』。『春記』。『元秘別録』。『温旧知新』。
『書』。召公既相宅、周公往。経営成周、使来告卜、作洛誥、周公拝手稽首曰、（中略）王命予来、承保乃文祖受命民。

天喜《テンギ》［てんき：一〇五三—五八年］　後冷泉院天皇。永承八年癸巳正月十八日壬子。又云、十一月十三日。為変異改元。『元秘別録』。
平定親勘申。『土右記』。『槐記』。『元秘別録』。『略頌抄』。『温旧知新』。
『抱朴子』。人主有道、則嘉祥並臻、此則天喜也。
平章　藤原国成与天喜同勘申。『土右記』。『元秘別録』。『温旧知新』。
『書』。〔尭典〕平章百姓。〔注〕百姓百官也、平和章明也。
成徳　藤原国成与天喜同勘申。『土右記』。『元秘別録』。『温旧知新』。
承保　平定親与天喜同勘申。『土右記』。『元秘別録』。『温旧知新』。
永長　平定親与天喜同勘申。『土右記』。『元秘別録』。『温旧知新』。

承安　『礼記正義』。聖人之道、為世彼則、故庶幾夙夜以永長。

『後漢書』。享図（一作稟国）永長、為後代法。

藤原実綱与天喜同勘申。『土右記』。『元秘別録』。『温旧知新』。

『書』。〔洛誥、正義〕周公曰、王今命我来、居臣位、承安汝文徳之祖、文王所受之民、令我継文祖大業、我所以不得去也。又。承安者承文王之意、安定此民。

『論衡』。舜禹承安継治、任賢使能、共已無為、而天下治。

政和　藤原実綱与天喜同勘申。『土右記』。『槐記』。『元秘別録』。『温旧知新』。

康平《カウヘイ》［こうへい：一〇五八―六五年］　後冷泉院天皇。天喜六年戊戌八月十三日辛亥。又云、廿九日。為大極殿火改元。『元秘別録』。
藤原実範勘申。『槐記』。『土右記』。『元秘別録』。『略頌抄』。『温旧知新』。
『後漢書』。文帝寛恵柔克、遭代康平。〔注〕克能也、言以和柔能理俗也。尚書、高明柔克也。
永長　平定親与康平同勘申。『土右記』。『元秘別録』。『温旧知新』。
承保　平定親、菅原定義与康平同勘申。『槐記』。『土右記』。『元秘別録』。『温旧知新』。
寛治　平定親与康平同勘申。『槐記』。『土右記』。『元秘別録』。『温旧知新』。
『礼記』。湯以寛治民、而除其虐、文王以文治、武王以武功、此皆有功烈於民者也。
天成　藤原実範与康平同勘申。『土右記』。『元秘別録』。『温旧知新』。
『易』。在天成象。〔正義〕天地之経、広包百物之情、在天成象、在地成形、象謂懸象、則日月景辰。又。天地成象成形、簡易之徳、明乾坤之大、比明聖人設卦也。

平康　菅原定義与康平同勘申。『土右記』。『元秘別録』。『温旧知新』。

『書』。俊民用章、家用平康。〔注〕賢臣顕用、国家平寧。

秉徳　菅原定義与康平同勘申。『土右記』。『元秘別録』。『温旧知新』。

『書』。〔君奭〕周公曰百姓王人、罔不秉徳明恤、小臣屏後侯甸。

**治暦**《チリヤク》［ちりゃく：一〇六五―六九年］　後冷泉院天皇。後三条院天皇。康平八年乙巳八月二日己丑。為災旱三合改元。『水左記』。『元秘別録』。『略頌抄』。

藤原実綱勘申。『土右記』。『帥記』。『元秘別録』。藤原成季艸詔。『水左記』。

『易』。君子治暦明時。

『書』。〔正義〕湯武革命、順于天而応於人、君子以治暦明時、然則改正治暦、自武王始矣。

応徳　藤原実綱、藤原明衡与治暦同勘申。『元秘別録』。

『白虎通』。天下泰平瑞符所以来至者、以為王者承天順理、調和陰陽、和万物序、休気充塞、故符瑞並臻、皆応徳而至。

『典言』。〔符命〕帝軒提象、鳴鳳巣而応徳。

寛裕　藤原正家与治暦同勘申。『元秘別録』。

『礼記』。寛裕者仁之作也、温良者仁之本也、礼節者仁之貌也、歌楽者仁之和也。

『呂氏春秋』。夾鐘之月、寛裕和平、行徳去刑。〔注〕行仁徳、知刑義。

承天　藤原明衡与治暦同勘申。『元秘別録』。
天祐　藤原正家与治暦同勘申。『元秘別録』。
承保　藤原正家与治暦同勘申。『帥記』。『元秘別録』。
延久　藤原実綱与治暦同勘申。『土右記』。『帥記』。『元秘別録』。
『書』。我道惟寧王徳延。〔注〕天不可信、我以道惟安寧王之徳、謀欲延久。
『書』。〔正義〕周公言、已欲以道安此文王之徳、謀欲延久之、使祚胤長遠、故我留輔王也。

延久《エンキウ》［えんきゅう：一〇六九―七四年］　後三条院天皇。白河院天皇。治暦五年己酉四月十三日己酉。為即位改元。『元秘別録』。

藤原実綱勘申。『帥記』。『土右記』。『槐記』。『二東記』。『元秘別録』。『略頌抄』。『温旧知新』。藤原成季艸詔。『帥記』。『土右記』。

『書』。〔注〕我以道惟安寧王之徳、謀欲延久也。

『書』。〔正義〕周公言、已欲以道安此文王之徳、謀欲延久之、使祚胤長遠、故我留輔王也。

元徳　藤原実綱与延久同勘申。『土右記』。『二東記』。『元秘別録』。『温旧知新』。
『易』。乾元亨利貞。〔正義〕乾健也、言天之体、以健為用、於人事言之則君也。元者善之長、謂天之元徳、始生万物。善之大者、莫若施生、然施生之宗、故為善長。又。以有乾之元徳、故能為物也、始而亨通。

『書』。〔酒誥〕茲亦惟天若元徳、永弗忘在王家。〔注〕言此非但正事之臣、亦惟天順其大徳、而佑之、長不見忘、在王家也。

嘉徳　藤原実政、藤原実綱与延久同勘申。『師記』。『土右記』。『二東記』。『元秘別録』。『温旧知新』。

治徳　藤原実政与延久同勘申。『土右記』。『二東記』。『元秘別録』。『温旧知新』。『左伝』。上下皆有嘉徳而無違心。『史記』。群臣嘉徳、祇誦聖烈也。

永保　藤原正家与延久同勘申。『土右記』。『二東記』。『温旧知新』。『淮南子』。治人者不以人以君。治徳者不以徳以道。

承保　藤原正家与延久同勘申。『師記』。『土右記』。『二東記』。『温旧知新』。

成徳　藤原正家与延久同勘申。『師記』。『土右記』。『二東記』。『温旧知新』。

**承保《ジョウハウ》**［じょうほ：一〇七四—七七年］白河院天皇。延久六年甲寅八月二十三日戊子。又云、十一月五日己亥。為即位改元。『元秘別録』。

藤原正家勘申。『師記』。『為房卿記』。『元秘別録』。『略頌抄』。

『書』。〔洛誥〕周公拝手稽首曰、王命予来、承保乃文祖受命民、越乃光烈考武王、弘朕恭、孺子来相宅、其大惇典殷献民。

元徳　藤原実綱与承保同勘申。『師記』。『元秘別録』。

承暦　藤原実綱与承保同勘申。『師記』。『元秘別録』。

治徳　藤原実政与承保同勘申。『元秘別録』。
『淮南子』。治人者不以人以君、治徳者不以人以道。
天祚　藤原実政与承保同勘申。『元秘別録』。
『左伝』。天祚明徳、有所底至。
成徳　藤原正家与承保同勘申。『元秘別録』。
『後漢書』。荷天衢於盛代兮、趣千歳而垂績、豈脩徳之極致、将天祚之攸適。
寛裕　藤原正家与承保同勘申。『帥記』。『元秘別録』。

承暦《シヨウリヤク》［じょうりゃく：一〇七七―八一年］　白河院天皇。承保四年丁巳十一月十七日甲子。為天変疱瘡改元。『不知記』。『元秘別録』。
藤原正家、藤原実綱同勘申。『帥記』。『不知記』。『元秘別録』。『略頌抄』。
『維城典訓』。聖人者能体道以為用、以懿徳而承暦、資文明以応期、崇高則天、博厚儀地、鎔鋳包於六合、陶甄殊於万有。
嘉徳　藤原実政与承暦同勘申。『元秘別録』。
養寿　藤原実政与承暦同勘申。『元秘別録』。
『史記』。老子百有六十歳、或言二百余歳、以其脩道而養寿也。
『後漢書』。全名養寿、無怵迫之憂。
治徳　藤原実政与承暦同勘申。『帥記』。『元秘別録』。
寛治　藤原正家与承暦同勘申。『元秘別録』。

安徳　藤原正家与承暦同勘申。『元秘別録』。『左伝』。楽以政安徳、義以処之、礼以行之、信以守之、仁以厲之、而後可以殿邦国同福禄来遠人、所謂楽也。〔注〕安徳、和其心也。
政和　藤原実綱与承暦同勘申。『元秘別録』。
応徳　藤原実綱与承暦同勘申。『元秘別録』。

**永保**《エイハウ》［えいほ：一〇八一—八四年］　白河院天皇。承暦五年辛酉二月十日丁卯。為歳次辛酉改元。『為房卿記』。『元秘別録』。

藤原行家勘申。『江記』。『為房卿記』。『元秘別録』。『略頌抄』。『書』。欽崇天道、永保天命。〔注。敬天安命之道也。〕又。惟王子子孫孫、永保民人。〔注。又欲令其子孫累世、長君国安民也。〕
嘉徳　藤原実政与永保同勘申。『江記』。『為房卿記』。『元秘別録』。『温旧知新』。
元徳　藤原有綱与永保同勘申。『為房卿記』。『不知記』。『元秘別録』。
天成　藤原有綱与永保同勘申。『元秘別録』。『左伝』。地平天成、挙八元、使布五教于四方。〔注〕成亦平也。
政平　藤原有綱与永保同勘申。『元秘別録』。『後漢書』。人所以安而失怨者政平也。
永長　藤原行家与永保同勘申。『為房卿記』。『不知記』。『元秘別録』。
応徳　藤原行家与永保同勘申。『元秘別録』。

**応徳**《オウトク》［おうとく：一〇八四―八七年］　白河院天皇。堀河院天皇。永保四年甲子二月七日丙子改元。

藤原有綱勘申。『資房卿記』、『江記』。『不知記』。『元秘別録』。『略頌抄』。『温旧知新』。

『白虎通』。天下泰平、符瑞所以来至者、以為王者承天順理、調和陰陽、和万物序、休気充塞、故符瑞並臻、皆応徳而至。

『典言』。〔符命〕帝軒提象、鳴鳳巣而応徳。

嘉徳　藤原実政与応徳同勘申。『資房卿記』。『不知記』。『元秘別録』。

養寿　藤原実政与応徳同勘申。『元秘別録』。

政和　藤原有綱与応徳同勘申。『元秘別録』。

治昌　藤原有綱与応徳同勘申。『元秘別録』。

『大礼』。光復而不乱者、所政治昌也、治国家而禅人民者、無若乎五言。

嘉福　藤原敦宗与応徳同勘申。『元秘別録』。

『詩』。脩礼其宗廟及古昔皇祖降下嘉福加福。〔注〕復本王応天也。

治和　藤原敦宗与応徳同勘申。『資房卿記』。『不知記』。『元秘別録』。

『淮南子』。治物者不以物以和。治和者不以和以人。治人者不以人以君。治徳者不以徳以道。

**寛治**《クワンヂ》［かんじ：一〇八七―九四年］　堀河院天皇。応徳四年丁卯四月七日戊子。又云、十一日。

為即位改元。『元秘別録』。

大江匡房勘申。『帥記』。『為房卿記』。『元秘別録』。『略頌抄』。『西襦抄』。『温旧知新』。菅原在良艸詔。『改元部類記』。

『礼記』。湯以寛治民、而除其虐、文王以文治、武王以武功、此皆有功烈於民者也。

治和　藤原敦宗与寛治同勘申。『帥記』。『為房卿記』。『元秘別録』。

承安　大江匡房、藤原敦宗与寛治同勘申。『為房卿記』。『元秘別録』。『温旧知新』。

『論衡』。舜禹承安継治、使賢任能、恭己無為、而天下治。『右大記』。

太平　藤原成季与寛治同勘申。『為房卿記』。『元秘別録』。

『詩』。得賢則能為邦家立太平之基。〔注〕人君得賢則其徳広大堅固、如南山之有基也。

養寿　藤原成季与寛治同勘申。『為房卿記』。『元秘別録』。

康寧　藤原成季与寛治同勘申。『為房卿記』。『元秘別録』。

『史記』。五福、一曰寿、二曰富、三曰康寧、四曰攸好徳、五曰考終命。〔注〕康寧民安平也。

『漢書』。率三公諸侯九卿大夫、定万世策、以安宗廟、天下烝庶、咸以康寧、功徳茂盛。〔注〕烝庶衆人、康安也。

**嘉保**《カハウ》［かほう：一〇九四―九六年］　堀河院天皇。寛治八年甲戌十二月十五日壬午。為疱改元。
『右大記』。『元秘別録』。

大江匡房勘申。『右大記』。『師記』。『為房卿記』。『元秘別録』。（按、『略頌抄』作大江惟時。）
菅原在良艸詔。『右大記』。『大記』。『中右記』。
『史記』。〔始皇紀〕嘉保太平。『右大記』。

承安　大江匡房与嘉保同勘申。『右大記』。『師記』。『為房卿記』。『元秘別録』。

弘徳　藤原成季与嘉保同勘申。『右大記』。『為房卿記』。『元秘別録』。『温旧知新』。
『易』。〔正義〕得位処尊、為天下之主、兼弘徳義。『右大記』。

承天　藤原成季与嘉保同勘申。『右大記』。『温旧知新』。
『後漢書』。陛下聖徳承天、当隆盛化。『右大記』。

承徳　藤原敦基与嘉保同勘申。『右大記』。『為房卿記』。『師記』。『元秘別録』。『温旧知新』。
『易』。幹父用誉、承以徳也。『右大記』。

天成　藤原敦基与嘉保同勘申。『右大記』。『温旧知新』。（按、『為房卿記』作藤原成季勘申。）
『書』。地平天成、六府三事允治、万世永頼、時乃功。『右大記』。

**永長**《エイチヤウ》〔えいちょう：一〇九六－九七年〕堀河院天皇。嘉保三年丙子十二月五日辛酉。又云、十七日癸酉。又云、二十一日丁丑。為天変地震改元。『大記』。『元秘別録』。
大江匡房勘申。『江記』。『中右記』。『為房卿記』。『不知記』。『右大記』。『元秘別録』。『略頌抄』。『温旧知新』。
『礼記』。〔正義〕聖人之道、為世彼則、故庶幾夙夜以永長。
『後漢書』。稟国（一作享図）永長、為後代法。

政和　大江匡房与永長同勘申。『江記』。『為房卿記』。『右大記』。『不知記』。『元秘別録』。『温旧知新』。

大慶　藤原成季与永長同勘申。『江記』。『為房卿記』。『元秘別録』。『温旧知新』。

『詩』。〔正義〕福者大慶之辞、禄者吉祥之謂也。

和寧　藤原成季与永長同勘申。『江記』。『為房卿記』。『元秘別録』。『温旧知新』。

『漢書』。四海之内、靡不和寧。

天保　藤原敦基与永長同勘申。『江記』。『為房卿記』。『右大記』。『温旧知新』。

『詩』。天保定爾、俾爾戩穀、罄無不宜、受天百禄。〔注〕戩福也、穀禄也。

承徳　藤原敦基与永長同勘申。『江記』。『為房卿記』。『右大記』。『不知記』。『元秘別録』。『温旧知新』。

**承徳《ジョウトク》**［じょうとく：一〇九七—九九年］　堀河院天皇。永長二年丁丑十一月二十一日辛未。為天変地震洪水大風等改元。『元秘別録』。

藤原敦基永長度勘申。『右大記』。『略頌抄』。

『易』。幹父用誉、承以徳也。

安徳　藤原正家与承徳同勘申。『元秘別録』。『温旧知新』。

延寿　藤原正家与承徳同勘申。『右大記』。『元秘別録』。『温旧知新』。

承安　藤原正家、藤原行家与承徳同勘申。『元秘別録』。

元徳　藤原正家、藤原行家与承徳同勘申。『右大記』。『元秘別録』。

嘉禄　藤原成季与承徳同勘申。『元秘別録』。
弘徳　藤原成季与承徳同勘申。『元秘別録』。
正徳　藤原成季与承徳同勘申。『元秘別録』。『書』。〔正義〕正徳者自正其徳、居上位者正己以治、為民興利除害、使不遺之、故所以阜財。『晋書』。〔楽志〕泰始九年。使郭夏宋識等、造正徳大予二舞。

**康和《カウワ》**［こうわ：一〇九九―一一〇四年］　堀河院天皇。承徳三年己卯八月二十八日戊戌。為地震、疫癘改元。『中右記』。

藤原正家勘申。『中右記』。『為房卿記』。『右大記』。『元秘別録』。『李天記』。『略頌抄』。藤原兼衡艸詔。『右大記』。藤原忠実奉行。『中右記』。

崔寔『政論』。四海康和、天下同楽。

天祐　藤原正家与康和同勘申。『為房卿記』。『元秘別録』。
承安　藤原正家、菅原在良与康和同勘申。『為房卿記』。『右大記』。『中右記』。『元秘別録』。
永受　藤原成季与康和同勘申。『元秘別録』。『儀礼』。眉寿万年、永受胡福。〔注〕胡遐也、遐遠也、遠無窮。
嘉徳　藤原成季与康和同勘申。『元秘別録』。
天和　藤原成季与康和同勘申。『元秘別録』。『後漢書』。天和於上、地治於下。

大治　菅原在良与康和同勘申。『元秘別録』。

天永　菅原在良与康和同勘申。『元秘別録』。

『書』。欲王以小民、受天永命。〔注〕我欲王用小民、受天長命、言常有民也。

# 長治—正治（一一〇四—一二〇一年）

長治《チヤウヂ》［ちょうじ：一一〇四—〇六年］　堀河院天皇。康和六年甲申二月十日甲寅。為天災改元。『中右記』。『元秘別録』。

菅原在良、藤原俊信勘申。『元秘別録』。『略頌抄』。藤原敦光艸詔。『中右記』。

『漢書』。建久安之勢、成長治之業。

天祐　藤原正家、菅原在良与長治同勘申。『中右記』。『元秘別録』。

延寿　藤原正家与長治同勘申。『元秘別録』。

嘉承　菅原在良与長治同勘申。『元秘別録』。

『漢書』。〔礼楽志〕嘉承天和、伊楽厥福。

承安　藤原俊信与長治同勘申。『中右記』。『元秘別録』。

成徳　藤原俊信与長治同勘申。『元秘別録』。

延世　大江匡房与長治同勘申。『元秘別録』。

『書』。賞延于世、道徳之政也。

天仁　大江匡房与長治同勘申。『元秘別録』。

『文選』。統天仁風遐揚。

**嘉承**《カジョウ》［かしょう：一一〇六―一〇八年］堀河院天皇。鳥羽院天皇。長治三年丙戌四月九日庚午。
又云、二十八日。為彗星改元。『永昌記』。『元秘別録』。
菅原在良勘申。『永昌記』。『礼部記』。『元秘別録』。『温旧知新』。藤原敦光艸詔。藤原定頼
奉行。『永昌記』。
『漢書』。〔礼楽志〕嘉承天和、伊楽厥福。
成和　藤原実義与嘉承同勘申。『改元部類記』。『元秘別録』。
『荘子』。徳者成和之修也。〔注〕即得以成物得以和。
斉泰　藤原実義与嘉承同勘申。『改元部類記』。『元秘別録』。
『文選』。起隆平於殷周、踵義皇而斉泰。
天永　菅原在良与嘉承同勘申。『改元部類記』。『元秘別録』。
『書』。欲王以小民、受天永命。〔注〕欲王用小民、受天長命、言常有民也。
天祐　藤原正家与嘉承同勘申。『永昌記』。『温旧知新』。
延寿　藤原正家与嘉承同勘申。『永昌記』。
承安　菅原在良与嘉承同勘申。『永昌記』。『元秘別録』。
延祚　大江匡房与嘉承同勘申。『永昌記』。『元秘別録』。『温旧知新』。
『後漢書』。孝文皇帝賢明臨国、子孫頼福延祚。
『文選』。建十二之延祚。〔注〕延長、祚禄。
天祚　大江匡房与嘉承同勘申。『永昌記』。『元秘別録』。『温旧知新』。

**天仁《テンニン》**［てんにん：一一〇八―一一一〇年］鳥羽院天皇。嘉承三年戊子八月三日。又云、二十七日甲辰。為即位改元。『元秘別録』。

大江匡房、菅原在良勘申。『水左記』。『中右記』。『元秘別録』。『略頌抄』。『温旧知新』。藤原敦光艸詔。『水左記』。

『大礼』。天作仁、地作富、人作治。

『文選』。統天仁風遐揚。

久安　菅原在良与天仁同勘申。『元秘別録』。

『漢書』。建久安之勢、成長治之業、以承祖廟、以奉六親、至孝也、以幸天下、以□群生、至仁也。

平治　藤原敦光与天仁同勘申。『元秘別録』。

『史記』。帝賜禹玄珪、以告成功于天、天下於是太平治。

治和　藤原敦光与天仁同勘申。『元秘別録』。

安徳　大江匡房与天仁同勘申。『元秘別録』。

安治　大江匡房与天仁同勘申。『元秘別録』。

『漢書』。安治天下。

天永　菅原在良与天仁同勘申。『改元部類記』。『元秘別録』。

元徳　大江匡房与天仁同勘申。『改元部類記』。『元秘別録』。

『易』。乾元亨利貞。〔正義〕元者善之長、謂天之元徳、始生万物。

承安　大江匡房、菅原在良与天仁同勘申。『改元部類記』。『元秘別録』。
正治　大江匡房与天仁同勘申。『水左記』。『中右記』。『元秘別録』。『温旧知新』。
『荘子』。天子諸侯大夫庶人、此四者自正治之美也。

**天永**《テンネイ》［てんえい：一一一〇―一一一三年］鳥羽院天皇。天仁三年庚寅七月十三日庚戌。為彗星改元。『塩梅録』。
大江匡房勘申。『中右記』。藤原敦光艸詔。『西襦抄』。
『書』。欲王以小民、受天永命。〔注〕欲王用小民、受天長命、言常有民也。
大治　源俊明与天永同勘申。（按、『中右記』云、往年菅原忠貞所撰申。）
保安　菅原在良与天永同勘申。『中右記』。『元秘別録』。
永貞　□□□□与天永同勘申。『中右記』。
『易』。永貞吉。〔注〕永保其貞。
承安　大江匡房与天永同勘申。『中右記』。
永久　菅原在良与天永同勘申。『中右記』。『元秘別録』。
久安　菅原在良与天永同勘申。『元秘別録』。

**永久**《エイキウ》［えいきゅう：一一一三―一一一八年］鳥羽院天皇。天永四年癸巳七月十一日己丑。又云、十三日辛卯。為天変、怪異、疾疫、兵革改元。『塩梅録』。『西襦抄』。
菅原在良勘申。『元秘別録』。藤原永実艸詔。『中右記』。

『詩』。来帰自鎬、我行永久。
蔡邕議。其設不戦之計、守禦之固者、皆社稷之臣、永久之策也。
保安　菅原在良与永久同勘申。『元秘別録』。
長承　□□□□与永久同勘申。『中右記』。
『史記』。〔秦紀〕長承聖治、羣臣嘉徳。
天治　菅原在良与永久同勘申。『中右記』。『元秘別録』。

**元永**《グエンエイ》［げんえい：一一一八—一一二〇年］　鳥羽院天皇。永久六年戊戌四月三日乙卯。又云、四日丙辰。為天変改元。『塩梅録』。『西襦抄』。
菅原在良勘申。『元秘別録』。藤原永実艸詔。『中右記』。
保安　菅原在良与元永同勘申。『中右記』。『元秘別録』。
長寿　藤原敦光与元永同勘申。『中右記』。
久安　□□□□与元永同勘申。『中右記』。
天治　□□□□与元永同勘申。『中右記』。『元秘別録』。
天承　□□□□与元永同勘申。『中右記』。

**保安**《ハウアン》［ほあん：一一二〇—一一二四年］　鳥羽院天皇。崇徳院天皇。元永三年庚子四月十日庚辰。為御慎事改元。
菅原在良勘申。『中右記』。『温旧知新』。日野実光艸詔。

長寿　藤原敦光与保安同勘申。『中右記』。『温旧知新』。

慶延　藤原敦光与保安同勘申。『中右記』。『温旧知新』。
『詩』。〔注疏〕文王功徳深厚也、故福慶延長也。
『後漢書』。〔郭躬伝〕慶延于代、蓋由此也。

天治　菅原在良与保安同勘申。『中右記』。『元秘別録』。『温旧知新』。

長仁　菅原在良与保安同勘申。『中右記』。『元秘別録』。『温旧知新』。

**天治**《テンチ》《テンヂ》［てんじ：一一二四―一一二六年］崇徳院天皇。保安五年甲辰四月三日庚戌。為即位改元。
『元秘別録』。
藤原敦光勘申。『不知記』。『永昌記』。『長秋記』。『略頌抄』。大江完光艸詔。『不知記』。『温旧知新』。
『易緯』。帝者徳配天地、天子者継天治物。『不知記』。『元秘別録』。

長承　藤原敦光与天治同勘申。『不知記』。『元秘別録』。『温旧知新』。
『史記』。長承聖治、羣臣嘉徳。

慶延　藤原敦光与天治同勘申。『不知記』。『元秘別録』。『温旧知新』。
『後漢書』。〔郭躬伝〕慶延于代、蓋由此也。

永貞　大江有元与天治同勘申。『不知記』。『元秘別録』。『温旧知新』。

建徳　大江有元与天治同勘申。『不知記』。『元秘別録』。『温旧知新』。
『文選』。建至徳、以創洪業。

天保　藤原行盛与天治同勘申。『不知記』。『元秘別録』。『温旧知新』。
元徳　藤原行盛与天治同勘申。『不知記』。『元秘別録』。『温旧知新』。

**大治**《ダイヂ》《タイヂ》［だいじ：一一二六—三一年］　崇徳院天皇。天治三年丙午正月二十二日戊子。又云、二十三日己丑。為疱改元。『中右記』。

藤原敦光勘申。『中右記』。『長秋記』。『雅兼卿記』。『元秘別録』。『略頌抄』。大江宗光艸詔。

『中右記』。『長秋記』。『温旧知新』。

『河図挺作輔』。黄帝修徳立義、天下大治。

『賈誼五美』。当時大治、後世誦聖、一動而五美附。

長承　藤原敦光与大治同勘申。『中右記』。『長秋記』。『雅兼卿記』。『元秘別録』。『温旧知新』。

天寿　藤原敦光与大治同勘申。『中右記』。『長秋記』。『雅兼卿記』。『元秘別録』。『温旧知新』。

『書』。天寿平格、保乂有殷。〔注〕言天寿有平至之君、故安治有殷。

平和　藤原行盛与大治同勘申。『中右記』。『長秋記』。『元秘別録』。『温旧知新』。

『書』。九族既睦、平章百姓。〔注〕百姓百官也、言化九族、而平和章明也。

淳徳　大江有元与大治同勘申。『中右記』。『長秋記』。『雅兼卿記』。『元秘別録』。『温旧知新』。

『史記』。上含淳徳、以遇其下、下懐忠信、以事其上。

安治　大江有元与大治同勘申。『中右記』。『長秋記』。『雅兼卿記』。『元秘別録』。『温旧知新』。

『漢書』。安治天下。

政和　藤原行盛与大治同勘申。『中右記』。『長秋記』。『元秘別録』。『温旧知新』。

天保　藤原行盛与大治同勘申。『長秋記』。『雅兼卿記』。『元秘別録』。『温旧知新』。

天承《テンシヨウ》［てんしょう：一一三一―三二年］崇徳院天皇。大治六年辛亥正月二十六日。又云、二十九日丁卯。又云、二月二十九日丙申。為災旱洪水天変改元。

藤原敦光勘申。『不知記』。『元秘別録』。『略頌抄』。藤原実光艸詔。『不知記』。

『漢書』。〔匡衡伝〕聖王之自為、動静周旋、奉天承親、臨朝享臣、物有節文、以章人倫。

天寿　藤原敦光与天承同勘申。『長秋記』。『元秘別録』。

泰和　藤原敦光与天承同勘申。『長秋記』。『元秘別録』。

『揚子法言』。或問泰和、曰其在唐虞成周乎。宋咸曰、問太平和楽之道也。

天受　藤原行盛与天承同勘申。『長秋記』。『不知記』。『元秘別録』。

『孟子』。尭薦舜於天而天受之、暴之於民而民受之、舜為天人所受、故得天下、曰祭百神享之、是天受也、治百姓安之、是民受也。

永受　藤原行盛与天承同勘申。『長秋記』。『元秘別録』。

『儀礼』。眉寿万年、永受胡福。

慶成　藤原行盛与天承同勘申。『長秋記』。『元秘別録』。

『文選』。上帝垂恩儲、祉将以慶成。

天祐　大江有元与天承同勘申。『長秋記』。『元秘別録』。（按、『明月記』、『長秋記』並云、□□正家所勘申。）

『春秋繁露』。徳侔天地者称皇帝。天祐而子之、号曰天子。

安寧　大江有元与天承同勘申。『長秋記』。『元秘別録』。
『史記』。成康之際、天下安寧。

保寧　大江有元与天承同勘申。『長秋記』。『元秘別録』。
後魏孝文帝登嵩文。納茲多福、万国保寧。

**長承**《チヤウシヨウ》《チヤウジヨウ》［ちょうしょう：一一三二—三五年］　崇徳院天皇。天承二年壬子八月十一日戊戌改元。
藤原敦光勘申。『元秘別録』。『略頌抄』。
『史記』。長承聖治、羣臣嘉徳。

養治　藤原実光与長承同勘申。『元秘別録』。
『史記』。天生烝民、為之置君、以養治之。

応保　藤原実光与長承同勘申。『元秘別録』。
『書』。已、女惟小子、乃服惟弘王、応保殷民。〔注〕已乎、女惟小子、乃当服行徳政、惟弘大王道、上以応天、下以安我所受殷之衆民也。

天隆　藤原敦光与長承同勘申。『元秘別録』。

政治　藤原敦光、藤原行盛与長承同勘申。『元秘別録』。
『易』。〔注疏〕聖人養賢、以及万民、使治衆、衆皆獲安、有如唐虞六人、周武十人、漢帝張良、斉君管仲、皆養得賢人、以為輔佐、政治世康、兆庶悦也。則聖人養賢、以及万民之義也。

『書』。〔畢命〕道洽政治、沢潤生民。
恒久　藤原行盛与長承同勘申。『元秘別録』。
『孟子』。尭舜以仁政、治天下。
安貞　菅原時登与長承同勘申。『元秘別録』。
『易』。安貞之吉。応地無疆。
久安　菅原時登与長承同勘申。『元秘別録』。
寿考　菅原時登与長承同勘申。『元秘別録』。
『詩』。寿考万年。又。寿考受天之祐。

保延《ハウエン》〔ほえん：一一三五―四一年〕崇徳院天皇。長承四年乙卯四月二十七日庚午改元。

藤原顕業勘申。『長秋記』。『元秘別録』。『略頌抄』。『温旧知新』。

『文選』。永安寧以祉福、長与大漢而久存、実至尊之所御、保延寿而宜子孫。

貞久　藤原敦光与保延同勘申。『長秋記』。『元秘別録』。

『易』。恒亨、无咎、利貞、久於其道也、天地之道、恒久而不已也。〔注〕道得所久則常通、无咎而利正也。

天明　藤原敦光与保延同勘申。『長秋記』。『元秘別録』。

『書』。克享天心、受天明命。

『孝経』。明王事父孝。故事天明、事母孝、故事地察、長幼順、故上下治、天地明察、神明彰矣。

養寿　藤原敦光与保延同勘申。『長秋記』。『元秘別録』。

『後漢書』。全多養寿、無有怵迫之憂。

嘉応　菅原時登与保延同勘申。『長秋記』。『元秘別録』。

『漢書』。休徴嘉応、頌声並作。

安貞　菅原時登与保延同勘申。『長秋記』。『元秘別録』。

『易』。安貞之吉、応地無疆。

承安　菅原時登、藤原顕業与保延同勘申。『長秋記』。『元秘別録』。『温旧知新』。

『論衡』。舜禹承安継治、任賢使能、共已无為而天下治。

『書』。王命我来、承安汝文徳之祖。〔正義〕承安者承文王之意、安定此民也。

延祚　藤原顕業与保延同勘申。『長秋記』。『元秘別録』。

『後漢書』。孝文皇帝、賢明臨国、子孫頼福延祚。


**永治**《エイヂ》［えいじ：一一四一—四二年］　崇徳院天皇。近衛院天皇。保延七年辛酉七月十日丙午。為
歳次辛酉改元。『良賢記』。

藤原実光、藤原永範同勘申。『元秘別録』。『略頌抄』。

『晋書』。見土地之広、謂万葉而無虞、覩天下之安、謂千年而永治。

魏文『典論』。礼楽興於上、頌声作於下、永治長徳与年豊。

承慶　藤原実光与永治同勘申。『元秘別録』。

『晋書』。上順祖宗、下念臣吏、万邦承慶。

貞久　藤原敦光与永治同勘申。『元秘別録』。
応保　藤原敦光与永治同勘申。『元秘別録』。
『書』。惟弘王、応保殷民。〔注〕惟弘大王道、上以応天、下以安我所受殷之衆民
也。
斉徳　藤原敦光与永治同勘申。『元秘別録』。
『文選』。斉徳乎黄軒、為無為、事無事、永有人以孔安。
久安　藤原顕業与永治同勘申。『元秘別録』。
『漢書』。建久安之勢、成長治之業。
嘉康　藤原顕業与永治同勘申。『元秘別録』。
『書』。承安俾女惟嘉康共。
承安　藤原永範与永治同勘申。『元秘別録』。
『書』。〔正義〕周公拝手稽首、尽礼致敬曰、天今命我来承安、文徳之祖文王所受命
之民、令我継文祖大業也。承安者承文王之意、安定此民也。
久長　藤原永範与永治同勘申。『元秘別録』。
『後漢書』。漢歴久長。
『呉志』。安国利民、建久長之計。

**康治**《カウヂ》［こうじ：一一四二―四四年］近衛院天皇。永治二年壬戌四月二十八日辛卯。又云、七月
十日辛丑。為即位改元。『元秘別録』。

藤原永範勘申。『元秘別録』。『略頌抄』。『温旧知新』。『宋書』。以康治道。

応保　藤原永範与康治同勘申。『元秘別録』。

久寿　藤原永範与康治同勘申。『元秘別録』。『隋書』。基同北辰久、寿共南山長。『抱朴子』。其業在猶、全身久寿。

天養《テンニヤウ》［てんよう：一一四四―四五年］　近衛院天皇。康治三年甲子二月十八日己亥。又云、二十三日乙巳。又云、三月二十四日。

藤原茂明勘申。『台記』。『元秘別録』。『略頌抄』。『温旧知新』。『後漢書』。此天之意也、人之慶也、仁之本也、倹之要也。焉有応天養人、為仁為倹而不降福者乎。

承慶　藤原実光与天養同勘申。『台記』。『元秘別録』。『温旧知新』。『晋書』。上順祖宗、下念臣吏、万邦承慶。

長寛　藤原実光与天養同勘申。『台記』。『元秘別録』。『温旧知新』。『維城典訓』。長也、寛也、其功博矣。

久安　藤原顕業、藤原敦光与天養同勘申。『台記』。『元秘別録』。『温旧知新』。

弘保　藤原顕業与天養同勘申。『台記』。『元秘別録』。『晋書』。弘保訓之道。

慶延　藤原敦光与天養同勘申。『元秘別録』。
『後漢書』。慶延于代、蓋由此也。
泰和　藤原敦光与天養同勘申。『元秘別録』。
『揚子法言』。或問泰和、其在唐虞成周乎。
建保　藤原永範与天養同勘申。『台記』。『元秘別録』。『温旧知新』。
『書』。亦惟天丕建、保乂有殷。
『周礼』。太宗伯之職、建邦之天神地祇之礼、以佐王、建保邦国。
久寿　藤原永範与天養同勘申。『台記』。『元秘別録』。『温旧知新』。
徳安　藤原茂明与天養同勘申。『台記』。『元秘別録』。『温旧知新』。
『維城典訓』。外不乱内、即性得其宜、静不動和、即徳安其位。

久安《キウアン》［きゅうあん：一一四五―五一年］近衛院天皇。天養二年乙丑六月十六日庚寅。又云、七月二十一日乙丑。又云、七月二十二日丙寅。為彗星改元。『略頌抄』。
藤原永範勘申。『台記』。『元秘別録』。『略頌抄』。『温旧知新』。
『晋書』。建久安於万載、垂長世於無窮。
承天　藤原顕業与久安同勘申。『台記』。『元秘別録』。『温旧知新』。
大嘉　藤原顕業与久安同勘申。『台記』。『元秘別録』。『温旧知新』。
『後漢書』。布大嘉於天下。
万安　藤原茂明与久安同勘申。『台記』。『元秘別録』。『温旧知新』。

『漢書』。陛下深留聖思、審因機察覧往事、戒以折中取信、居万安之実、用保宗廟。
徳安　藤原茂明与久安同勘申。『台記』。『元秘別録』。『温旧知新』。『呉志』。帝王者万国之元首、天下所繋也、是以存万安之福、鎮四海之心也。
延寿　藤原茂明与久安同勘申。『台記』。『元秘別録』。『温旧知新』。
承宝　藤原永範与久安同勘申。『台記』。『元秘別録』。『温旧知新』。
仁保　藤原永範与久安同勘申。『台記』。『元秘別録』。『温旧知新』。『孟子解書』。以徳行仁、保民而王。

仁平《ニンペイ/ニンピヤウ》［にんぺい：一一五一―五四年］　近衛院天皇。久安七年辛未正月二十六日戊戌。又云、二十七日己亥改元。
藤原永範勘申。『元秘別録』。『略頌抄』。『後漢書』。政貴仁平。
嘉禄　藤原永範与仁平同勘申。『元秘別録』。『博物志』。成王冠、周公使祝雍曰、陛下摛顕先帝光耀、以承皇天嘉禄。
久寿　藤原朝隆、藤原永範与仁平同勘申。『朝隆卿記』。『元秘別録』。

久寿《キウジユ》［きゅうじゅ：一一五四―五六年］　近衛院天皇。後白河院天皇。仁平四年甲戌八月二十一日壬寅。又云、十月二十八日丁未改元。
藤原朝隆勘申。『台記』。『朝隆卿記』。『迎陽記』。『温旧知新』。藤原遠明艸詔。『朝隆卿記』。

『隋書』。基同北辰久、寿共南山長。

天保　藤原茂明与久寿同勘申。『台記』。『朝隆卿記』。『迎陽記』。『元秘別録』。『温旧知新』。

『抱朴子』。其業在猶、全身久寿。

徳祚　藤原茂明与久寿同勘申。『台記』。『朝隆卿記』。『迎陽記』。『元秘別録』。『温旧知新』。

『漢書』。漢承尭運、徳祚已盛。

承宝　藤原永範与久寿同勘申。『台記』。『朝隆卿記』。『迎陽記』。『元秘別録』。『温旧知新』。

応暦　藤原永範与久寿同勘申。『台記』。『朝隆卿記』。『迎陽記』。『元秘別録』。『温旧知新』。

『宋書志』。聖皇応暦数。

平治　藤原永範与久寿同勘申。『台記』。『朝隆卿記』。『迎陽記』。『元秘別録』。『温旧知新』。

『管子』。禹平治天下。

和万　藤原茂明与久寿同勘申。『朝隆卿記』。『迎陽記』。『元秘別録』。

『書』。庶政惟和、万国咸寧。

『易』。首出庶物、万国咸寧。

延祚　藤原長光与久寿同勘申。『台記』。『朝隆卿記』。『迎陽記』。『元秘別録』。『温旧知新』。

天寿　藤原長光与久寿同勘申。『台記』。『朝隆卿記』。『迎陽記』。『元秘別録』。『温旧知新』。

徳延　藤原長光与久寿同勘申。『台記』。『朝隆卿記』。『迎陽記』。『元秘別録』。『温旧知新』。

『書』。惟寧王徳延。〔注〕以道惟安寧王之徳、謀欲延久也。

嘉禄　藤原永範与久寿同勘申。『台記』。『温旧知新』。

**保元**《ハウグエン》［ほげん：一一五六—五九年］　後白河院天皇。二条院天皇。久寿三年丙子四月二十七日戊戌。為即位改元。『迎陽記』。『元秘別録』。

藤原永範勘申。『元秘別録』。『略頌抄』。

『顔氏』。以保元吉也。

天明　藤原永範、藤原長光与保元同勘申。『迎陽記』。『元秘別録』。

承宝　藤原永範与保元同勘申。『迎陽記』。『元秘別録』。

『斉書』。作宝鼎、其銘曰、斉帝万年、子孫承宝。

承禄　藤原長光与保元同勘申。『迎陽記』。『元秘別録』。

『魏志』。帝乃承禄於有虞、昌之以蒙其徳。

久承　藤原長光与保元同勘申。『迎陽記』。『山槐記』。

『東観漢記』。漢祚之久、承尭之運。

淳仁　□□□□与保元同勘申。『難陳』。

『文選』。崇簡易上寛柔、進淳仁挙賢才。

**平治**《ヘイヂ》［へいじ：一一五九—六〇年］　二条院天皇。保元四年己卯四月二十日甲辰。為即位改元。

『元秘別録』。

藤原俊経勘申。『山槐記』。『略頌抄』。藤原信重艸詔。『迎陽記』。『山槐記』。

『史記』。天下於是大平治。

応暦　藤原俊憲与平治同勘申。『迎陽記』。『元秘別録』。

保貞　藤原永範与平治同勘申。『迎陽記』。『元秘別録』。『宋書』。聖皇応暦数。

承宝　藤原永範与平治同勘申。『迎陽記』。『元秘別録』。『帝王秘録』。審能明察、永保貞吉。

淳仁　藤原俊憲与平治同勘申。『山槐記』。『迎陽記』。『元秘別録』。『文選』。崇簡易上寛柔、進淳仁挙賢才。

大喜　藤原俊経与平治同勘申。『中民記』。『迎陽記』。『元秘別録』。『白虎通』。民人大喜。

弘保　藤原永範与平治同勘申。『迎陽記』。『元秘別録』。『晋書』。弘保訓之道。

永世　藤原長光与平治同勘申。『迎陽記』。『元秘別録』。『漢書』。明徳惟馨、永世豊年。

久承　藤原長光与平治同勘申。『迎陽記』。『元秘別録』。

天大　藤原俊経与平治同勘申。『迎陽記』。『元秘別録』。『老子』。道者天大、地大、人亦大。

**永暦**《エイリャク》［えいりゃく：一一六〇―六一年］　二条院天皇。平治二年庚辰正月十日己丑。又云、十一日庚寅。為兵革改元。『西糯抄』。

藤原永範勘申。『不知記』。『中民記』。『略頌抄』。『温旧知新』。藤原信重艸詔。『中民記』。

『後漢書』。馳淳化於黎元。永歴代而太平。
『宋韻』。暦数也、又暦日也。
『続漢書』。〔律暦志〕黄帝造歴、歴与暦同作。

天明　藤原永範、藤原長光与永暦同勘申。『中民記』。『迎陽記』。『元秘別録』。
『書』。克享天心、受天明命。

承宝　藤原永範与永暦同勘申。『迎陽記』。『中民記』。『元秘別録』。『温旧知新』。

久承　藤原長光与永暦同勘申。『迎陽記』。『中民記』。『元秘別録』。『温旧知新』。

承安　藤原長光与永暦同勘申。『迎陽記』。『中民記』。『元秘別録』。『温旧知新』。

大喜　藤原俊経与永暦同勘申。『迎陽記』。『中民記』。『元秘別録』。『温旧知新』。
『白虎通』。民人大喜。

治承　藤原俊経与永暦同勘申。『迎陽記』。『中民記』。『元秘別録』。
『龍魚河図』。治武明文徳、治道承天精。

**応《オウ》保《ハウ》**　［おうほ：一一六一—一一六三年］二条院天皇。永暦二年辛巳九月四日癸酉。又云、五日甲戌。為疱改元。『迎陽記』。『元秘別録』。
藤原資長勘申。『迎陽記』。『中民記』。『元秘別録』。『略頌抄』。『温旧知新』。藤原俊経艸詔。
『中民記』。
『書』。已、女惟小子、乃服惟弘王、応保殷民。〔注〕已乎、女惟小子、乃当服行徳政、惟弘大王道、上以応天、下以安我所受殷之衆民也。

天統　藤原資長与応保同勘申。『迎陽記』。『中民記』。『元秘別録』。
『論語』。〔疏〕伏羲為天統、神農為地統、黄帝為人統。
建保　藤原永範与応保同勘申。『迎陽記』。『中民記』。『元秘別録』。
嘉応　藤原永範与応保同勘申。『迎陽記』。『中民記』。『元秘別録』。
『漢書』。休徴嘉応、頌声並作。
弘保　藤原永範与応保同勘申。『迎陽記』。『中民記』。『元秘別録』。『温旧知新』。
『晋書』。弘保訓之道。
養治　藤原長光与応保同勘申。『迎陽記』。『中民記』。『元秘別録』。
『史記』。天生烝民、為之置君、以養治之。
久承　藤原長光与応保同勘申。『迎陽記』。『中民記』。『元秘別録』。『温旧知新』。
永万　藤原俊経与応保同勘申。『迎陽記』。『中民記』。『元秘別録』。
『漢書』。休徴自至、寿考無疆、雍容垂拱、永永万年。
延寿　藤原俊経与応保同勘申。『迎陽記』。『中民記』。『元秘別録』。『温旧知新』。
『文選』。保延寿而宜子孫。

**長寛**《チヤウクワン》［ちょうかん：一一六三―六五年］　二条院天皇。応保三年癸未三月九日庚子。又云、二十九日庚申。為疾疫改元。『元秘別録』。

藤原範兼勘申。『迎陽記』。『不知記』。『元秘別録』。『略頌抄』。

『維城典訓』。長也寛也。施其功博矣。

永命　藤原範兼与長寛同勘申。『迎陽記』。『元秘別録』。
『書』。王其徳之用、祈天永命。〔注〕言王当其徳之用、求天長命以歴年也。
承寧　藤原永範与長寛同勘申。『迎陽記』。『元秘別録』。
『左伝』。其承寧諸侯。〔注〕承善竟以寧静諸侯也。
永万　藤原俊経与長寛同勘申。『迎陽記』。『元秘別録』。
弘保　藤原俊経与長寛同勘申。『迎陽記』。『元秘別録』。
安貞　藤原永範与長寛同勘申。『迎陽記』。『山槐記』。『元秘別録』。
『易』。安貞之吉、応地無疆。
弘治　藤原永範与長寛同勘申。『迎陽記』。『山槐記』。『元秘別録』。
『北斉書』。祇承宝命、志弘治体。
養治　藤原敦周与長寛同勘申。『山槐記』。『玉葉』。
『史記』。〔孝文紀〕天生烝民、為之置君、以養治民。
大喜　藤原俊経与長寛同勘申。『迎陽記』。『山槐記』。『元秘別録』。
治承　藤原長光与長寛同勘申。『山槐記』。『迎陽記』。『元秘別録』。
久承　藤原長光与長寛同勘申。『山槐記』。『迎陽記』。『元秘別録』。
養寿　藤原長光与長寛同勘申。『迎陽記』。『元秘別録』。
『文選』。頤性養寿。

## 永万《エイマン》［えいまん：一一六五—一一六六年］　二条院天皇。六条院天皇。長寛三年乙酉六月五日壬午。

為帝不予改元。『迎陽記』。『元秘別録』。
藤原俊経勘申。『迎陽記』。『元秘別録』。『略頌抄』。『温旧知新』。
『漢書』。休徴自至、寿考無疆、雍容垂拱、永永万年。
治和　藤原俊経与永万同勘申。『迎陽記』。『元秘別録』。
『淮南子』。凡治物者不以物以和、治和者不以和以人。
元徳　藤原資長与永万同勘申。『迎陽記』。『元秘別録』。
養元　藤原資長与永万同勘申。『迎陽記』。『元秘別録』。
『後漢書』。愛養元元、綏以中和。又群公其勉、各脩厥職、愛養元上、以称意焉。
政和　藤原資長与永万同勘申。『迎陽記』。『元秘別録』。
寿長　藤原長光与永万同勘申。『迎陽記』。『元秘別録』。
『晋書』。〔天文志〕一星在軫之中、主寿命、明則主寿長、子孫昌。
久承　藤原長光与永万同勘申。『迎陽記』。『元秘別録』。
天恵　藤原永範与永万同勘申。『迎陽記』。『元秘別録』。
『文選』。皇佐揚天恵。〔注〕君天也。孔子曰、君恵天恵。
応暦　藤原永範与永万同勘申。『迎陽記』。『元秘別録』。
安貞　藤原永範与永万同勘申。『迎陽記』。『元秘別録』。『温旧知新』。

**仁安**《ニンナン》［にんあん：一一六六―六九年］　六条院天皇。高倉院天皇。永万二年丙戌八月二十七日戊戌。為即位改元。『元秘別録』。

藤原成光勘申。『長方記』。『迎陽記』。『元秘別録』。『略頌抄』。『西襦抄』。

天同　藤原永範与仁安同勘申。『長方記』。『迎陽記』。『元秘別録』。

『詩』。〔正義〕行寛仁安静之政、以定天下、得至於太平。

『易』。〔疏〕文王作易、称乾元亨利貞之徳、欲使君子法之、但行此徳、則与天同功。

延世　藤原永範与仁安同勘申。『長方記』。『迎陽記』。『元秘別録』。

弘治　藤原永範与仁安同勘申。『長方記』。『迎陽記』。『元秘別録』。

政治　藤原成光与仁安同勘申。『長方記』。『迎陽記』。『元秘別録』。

『書』。〔畢命〕道洽政治、沢潤生民。

嘉康　藤原俊経与仁安同勘申。『長方記』。『迎陽記』。『元秘別録』。

『書』。承安俾女惟嘉康共。

弘保　藤原俊経与仁安同勘申。『長方記』。『迎陽記』。『元秘別録』。

**嘉《カ》応《オウ》**［かおう：一一六九―七一年］高倉院天皇。仁安四年己丑四月八日甲午。為即位改元。

『元秘別録』。

藤原資長勘申。『迎陽記』。『元秘別録』。『略頌抄』。

『漢書』。天下殷富、数有嘉応。

養元　藤原資長与嘉応同勘申。『迎陽記』。『元秘別録』。

大承　藤原永範与嘉応同勘申。『迎陽記』。『元秘別録』。

『書』。〔太甲〕肆嗣王丕承基緒。〔注〕言先祖勤徳、致徳有天下、故子孫得大承基業。

平康　藤原永範与嘉応同勘申。『迎陽記』。『元秘別録』。

『史記』。俊民用章、家用平康。〔注〕賢臣顕用、国家平寧也。

天寧　藤原永範与嘉応同勘申。『迎陽記』。『元秘別録』。

『文選』。受命于天、寧済四方。

大喜　藤原俊経与嘉応同勘申。『迎陽記』。『元秘別録』。

弘保　藤原俊経与嘉応同勘申。『迎陽記』。『元秘別録』。

寿永　藤原俊経与嘉応同勘申。『迎陽記』。『元秘別録』。

『詩』。以介眉寿、永言保之、思皇多祐。

承安《ジョウアン》［じょうあん：一一七一―七五年］　高倉院天皇。嘉応三年辛卯四月十一日乙卯。又云、二十一日乙丑。為天変御慎改元。『元秘別録』。

藤原資長勘申。『迎陽記』。『元秘別録』。『略頌抄』。

『書』。〔洛誥、正義〕周公曰、王今命我来、居臣位、承安汝文徳之祖、文王所受命之民、今我継文祖大業、我所以不得去也。

養元　藤原資長、藤原成光与承安同勘申。『迎陽記』。『元秘別録』。

『後漢書』。羣公其勉、各備厥職、愛養元元、以称意焉。

承宝　藤原永範与承安同勘申。『迎陽記』。『元秘別録』。

応仁　藤原永範与承安同勘申。『迎陽記』。『元秘別録』。
『維城典訓』。仁之感物、物之応仁、若影随形、猶声致響。
嘉福　藤原永範与承安同勘申。『迎陽記』。『元秘別録』。
『漢書』。百姓晏然、咸獲嘉福、徳莫不感焉。
大応　藤原俊経与承安同勘申。『迎陽記』。『元秘別録』。
『史記』。輔徳天下大応、天其重命用休徳。〔注〕天重命汝以美応、謂符瑞也。
寿永　藤原俊経与承安同勘申。『迎陽記』。『元秘別録』。
長養　藤原成光与承安同勘申。『迎陽記』。『元秘別録』。
『漢武内伝』。天気康和、長養万物。
貞久　藤原成光与承安同勘申。『迎陽記』。『元秘別録』。

安元《アングエン》［あんげん：一一七五—七七年］　高倉院天皇。承安五年乙未七月二十八日丁未。為瘧改元。『元秘別録』。
藤原俊経勘申。『玉葉』。『迎陽記』。『元秘別録』。『略頌抄』。藤原業実艸詔。『玉葉』。藤原光雅奉行。『山槐記』。『玉葉』。
『漢書』。為民除害安元。
大承　藤原敦周与安元同勘申。『玉葉』。『迎陽記』。『元秘別録』。
『斉書』。風猷弘遠、及大承世業、扶国昌家。
大応　藤原俊経与安元同勘申。『山槐記』。『玉葉』。『迎陽記』。『元秘別録』。

『史記』。輔徳天下大応、天其重命用休徳。

長観　藤原光範与安元同勘申。『山槐記』。『玉葉』。『迎陽記』。『元秘別録』。

『書』。〔正義〕上下相承有次序、則万年之道也。民其長観我子孫、而帰其徳矣。

安貞　藤原光範与安元同勘申。『山槐記』。『玉葉』。『迎陽記』。『元秘別録』。

治和　藤原光範与安元同勘申。『山槐記』。『玉葉』。『迎陽記』。『元秘別録』。

養治　藤原敦周与安元同勘申。『山槐記』。『玉葉』。『迎陽記』。『元秘別録』。

仁治　藤原資長与安元同勘申。『迎陽記』。

『新唐書』。太宗以寛仁治天下。

治徳　藤原資長与安元同勘申。『迎陽記』。

**治承**《ヂショウ》《ヂジョウ》［ちしょう：一一七七－八一年］高倉院天皇。安徳天皇。安元三年丁酉八月四日辛未。又云、五日。為大極殿火、並天変改元。『元秘別録』。

藤原光範勘申。『家通卿記』。『頼業記』。『愚昧記』。『迎陽記』。『元秘別録』。『略頌抄』。『温旧知新』。

『河図挺作輔』。治欽明文徳、治承天精。

宝治　藤原永範与治承同勘申。『迎陽記』。『元秘別録』。

『春秋繁露』。気之清者為精、人之清者為賢、治身者以積徳為宝、治国者以積賢為道。

治徳　藤原資長与治承同勘申。『愚昧記』。『迎陽記』。『元秘別録』。

『淮南子』。治性者不以性以徳、治徳者不以徳以道。

治和　藤原光範与治承同勘申。『家通卿記』。『迎陽記』。『元秘別録』。

仁宝　藤原光範与治承同勘申。『家通卿記』。『頼業記』。『愚昧記』。『迎陽記』。『元秘別録』。『温旧知新』。

『孝経援神契』。四夷賓服、則金縢見、金縢者仁宝也。

徳久　藤原敦周与治承同勘申。『家通卿記』。『愚昧記』。『迎陽記』。『元秘別録』。

『文選』。漢徳久長。

和万　藤原敦周与治承同勘申。『迎陽記』。『元秘別録』。

『書』。庶政惟和、万国咸寧。

養和　藤原永範与治承同勘申。『家通卿記』。『愚昧記』。『迎陽記』。『元秘別録』。

『後漢書』。幸得保性命、存神養和。

仁治　藤原光範、藤原資長与治承同勘申。『家通卿記』。『頼業記』。『愚昧記』。『迎陽記』。『元秘別録』。『温旧知新』。

『君義』。人君以仁治天下。

『新唐書』。太宗以寛仁治天下。

弘保　藤原永範、藤原敦周与治承同勘申。『家通卿記』。『頼業記』。『愚昧記』。『迎陽記』。『元秘別録』。『温旧知新』。

**養和**《ヤウワ》［ようわ：一一八一―一八二年］　安徳天皇。治承五年辛丑七月十四日戊子。為即位改元。

『迎陽記』。『元秘別録』。

藤原敦周勘申。『山槐記』。『元秘別録』。

『後漢書』。幸得保性命、存神養和。

弘保　藤原永範与養和同勘申。『山槐記』。『迎陽記』。『元秘別録』。

久承　藤原敦周与養和同勘申。『山槐記』。『長兼卿記』。『迎陽記』。『元秘別録』。

承和　□□□□与養和同勘申。『山槐記』。（按、仁明時夙有承和号恐譌。）

応暦　藤原業実、藤原敦周与養和同勘申。『山槐記』。『迎陽記』。『元秘別録』。

『宋書』。聖皇応暦数。

大応　藤原俊経与養和同勘申。『山槐記』。『迎陽記』。『元秘別録』。

寿永《ジュエイ》［じゅえい：一一八二―八四年］　安徳天皇。後鳥羽院天皇。養和二年壬寅四月二十七日丁卯。又云、五月二十四日癸巳。又云、五月二十七日丙申。為兵革瘟三合改元。『元秘別録』。

『西襦抄』。

藤原俊経勘申。『迎陽記』。『元秘別録』。『略頌抄』。『温旧知新』。

『詩』。以介眉寿、永言保之、思皇多祐。

大応　藤原俊経与寿永同勘申。『迎陽記』。『元秘別録』。

寿長　藤原敦周与寿永同勘申。『迎陽記』。『元秘別録』。

『晋書』。主寿長、子孫昌。

仁治　藤原敦周与寿永同勘申。『迎陽記』。『元秘別録』。『温旧知新』。

『書』。〔正義〕人君以仁治天下。
徳安　藤原敦周与寿永同勘申。『迎陽記』。『元秘別録』。『温旧知新』。
『新唐書』。太宗以寛仁治天下。
安貞　藤原光範与寿永同勘申。『迎陽記』。『元秘別録』。『温旧知新』。
『維城典訓』。外不乱内、即性得其宜、静不動和、即徳安其位。
嘉福　藤原光範与寿永同勘申。『迎陽記』。『元秘別録』。『温旧知新』。
『漢書』。百姓晏然、咸獲嘉福。
久長　藤原光範与寿永同勘申。『迎陽記』。『温旧知新』。
『後漢書』。漢暦久長。

元暦《グヱンリヤク》［げんりゃく：一一八四—八五年］安徳天皇。後鳥羽院天皇。寿永三年甲辰四月十六日甲戌。為後鳥羽院即位改元。『迎陽記』。『元秘別録』。
藤原光範勘申。『姉言記』。『吉記』。『九槐記』。『元秘別録』。『略頌抄』。『温旧知新』。藤原光輔艸詔紀。『吉記』。藤原伊行奉行。
尚書『考霊耀』。天地開闢、元暦紀名、月首甲子冬至、日月若懸璧、五星若編珠。
顕嘉　藤原業実与元暦同勘申。『姉言記』。『九槐記』。『迎陽記』。『元秘別録』。『温旧知新』。
『符瑞図』。顕嘉祥於有徳、表聖迹於初基。
応暦　藤原兼光与元暦同勘申。『姉言記』。『迎陽記』。『九槐記』。『元秘別録』。『温旧知新』。
文治　藤原兼光与元暦同勘申。『姉言記』。『吉記』。『九槐記』。『迎陽記』。『元秘別録』。『温旧知新』。
大応　藤原俊経与元暦同勘申。『姉言記』。『吉記』。『九槐記』。『迎陽記』。『元秘別録』。『温旧知新』。
『礼』。湯以寛治民、文王以文治。
弘保　藤原俊経与元暦同勘申。『姉言記』。『吉記』。『九槐記』。『迎陽記』。『元秘別録』。
『晋書』。弘保訓之道。
承宝　藤原光範与元暦同勘申。『姉言記』。『九槐記』。『迎陽記』。『元秘別録』。『温旧知新』。
『北斉書』。丕承宝命、聿隆鴻緒、内成外平、華夷率大。
元徳　藤原兼光与元暦同勘申。『姉言記』。『吉記』。『九槐記』。『迎陽記』。『元秘別録』。『温旧知新』。
大喜　藤原俊経与元暦同勘申。『姉言記』。『九槐記』。『迎陽記』。『元秘別録』。『温旧知新』。
恒久　藤原光範与元暦同勘申。『姉言記』。『九槐記』。『迎陽記』。『元秘別録』。『温旧知新』。
『易』。天地之道、恒久而不已也。〔注〕得其所久、故不已也。

文治《ブンヂ》［ぶんじ：一一八五―一一九〇年］後鳥羽院天皇。寿永四年、元暦二年乙巳八月十四日甲子。

為後鳥羽院火災地震改元。『迎陽記』。『略頌抄』。『西襦抄』。

藤原兼光勘申。『迎陽記』。『不知記』。『元秘別録』。『略頌抄』。『西襦抄』。『温旧知新』。菅原長守艸詔。『不知記』。

『礼記』。湯以寛治民、文王以文治。

禎祥　藤原兼光与文治同勘申。『迎陽記』。『不知記』。『元秘別録』。
『後漢書』。聖人受命而王、莫不制礼作楽、以著功徳、功成作楽、化定制礼、所以
教世俗、致禎祥也。

仁宝　藤原光範与文治同勘申。『不知記』。『迎陽記』。『元秘別録』。『温旧知新』。

応暦　藤原業実与文治同勘申。『不知記』。『迎陽記』。『元秘別録』。

貞和　藤原光範与文治同勘申。『不知記』。『迎陽記』。『元秘別録』。
『長短経』。世祖体乾霊之休徳、稟貞和之純精。

万安　藤原光輔与文治同勘申。『不知記』。『迎陽記』。『元秘別録』。『温旧知新』。

建久　藤原光輔与文治同勘申。『不知記』。『迎陽記』。『元秘別録』。
『晋書』。建久安於万歳、垂長世於無窮矣。
『呉志』。安国和民、建久長之計。

顕嘉　藤原業実与文治同勘申。『迎陽記』。『元秘別録』。

仁治　藤原光範与文治同勘申。『迎陽記』。『元秘別録』。

保貞　藤原業実与文治同勘申。『迎陽記』。『元秘別録』。

**建久**《ケンキウ》「けんきゅう：一一九〇―九九年」　後鳥羽院天皇。土御門院天皇。文治六年庚戌四月五日。又云、四月十一日甲午。又云、十四日。為地震変異次年三合改元。『元秘別録』。
藤原光輔勘申。『山丞記』。『迎陽記』。『不知記』。『元秘別録』。『略頌抄』。『温旧知新』。菅原長守艸詔。『山丞記』。『不知記』。

『晋書』。建久安於万歳、垂長世於無窮矣。
『呉志』。安国和民、建久長之計。

顕応　藤原光輔与建久同勘申。『迎陽記』。『山丞記』。『不知記』。『元秘別録』。『温旧知新』。
『後漢書』。公卿百官、以帝威徳懐遠、祥物顕応、乃並集朝堂、奉觴上寿。

仁治　藤原光輔、藤原兼光与建久同勘申。『山丞記』。『不知記』。『迎陽記』。『元秘別録』。『温旧知新』。
『晋書』。人君以仁治天下。

徳仁　藤原兼光与建久同勘申。『迎陽記』。『山丞記』。『不知記』。『元秘別録』。
『礼記』。道徳仁義、非礼不成。

寛恵　藤原兼光与建久同勘申。『迎陽記』。『山丞記』。『不知記』。『元秘別録』。
『後漢書』。文帝寛恵、遭代康平。

恒久　藤原光範与建久同勘申。『迎陽記』。『山丞記』。『不知記』。

貞和　藤原光範与建久同勘申。『迎陽記』。『山丞記』。『不知記』。

正治《シヤウヂ》［しょうじ：一一九九―一二〇一年］　後鳥羽院天皇。土御門院天皇。建久十年己未四月二十一日壬午。又云、二十七日戊子。為即位改元。『迎陽記』。『元秘別録』。『略頌抄』。
菅原在茂勘申。『長兼卿記』。『親宗卿記』。『猪隈関白記』。『迎陽記』。『師重記』。『元秘別録』。『略頌抄』。藤原宗業艸詔。『長兼卿記』。
『荘子』。天子諸侯大夫庶人、此四者自正治之美也。

大応　菅原長守与正治同勘申。『長兼卿記』。『親宗卿記』。『迎陽記』。『師重記』。『元秘別録』。

暦久　菅原長守与正治同勘申。『長兼卿記』。『親宗卿記』。『迎陽記』。『猪隈関白記』。『師重記』。
『元秘別録』。

久承　菅原長守与正治同勘申。『長兼卿記』。『親宗卿記』。『迎陽記』。『師重記』。『元秘別録』。
『後漢書』。漢暦久長。

保貞　藤原光範与正治同勘申。『長兼卿記』。『親宗卿記』。『迎陽記』。『元秘別録』。

大喜　藤原光範与正治同勘申。『長兼卿記』。『親宗卿記』。『迎陽記』。『元秘別録』。

建永　菅原在茂与正治同勘申。『長兼卿記』。『師重記』。『親宗卿記』。『迎陽記』。『元秘別録』。
『文選』。流恵下民。建永世之業。

万祥　菅原在茂与正治同勘申。『長兼卿記』。『親宗卿記』。『迎陽記』。『師重記』。『元秘別録』。
『文選』。化溢四表、横被無窮、遐夷貢献、万祥必臻。

貞久　菅原在茂与正治同勘申。『長兼卿記』。『親宗卿記』。『師重記』。『迎陽記』。『元秘別録』。

恒久　藤原光範与正治同勘申。『親宗卿記』。『迎陽記』。『元秘別録』。

建保　藤原光範与正治同勘申。『親宗卿記』。『迎陽記』。『元秘別録』。

福応　藤原光範与正治同勘申。『親宗卿記』。『迎陽記』。『元秘別録』。
『孝経』。〔疏〕福応者福謂応。
『塩鉄論』。為善於下、福応于天、周公在上而天下太平、天下和平也。

建久　菅原在茂与正治同勘申。『親宗卿記』。『迎陽記』。

貞嘉　菅原在茂与正治同勘申。『親宗卿記』。『師重記』。『元秘別録』。

『文選』。卜択考休貞嘉命咸在茲。

# 建仁—正安（一二〇一—一三〇二年）

**建仁**《ケンニン》［けんにん：一二〇一—〇四年］　土御門院天皇。正治三年辛酉二月十三日甲午。為辛酉革命改元。『迎陽記』。『元秘別録』。

藤原宗業勘申。『殿記』。『猪隈関白記』。『不知記』。『迎陽記』。『元秘別録』。『略頌抄』。菅原為長艸詔。『殿記』。『不知記』。

『文選』。竭智附賢者、必建仁策。〔注〕為人君、当竭尽知力、託附賢臣、必立仁恵之策、賢臣帰之。

寛裕　藤原宗業与建仁同勘申。『殿記』。『不知記』。『迎陽記』。『元秘別録』。
『書』。〔注〕天下被寛裕之政、則我民無遠用来。
『呂氏春秋』。夾鐘之月、寛裕和平、行徳去刑。

久承　藤原宗業与建仁同勘申。『殿記』。『不知記』。『迎陽記』。『元秘別録』。

正長　藤原親経与建仁同勘申。『殿記』。『不知記』。『迎陽記』。『元秘別録』。
『貞観政要』。太宗曰、古来帝王以仁義為治者、国祚正長。

大喜　藤原親経与建仁同勘申。『殿記』。『不知記』。『迎陽記』。『元秘別録』。

仁治　藤原光範与建仁同勘申。『殿記』。『不知記』。『迎陽記』。『元秘別録』。

恒久　藤原光範与建仁同勘申。『殿記』。『不知記』。『迎陽記』。『元秘別録』。
顕嘉　藤原光範与建仁同勘申。『殿記』。『不知記』。『迎陽記』。『元秘別録』。

元久《グヱンキウ》［げんきゅう：一二〇四―〇六年］　土御門院天皇。建仁四年甲子二月廿日庚寅。為甲子革命改元。『迎陽記』。『元秘別録』。藤原親経勘申。『猪隈関白記』。『三中記』。『迎陽記』。『元秘別録』。『略頌抄』。藤原成信艸詔。『猪隈関白記』。『三中記』。
『詩』。〔正義〕文王建元久矣。
仁治　藤原資実与元久同勘申。『猪隈関白記』。『迎陽記』。『元秘別録』。
喜元　藤原光範与元久同勘申。『猪隈関白記』。『元秘別録』。
『貞観政要』。遇大道行而両儀泰、喜元良盛而万国貞。
建永　藤原範光与元久同勘申。『猪隈関白記』。『三中記』。『不知記』。『迎陽記』。『元秘別録』。
寛裕　藤原宗業与元久同勘申。『猪隈関白記』。『三中記』。『迎陽記』。『元秘別録』。
建定　藤原資実与元久同勘申。『猪隈関白記』。『三中記』。『元秘別録』。
『史記』。大聖作治、建定法度。
慶延　藤原範光与元久同勘申。『三中記』。『迎陽記』。『元秘別録』。
大喜　藤原親経与元久同勘申。『三中記』。『迎陽記』。『元秘別録』。
貞和　藤原光範与元久同勘申。『三中記』。『迎陽記』。『元秘別録』。
延慶　藤原宗業与元久同勘申。『迎陽記』。『元秘別録』。
『後漢書』。莫不終以功名、延慶于後。

治和　藤原宗業与元久同勘申。『迎陽記』。『元秘別録』。
永受　藤原光範与元久同勘申。『三中記』。『迎陽記』。『元秘別録』。

**建永**《ケンエイ》［けんえい：一二〇六—〇七年］　土御門院天皇。元久三年丙寅四月二十七日戊寅。為痘改元。
藤原範光、菅原在高勘申。『三長記』。『迎陽記』。『元秘別録』。『略頌抄』。藤原孝範艸詔。
『改元部類記』。
『文選』。流恵下民、建永世之業。
大喜　藤原親経与建永同勘申。『三長記』。『迎陽記』。『元秘別録』。
建正　藤原親経与建永同勘申。『迎陽記』。『西襦抄』。『元秘別録』。
『史記』。古暦建正、作於孟春。〔正義〕以建寅為正、謂之孟春也。
治万　菅原在高与建永同勘申。『迎陽記』。『元秘別録』。
『書』。地平天成、六府三事允治、万世永頼、時乃功。
元徳　藤原資実与建永同勘申。『迎陽記』。『元秘別録』。
文昭　藤原資実与建永同勘申。『迎陽記』。『元秘別録』。
『御注孝経』。天文昭煥、潤合幽微。
建定　藤原資実与建永同勘申。『迎陽記』。『元秘別録』。
文承　菅原為長与建永同勘申。『迎陽記』。『元秘別録』。
『文選』。皇上以叡文承暦。

建万　菅原為長与建永同勘申。『迎陽記』。『西襦抄』。『元秘別録』。
『貞観政要』。建万国、親諸侯。
康安　菅原為長与建永同勘申。『迎陽記』。『元秘別録』。
『漢書』。天下蒸民康寧。〔師古注〕康安也。
永宝　藤原宗業与建永同勘申。『迎陽記』。『元秘別録』。
『後漢書』。万年子子孫孫永宝用。
仁成　藤原宗業与建永同勘申。『迎陽記』。『元秘別録』。
『淮南子』。懐其仁成之心、甘露将降、五穀蕃殖。
久承　藤原宗業与建永同勘申。『迎陽記』。『元秘別録』。
徳斉　藤原範光与建永同勘申。『迎陽記』。『元秘別録』。
『文選』。崇文成功之職、遂徳斉礼。
永命　藤原範光与建永同勘申。『迎陽記』。

承元《ジョウゲン》［じょうげん：一二〇七―一一年］土御門院天皇。順徳院天皇。建永二年丁卯十月二十五日丁卯改元。
藤原資実勘申。『迎陽記』。『元秘別録』。『略頌抄』。
『通典』。古者祭以酉時、薦用仲月、近代相承、元日奏祥瑞。
永宝　藤原宗業与承元同勘申。『迎陽記』。『元秘別録』。
仁保　藤原宗業与承元同勘申。『迎陽記』。『元秘別録』。

康正　藤原宗業与承元同勘申。『迎陽記』。『元秘別録』。
『塩鉄論』。恩塞海内、沢被四表、矧惟南面、含仁保徳、靡不得其所。

徳元　菅原為長与承元同勘申。『迎陽記』。『元秘別録』。
『維城典訓』。平康正直、此立身之要焉。

文承　菅原為長与承元同勘申。『迎陽記』。『元秘別録』。
『書』。其惟王位在徳元。〔注〕順行禹湯所有成徳、則其惟王居位在徳之首也。

暦久　菅原為長与承元同勘申。『迎陽記』。『元秘別録』。

建定　藤原資実与承元同勘申。『迎陽記』。『元秘別録』。

建正　藤原親経与承元同勘申。『迎陽記』。『元秘別録』。

正徳　菅原在高、藤原親経与承元同勘申。『迎陽記』。『元秘別録』。

元初　藤原親経与承元同勘申。『迎陽記』。『元秘別録』。
『晋書』。五星約法算歩究於元初、法施於今用。

恒久　藤原光範与承元同勘申。『迎陽記』。『元秘別録』。

嘉福　藤原光範与承元同勘申。『迎陽記』。『元秘別録』。

久承　藤原光範与承元同勘申。『迎陽記』。『元秘別録』。

治万　菅原在高与承元同勘申。『迎陽記』。『元秘別録』。

徳和　菅原在高与承元同勘申。『迎陽記』。『元秘別録』。
『左伝』。心平徳和。

建暦《ケンリャク》［けんりゃく：一二一一―一二一三年］　順徳院天皇。承元五年辛未三月九日辛酉。為即位改元。『迎陽記』。『元秘別録』。
藤原資実、菅原為長、藤原孝範同勘申。『長兼卿記』。『迎陽記』。『元秘別録』。藤原孰倫艸詔。『長兼卿記』。
『春秋』。〔命歴序〕建暦立紀、以天元。
『後漢書』。建暦之本、必先立元。
『宋書』。建暦之本、必先立元。

承久　菅原為長与建暦同勘申。『長兼卿記』。『迎陽記』。『元秘別録』。
『詩緯』。周起自后稷、歴世相承久。

仁治　藤原資実与建暦同勘申。『長兼卿記』。『元秘別録』。

徳嘉　藤原宗業与建暦同勘申。『長兼卿記』。『元秘別録』。
『書』。予懋乃徳、嘉乃丕績。

文定　藤原宗業与建暦同勘申。『長兼卿記』。『迎陽記』。『元秘別録』。
『詩』。文定厥祥。〔箋〕文王以礼、定其吉祥。

仁保　藤原宗業与建暦同勘申。『長兼卿記』。『迎陽記』。『元秘別録』。

貞永　菅原為長与建暦同勘申。『長兼卿記』。『迎陽記』。『元秘別録』。
『易』。〔注疏〕利在永貞、永長也、貞正也、言長能貞正也。

文承　菅原為長与建暦同勘申。『長兼卿記』。『迎陽記』。『元秘別録』。
『書』。〔正義〕文承大化之下。

徳久　菅原為長与建暦同勘申。『長兼卿記』。『迎陽記』。『元秘別録』。
徳永　菅原公輔与建暦同勘申。『長兼卿記』。『迎陽記』。『元秘別録』。
『書』。惟天若元徳、永弗忘在王家。
天嘉　菅原公輔与建暦同勘申。『長兼卿記』。『迎陽記』。『元秘別録』。
『詩』。無念爾祖、聿脩厥徳、永言配天、自求多福。
『博物志』。承皇天嘉禄。
恒久　菅原公輔与建暦同勘申。『長兼卿記』。『迎陽記』。『元秘別録』。
建文　藤原孝範与建暦同勘申。『長兼卿記』。『迎陽記』。『元秘別録』。
『春秋演孔図』。世主建官、各載天名、斗居開枢。凡体七星、建文牽牛、布気象形。〔注〕斗建牽牛、陽気始舒、布気於衆星之形象。
嘉福　藤原孝範与建暦同勘申。『長兼卿記』。『迎陽記』。『元秘別録』。
仁治　藤原資実与建暦同勘申。『迎陽記』。

## 建保《ケンパウ》

〔けんぽう：一二一三―一九年〕　順徳院天皇。建暦三年癸酉十二月六日壬寅。又云、二十六日。為天変地震改元。『迎陽記』。『元秘別録』。
藤原宗業勘申。『迎陽記』。『元秘別録』。『略頌抄』。
『書』。惟天丕建、保乂有殷。
正徳　菅原在高与建保同勘申。『迎陽記』。『元秘別録』。
嘉慶　菅原在高与建保同勘申。『迎陽記』。『元秘別録』。

『礼記』。〔正義〕嘉慶備具福之道也。
『後魏書』。天地祖宗降祐之所致也、思与兆庶共茲嘉慶也。

万祥　菅原在高与建保同勘申。『迎陽記』。『元秘別録』。

承久　菅原為長与建保同勘申。『迎陽記』。『元秘別録』。

元仁　菅原為長与建保同勘申。『迎陽記』。『元秘別録』。
『易』。元亨利貞。〔正義〕元仁也。

貞永　菅原為長与建保同勘申。『迎陽記』。『元秘別録』。

咸保　菅原為長与建保同勘申。『迎陽記』。『元秘別録』。
『桓子新論』。天下履正、而咸保其性也。

隆治　藤原宗業与建保同勘申。『迎陽記』。『元秘別録』。
『漢書』。隆治平之化。

長寿　藤原宗業与建保同勘申。『迎陽記』。『元秘別録』。
『後漢書』。主長寿、子孫昌熾。

恒久　菅原公輔与建保同勘申。『迎陽記』。『元秘別録』。

徳永　菅原公輔与建保同勘申。『迎陽記』。『元秘別録』。
『書』。惟天若元徳、永弗忘在王家。

建太　菅原公輔与建保同勘申。『迎陽記』。『元秘別録』。
『漢書』。明帝王之法制、建太平之道。

長応　藤原孝範与建保同勘申。『迎陽記』。『元秘別録』。

『隋書』。歳之朝、月之朝、日之朝、主王者、経書並謂、三長応之者、延年福吉。

永正　藤原孝範与建保同勘申。『迎陽記』。『元秘別録』。『易緯』。永正其道、咸受吉化、徳弘（施イ）四海、能継天道。

仁治　藤原孝範与建保同勘申。『迎陽記』。『元秘別録』。

承久《ジョウキュウ》［じょうきゅう：一二一九―一二二二年］　順徳院天皇。仲恭天皇。後堀河院天皇。建保七年己卯四月十二日丁丑。為三合後年、並天変旱魃改元。『元秘別録』。

菅原為長勘申。『迎陽記』。『元秘別録』。『略頌抄』。『詩緯』。周起自后稷、歴世相承久。

長応　藤原孝範与承久同勘申。『迎陽記』。『元秘別録』。

康文　藤原孝範与承久同勘申。『迎陽記』。『元秘別録』。『後漢書』。唐虞以股肱康、文王以多士寧。

祥久　藤原孝範与承久同勘申。『迎陽記』。『元秘別録』。『詩』。〔正義〕契已佐禹、是其禎祥久見之。

保禄　菅原淳高与承久同勘申。『迎陽記』。『元秘別録』。『易』。〔注疏〕長保禄、吉之大者也。

正万　菅原淳高与承久同勘申。『迎陽記』。『元秘別録』。『荘子』。天明日明、然後能照四方、君明臣明、然後能正万物。

嘉慶　菅原淳高与承久同勘申。『迎陽記』。『元秘別録』。

仁政　菅原在高与承久同勘申。『迎陽記』。『元秘別録』。
『孟子』。尭舜以仁政治天下。
治万　菅原在高与承久同勘申。『迎陽記』。『元秘別録』。
養元　菅原在高与承久同勘申。『迎陽記』。『元秘別録』。
嘉徳　藤原頼範与承久同勘申。『迎陽記』。『元秘別録』。
寿延　藤原頼範与承久同勘申。『迎陽記』。『元秘別録』。
『宋書』。保万寿、延億齢。
仁養　藤原頼範与承久同勘申。『迎陽記』。『元秘別録』。
『漢書』。〔志〕仁以養之、義以行之。
文久　菅原為長与承久同勘申。『迎陽記』。『元秘別録』。
『梁書』。姫周基文、久保七百。
元仁　菅原為長与承久同勘申。『迎陽記』。『元秘別録』。
喜文　藤原宗業与承久同勘申。『迎陽記』。『元秘別録』。
『晋書』。〔衛恒伝〕喜文徳之弘懿、慍作者之莫刊。
永宝　藤原宗業与承久同勘申。『迎陽記』。『元秘別録』。

**貞応**《ヂヤウオウ》［じょうおう：一二二二―一二二四年］後堀河院天皇。承久四年壬午四月十二日庚寅。又云、十三日辛卯。為即位改元。『迎陽記』。『元秘別録』。
菅原為長勘申。『不知記』。『迎陽記』。『元秘別録』。『略頌抄』。

『易』。中孚以利貞、乃応乎天也。

元仁　菅原為長与貞応同勘申。『迎陽記』。『元秘別録』。

延嘉　菅原為長与貞応同勘申。『迎陽記』。『元秘別録』。

『孝経援神契』。天子至徳属四海、則延嘉至。

貞永　菅原為長与貞応同勘申。『迎陽記』。『元秘別録』。

和元　菅原為長与貞応同勘申。『迎陽記』。『元秘別録』。

『唐書』。陰陽大和、元気已正、天地降瑞、風雨以時。

寛恵　藤原家宣与貞応同勘申。『迎陽記』。『元秘別録』。

長養　藤原家宣与貞応同勘申。『迎陽記』。『元秘別録』。

『礼記』。〔正義〕草木蕭廡、王者施化、常継続長養之道、謂勧民長養。

嘉慶　菅原淳高与貞応同勘申。『迎陽記』。『元秘別録』。

天保　菅原淳高与貞応同勘申。『迎陽記』。『元秘別録』。

正応　菅原淳高与貞応同勘申。『迎陽記』。『元秘別録』。

『易』。行健不以武而以文明、用之相応、不以邪而以中正応之。又。文明而健、中正而応。〔注〕以中正応之。

延寿　菅原淳高与貞応同勘申。『迎陽記』。『元秘別録』。

**元仁**《グエンニン》［げんにん：一二二四―一二二五年］　後堀河院天皇。貞応三年甲申十一月二十日壬午。又云、十二月二十一日癸丑。為天変改元。『元秘別録』。

菅原為長勘申。『迎陽記』。『元秘別録』。『略頌抄』。
『易』。元亨利貞。〔正義〕元仁也。
正応　菅原淳高与元仁同勘申。『迎陽記』。『元秘別録』。
応元　菅原淳高与元仁同勘申。『迎陽記』。『元秘別録』。
『周義広会』。元以唱於前、而享為之応、元以肇於先、与享為之継、一気運焉〔備脩イ〕其序、而滋発不已、万物生。
仁治　菅原淳高与元仁同勘申。『迎陽記』。『元秘別録』。
弘徳　藤原長倫与元仁同勘申。『迎陽記』。『元秘別録』。
『後漢書』。弘徳洋溢、充塞宇宙、洪沢豊沛、漫衍八荒。
治定　藤原長倫与元仁同勘申。『迎陽記』。『元秘別録』。
『文選』。皇朝以治定制礼、功成改楽、思我民誉、緝熙帝図。
貞久　菅原在高与元仁同勘申。『迎陽記』。『元秘別録』。
文始　菅原在高与元仁同勘申。『迎陽記』。『元秘別録』。
『文選』。自后稷之始基、靖民十五王而文始平之。
延嘉　菅原為長与元仁同勘申。『迎陽記』。『元秘別録』。
和元　菅原為長与元仁同勘申。『迎陽記』。『元秘別録』。

**嘉《カ》禄《ロク》**［かろく：一二二五―一二二七年］後堀河院天皇。元仁二年乙酉四月二十日庚戌。為疾疫改元。『元秘別録』。

菅原在高勘申。『迎陽記』。『元秘別録』。『略頌抄』。
『博物志』。承皇天嘉禄。
仁治　藤原頼資与嘉禄同勘申。『迎陽記』。『元秘別録』。
貞正　藤原頼資与嘉禄同勘申。『園太暦』。『迎陽記』。『元秘別録』。
『易』。〔正義〕比者筮決其情、唯有元大永貞貞正。
治万　菅原在高与嘉禄同勘申。『迎陽記』。『元秘別録』。
久保　菅原在高与嘉禄同勘申。『迎陽記』。『元秘別録』。
『梁書』。姫周基文、久保七百。
文承　菅原為長与嘉禄同勘申。『迎陽記』。『元秘別録』。
恒久　菅原為長与嘉禄同勘申。『迎陽記』。『元秘別録』。
正応　菅原淳高与嘉禄同勘申。『迎陽記』。『元秘別録』。
応久　菅原淳高与嘉禄同勘申。『迎陽記』。『元秘別録』。
『書』。〔正義〕尭以聖徳在位、庶績咸熙、蓋応久矣。
養万　菅原淳高与嘉禄同勘申。『迎陽記』。『元秘別録』。
『易』。天地養万物、聖人養賢、以及万民。
『周礼』。以富邦国、以養万民、以生百物。
弘徳　藤原長倫与嘉禄同勘申。『迎陽記』。『元秘別録』。
慶延　藤原長倫与嘉禄同勘申。『迎陽記』。『元秘別録』。
応暦　藤原長倫与嘉禄同勘申。『迎陽記』。『元秘別録』。

安貞《アンテイ》［あんてい：一二二七―一二二九年］後堀河院天皇。嘉禄三年丁亥四月二日庚戌。又云、三日辛亥。又云、十二月十日。為麻疹改元。『元秘別録』。『略頌抄』。『平戸記』。

菅原資高勘申。『平戸記』。『迎陽記』。『元秘別録』。源遠章艸詔。

『易』。〔坤〕安貞之吉、応地無疆。

建長　藤原頼資与安貞同勘申。『平戸記』。『迎陽記』。『元秘別録』。

『後漢書』。建長久之策。

治建　藤原頼資与安貞同勘申。『平戸記』。『迎陽記』。『元秘別録』。

『周礼』。以治建国之学政。『元秘別録』。

顕応　藤原頼資与安貞同勘申。『平戸記』。『迎陽記』。『元秘別録』。

『晋書』。〔武帝紀〕禎祥顕応、風教粛清、天人之功成矣、覇王之業大矣。

久保　菅原在高与安貞同勘申。『平戸記』。『迎陽記』。『元秘別録』。

文暦　菅原在高与安貞同勘申。『平戸記』。『迎陽記』。『元秘別録』。

『文選』。皇上以叡文承暦。

嘉観　藤原家光与安貞同勘申。『平戸記』。『迎陽記』。『元秘別録』。

『史記』。従臣嘉観、厚念休烈。

元徳　藤原家光与安貞同勘申。『平戸記』。『迎陽記』。『元秘別録』。

貞永　菅原為長与安貞同勘申。『平戸記』。『迎陽記』。『元秘別録』。

寛元　菅原為長与安貞同勘申。『平戸記』。『迎陽記』。『元秘別録』。

長養　『宋書』。舜禹之際、五教在寛、元元以平。
菅原資高与安貞同勘申。『平戸記』。『迎陽記』。『元秘別録』。
『詩』。〔正義〕長養万物、万物喜楽。
和万　菅原資高与安貞同勘申。『平戸記』。『迎陽記』。『元秘別録』。
政和　大江周房与安貞同勘申。『平戸記』。『迎陽記』。『元秘別録』。
文永　大江周房与安貞同勘申。『平戸記』。『迎陽記』。『元秘別録』。
『後漢書』。漢四百有六載、撥乱反正、統武興文、永惟祖宗之洪業、思光啓万嗣。
祥応　大江周房与安貞同勘申。『平戸記』。『迎陽記』。『元秘別録』。
『天地瑞祥志』。政教非於人理、瑞祥応乎天文、是以三皇邁徳、七曜順軌。

**寛喜**《クワンキ》［かんぎ：一二二九—一二三二年］　後堀河院天皇。安貞三年己丑正月五日甲戌。又云、三月五日癸酉。為災異改元。
菅原為長勘申。『平戸記』。『範輔記』。『迎陽記』。『不知記』。『略頌抄』。源遠章艸詔。『平戸記』。
『後魏書』。仁而温良、寛而喜楽。
正安　藤原頼資与寛喜同勘申。『平戸記』。『迎陽記』。『元秘別録』。
『晋書』。居正安其身。
建長　藤原頼資与寛喜同勘申。『平戸記』。『迎陽記』。『元秘別録』。
天正　菅原在高与寛喜同勘申。『平戸記』。『迎陽記』。『元秘別録』。

嘉徳　菅原在高与寛喜同勘申。『平戸記』。『迎陽記』。『元秘別録』。
『文選』。民以食為天、正者淳其本善其後。
万喜　菅原在高与寛喜同勘申。『平戸記』。『迎陽記』。『元秘別録』。
『詩』。〔正義〕万物喜楽。
嘉観　藤原家光与寛喜同勘申。『平戸記』。『迎陽記』。『元秘別録』。
禎祥　藤原家光与寛喜同勘申。『平戸記』。『範輔記』。『迎陽記』。『元秘別録』。
弘長　藤原家光与寛喜同勘申。『平戸記』。『迎陽記』。『元秘別録』。
『貞観政要』。闕治定之規、以弘長世之業者、万古不易、百慮同帰。
貞永　菅原為長与寛喜同勘申。『平戸記』。『迎陽記』。『元秘別録』。
徳和　菅原資高与寛喜同勘申。『迎陽記』。『平戸記』。
寛政　菅原資高与寛喜同勘申。『平戸記』。『迎陽記』。『元秘別録』。
『左伝』。施之以寛、寛以済猛、猛以済寛、政其以和。
天休　菅原資高与寛喜同勘申。『平戸記』。『迎陽記』。『元秘別録』。
『晋書』。其保顕天命、率修訓典、底綏四国、用保天休。
寛安　大江周房与寛喜同勘申。『平戸記』。『迎陽記』。『元秘別録』。
『詩』。〔正義〕行寛仁安静之政、以定天下。
養寛　大江周房与寛喜同勘申。『平戸記』。『迎陽記』。『元秘別録』。
『易』。〔正義〕長養不空。
文永　大江周房与寛喜同勘申。『平戸記』。『範輔記』。『迎陽記』。『元秘別録』。

貞永《ヂヤウエイ》［じょうえい：一二三二―三三年］　後堀河院天皇。四条院天皇。寛喜四年壬辰四月二日壬子。又云、三日癸丑。為饑饉天変地震改元。『元秘別録』。『略頌抄』。
菅原為長勘申。『経光卿記』。『迎陽記』。『元秘別録』。『略頌抄』。菅原公良艸詔。『経光卿記』。
『易』。〔注疏〕利在永貞、永長也、貞正也。
正嘉　藤原頼資与貞永同勘申。『経光卿記』。『迎陽記』。『元秘別録』。
『漢書』。〔礼楽志〕俳正嘉吉弘以昌。
寛恵　藤原頼資与貞永同勘申。『経光卿記』。『迎陽記』。『元秘別録』。
正安　藤原頼資与貞永同勘申。『経光卿記』。『迎陽記』。『元秘別録』。
延嘉　藤原頼資与貞永同勘申。『経光卿記』。『迎陽記』。『元秘別録』。
仁治　藤原頼資、藤原家光与貞永同勘申。『経光卿記』。『迎陽記』。『元秘別録』。
成治　藤原家光与貞永同勘申。『経光卿記』。『迎陽記』。『元秘別録』。
『史記』。百穀用成、治用明。
治政　菅原在高与貞永同勘申。『経光卿記』。『迎陽記』。『元秘別録』。
『書』。〔正義〕政由穀而就、言天下由此穀、為治政之本。
治万　菅原在高与貞永同勘申。『経光卿記』。『迎陽記』。『元秘別録』。
『漢書』。有天下治万民者、蓋之如天、容之始地。
和元　菅原為長与貞永同勘申。『経光卿記』。『迎陽記』。『元秘別録』。

康安　菅原資高与貞永同勘申。『経光卿記』。『迎陽記』。『元秘別録』。
徳延　菅原資高与貞永同勘申。『経光卿記』。『迎陽記』。『元秘別録』。
嘉元　菅原資高与貞永同勘申。『経光卿記』。『迎陽記』。『元秘別録』。
『文選』。庶民子来、神降之吉、積徳延祚。
寛裕　藤原信盛与貞永同勘申。『経光卿記』。『迎陽記』。『元秘別録』。
大応　藤原信盛与貞永同勘申。『経光卿記』。『迎陽記』。『元秘別録』。
久徳　藤原信盛与貞永同勘申。『経光卿記』。『迎陽記』。『元秘別録』。
『文選』。積久徳逾宣。

**天福**《テンプク》［てんぷく：一二三三—三四年］　四条院天皇。貞永二年癸巳四月二日丙子。又云、十五日己丑。為即位改元。『元秘別録』。

菅原為長勘申。『範輔記』。『迎陽記』。『元秘別録』。『略頌抄』。

『書』。〔注〕政善天福之。

康暦　菅原為長与天福同勘申。『範輔記』。『迎陽記』。『元秘別録』。

『唐書』。承成康之暦業。

文暦　菅原為長与天福同勘申。『範輔記』。『迎陽記』。『元秘別録』。

『後漢書』。春秋当初文暦也。

正元　菅原為長与天福同勘申。『範輔記』。『迎陽記』。『元秘別録』。

『詩緯』。一如正元、万載相伝。〔注〕言本正則末理。

延嘉　菅原為長与天福同勘申。『範輔記』。『元秘別録』。
政治　菅原資高与天福同勘申。『範輔記』。『迎陽記』。『元秘別録』。
慶延　菅原資高与天福同勘申。『範輔記』。『迎陽記』。『元秘別録』。
天順　菅原資高与天福同勘申。『範輔記』。『迎陽記』。『元秘別録』。
『後漢書』。天順非他、寛裕之福也。
建徳　菅原資高与天福同勘申。『範輔記』。『迎陽記』。『元秘別録』。
嘉元　菅原資高与天福同勘申。『範輔記』。『迎陽記』。『元秘別録』。
大応　藤原信盛与天福同勘申。『範輔記』。『迎陽記』。『元秘別録』。
福応　藤原信盛与天福同勘申。『範輔記』。『元秘別録』。
『文選』。衆庶悦予、福応尤盛。
嘉恵　藤原信盛与天福同勘申。『範輔記』。『迎陽記』。『元秘別録』。
『管子』。君有嘉恵於其臣。

**文暦**《ブンリャク》［ぶんりゃく：一二三四—三五年］四条院天皇。天福二年甲午十一月五日庚子。又云、十二月五日己巳。為天変地異改元。『元秘別録』。

藤原家光、菅原為長勘申。『元秘別録』。（按、『略頌抄』云、菅原淳高所勘申。）

『文選』。皇上以叡文承暦。

『唐書』。掌天文暦数。

正徳　菅原資高与文暦同勘申。『迎陽記』。『元秘別録』。

『書』。正徳利用厚生惟和。〔注〕正徳以率下、利用以阜財、厚生以養民、三者和、
可謂善政也。
康安　菅原資高与文暦同勘申。『迎陽記』。『元秘別録』。
嘉慶　菅原資高与文暦同勘申。『迎陽記』。『元秘別録』。
寿延　菅原資高与文暦同勘申。『迎陽記』。『元秘別録』。
天観　藤原経範与文暦同勘申。『迎陽記』。『元秘別録』。
『書』。〔正義〕天観人所相以授命。
暦仁　藤原経範与文暦同勘申。『迎陽記』。『元秘別録』。
『隋書』。皇明馭暦、仁深海県。
仁保　藤原経範与文暦同勘申。『迎陽記』。『元秘別録』。
仁応　藤原頼資与文暦同勘申。『迎陽記』。『元秘別録』。
『北斉書』。挙世思治、則仁以応之。
延嘉　藤原頼資与文暦同勘申。『迎陽記』。『元秘別録』。
延文　藤原家光与文暦同勘申。『迎陽記』。『元秘別録』。
『漢書』。延文学儒者数百人。
弘長　藤原家光与文暦同勘申。『迎陽記』。『元秘別録』。
恒久　菅原為長与文暦同勘申。『迎陽記』。『元秘別録』。
文承　菅原為長与文暦同勘申。『迎陽記』。『元秘別録』。
応元　菅原淳高与文暦同勘申。『迎陽記』。『元秘別録』。

大仁　菅原淳高与文暦同勘申。『迎陽記』。『元秘別録』。
『易』。材日成牧、以為人王、天下刑之、是謂大仁。

**嘉《カ》禎《テイ》**［かてい：一二三五—一二三八年］　四条院天皇。文暦二年乙未八月十九日己酉。又云、九月十五日乙亥。又云、十九日己卯。又云、十月九日戊戌。
藤原頼資勘申。『迎陽記』。『元秘別録』。『略頌抄』。
『北斉書』。蘊千祀、彰明嘉禎。

暦仁　□□□□与嘉禎同勘申。『和長卿記』。
大承　菅原資高与嘉禎同勘申。『迎陽記』。『元秘別録』。
徳延　菅原資高与嘉禎同勘申。『迎陽記』。『元秘別録』。
嘉元　菅原資高与嘉禎同勘申。『迎陽記』。『元秘別録』。
応安　藤原経範与嘉禎同勘申。『迎陽記』。『元秘別録』。
『詩』。〔正義〕四方既已平服、王国之内、幸応安定。
延仁　藤原経範与嘉禎同勘申。『迎陽記』。『元秘別録』。
『維城典訓』。好学延於智、力行延於仁。
徳治　藤原経範与嘉禎同勘申。『迎陽記』。『元秘別録』。
『後魏書』。明王以徳治天下。
延嘉　藤原経範与嘉禎同勘申。『迎陽記』。『元秘別録』。
仁治　藤原家光与嘉禎同勘申。『迎陽記』。『元秘別録』。

延文　藤原家光与嘉禎同勘申。『迎陽記』。『元秘別録』。
弘長　藤原家光与嘉禎同勘申。『迎陽記』。『元秘別録』。
徳元　菅原為長与嘉禎同勘申。『迎陽記』。『元秘別録』。
徳和　菅原為長与嘉禎同勘申。『迎陽記』。『元秘別録』。
和元　菅原為長与嘉禎同勘申。『迎陽記』。『元秘別録』。
康暦　菅原為長与嘉禎同勘申。『迎陽記』。『元秘別録』。

暦仁《リャクニン》〔りゃくにん：一二三八―三九年〕　四条院天皇。嘉禎四年戊戌十一月二十三日甲午。為天変改元。『実有卿記』。『改元部類記』。『迎陽記』。
藤原経範勘申。『実有卿記』。『迎陽記』。『元秘別録』。『略頌抄』。藤原宗範艸詔。『実有卿記』。
和元　菅原為長与暦仁同勘申。『実有卿記』。『迎陽記』。『元秘別録』。
『隋書』。皇明馭暦、仁深海県。
元寧　菅原淳高与暦仁同勘申。『実有卿記』。『迎陽記』。『荒涼記』。『元秘別録』。
『東観漢記』。黎元寧康、万国協和。
正仁　□□□□与暦仁同勘申。『実有卿記』。
延仁　藤原経範与暦仁同勘申。『実有卿記』。『迎陽記』。『元秘別録』。
仁宝　藤原長倫与暦仁同勘申。『実有卿記』。『迎陽記』。『元秘別録』。
『晋中興書』。〔徴祥説〕四蛮賓服、則金縢見、金縢者仁宝也。

貞久　藤原光兼与暦仁同勘申。『実有卿記』。『迎陽記』。『元秘別録』。
康暦　菅原為長与暦仁同勘申。『実有卿記』。『迎陽記』。『元秘別録』。
仁応　□□□□与暦仁同勘申。『実有卿記』。『元秘別録』。
延応　藤原経範与暦仁同勘申。『迎陽記』。『元秘別録』。
『文選』。廊廟惟清、俊人是延。擢応嘉挙。
康承　藤原光兼与暦仁同勘申。『迎陽記』。『元秘別録』。
『長短経』。成康承文武遺跡、以周召為相。
仁昭　菅原為長与暦仁同勘申。『迎陽記』。『元秘別録』。
『桓子新論』。悦我以仁、昭明我名。
応仁　菅原淳高与暦仁同勘申。『迎陽記』。『元秘別録』。
『晋書』。白雀呈瑞、素羽明鮮、翔庭舞翼、以応仁。
保禄　菅原淳高与暦仁同勘申。『迎陽記』。『元秘別録』。
顕応　藤原長倫与暦仁同勘申。『迎陽記』。『元秘別録』。
祥応　藤原長倫与暦仁同勘申。『迎陽記』。『元秘別録』。
『拾遺記』。□風四起、連珠合璧、祥応備焉、万国皇沢。

**延応**《エンノウ》［えんおう：一二三九—四〇年］　四条院天皇。暦仁二年己亥二月七日丁未。為天変改元。『元秘別録』。
藤原経範、藤原長倫同勘申。『不知記』。『元秘別録』。『略頌抄』。

『文選』。廊廟惟清、俊人是延、擢応嘉挙。

延元　菅原為長与延応同勘申。『和長卿記』。『元秘別録』。

『梁書』。〔沈休文等奏言〕聖徳所被、上自蒼蒼、下延元元。

正元　菅原為長与延応同勘申。『元秘別録』。

天聡　菅原淳高与延応同勘申。『元秘別録』。

『晋書志』。天聡明因、我人聡明、此則観乎人文、以成化者也。

仁治　菅原淳高、藤原経範与延応同勘申。『元秘別録』。

徳延　藤原長倫与延応同勘申。『元秘別録』。

禄長　藤原長倫与延応同勘申。『元秘別録』。

『書』。能保安王之寵禄、長致衆民所以自生之道、是明王之事也。

康万　藤原光兼与延応同勘申。『元秘別録』。

長寿　藤原光兼与延応同勘申。『元秘別録』。

慶延　藤原光兼与延応同勘申。『元秘別録』。

延仁　藤原経範与延応同勘申。『元秘別録』。

## 仁治《ニンヂ》［にんじ：一二四〇―四三年］

四条院天皇。後嵯峨院天皇。延応二年庚子二月九日甲辰。又云、七月十六日戊寅。為天変地震改元。『不知記』。『元秘別録』。

藤原経範、菅原為長勘申。『不知記』。『荒涼記』。『元秘別録』。『略頌抄』。大江信房艸詔。『不知記』。『荒涼記』。

『書』。〔正義〕人君以仁治天下。
『新唐書』。太宗以寛仁治天下。

嘉慶　藤原光兼与仁治同勘申。『不知記』。『元秘別録』。
『詩』。将有嘉慶、禎祥先来見也。

康万　藤原光兼与仁治同勘申。『不知記』。『元秘別録』。

寧永　藤原光兼与仁治同勘申。『不知記』。『元秘別録』。
『書』。惟敬五刑、以成三徳、一人有慶、兆民頼之、其寧惟永。

宝治　藤原経範与仁治同勘申。『不知記』。『荒涼記』。『元秘別録』。
『春秋繁露』。気之清者為精、人之清者為賢、治身者以積徳為宝、治国者以積賢為道。

安寛　藤原経範与仁治同勘申。『不知記』。『元秘別録』。
『春秋』。〔正義〕優柔、倶訓為安、寛舒之意也。

元康　菅原為長与仁治同勘申。『不知記』。『荒涼記』。『元秘別録』。

禄長　藤原長倫与仁治同勘申。『不知記』。『荒涼記』。『元秘別録』。

康安　藤原長倫、菅原為長与仁治同勘申。『不知記』。『元秘別録』。

天隆　藤原長倫与仁治同勘申。『不知記』。『元秘別録』。
『後漢書』。天隆其祐、主豊其禄。

大応　藤原信盛与仁治同勘申。『不知記』。『荒涼記』。『元秘別録』。

康豊　藤原信盛与仁治同勘申。『不知記』。『元秘別録』。

興文　『詩』。自天降康、豊年穣穣。

藤原信盛与仁治同勘申。『不知記』。『元秘別録』。

『貞観政要』。興文布徳施恵。中国既安。

**寛元《クワングエン》**［かんげん：一二四三―四七年］　後嵯峨院天皇。後深草院天皇。仁治四年癸卯二月二十六日癸酉。為即位改元。『宗雅卿記』。『元秘別録』。

菅原為長勘申。『宗雅卿記』。『荒涼記』。『元秘別録』。菅原高長艸詔。『荒涼記』。

『宋書』。舜禹之際、五教在寛、元元以平。

正元　菅原為長与寛元同勘申。『宗雅卿記』。『荒涼記』。『元秘別録』。

貞吉　菅原為長与寛元同勘申。『宗雅卿記』。『荒涼記』。『元秘別録』。

『易』。頤貞吉、養正則吉也。

禄長　藤原光兼与寛元同勘申。『宗雅卿記』。『荒涼記』。『元秘別録』。

康承　藤原光兼与寛元同勘申。『宗雅卿記』。『荒涼記』。『元秘別録』。

文応　藤原経範与寛元同勘申。『宗雅卿記』。『元秘別録』。

『春秋内事』。伏羲氏以木徳、推列三光、建分八節、以文応気。

文建　藤原経範与寛元同勘申。『宗雅卿記』。『元秘別録』。

『通典』。酌周礼之文、建六官之職。

正建　藤原経範与寛元同勘申。『宗雅卿記』。『荒涼記』。『元秘別録』。

『晋書』。虞夏之暦正、建於孟春。

元延　藤原経範与寛元同勘申。『宗雅卿記』。『荒涼記』。『元秘別録』。
『晋書』。践元辰、延顕融、我皇寿而隆。

嘉元　藤原経範与寛元同勘申。『宗雅卿記』。『元秘別録』。
『修文殿御覧』。〔陸機上巳祓詩〕遅遅暮春日、天気柔且嘉、元吉隆初巳。洗穢遊黄河。

永康　藤原光兼与寛元同勘申。『宗雅卿記』。『荒涼記』。『元秘別録』。
『書』。佑乃僻、永康兆民、万邦惟無斁。

**宝治**《ハウヂ》［ほうじ：一二四七—四九年］　後深草院天皇。寛元五年丁未二月朔乙酉。又云、十八日壬寅。又云、二十八日壬子。為即位改元。『荒涼記』。『元秘別録』。
藤原経範勘申。『荒涼記』。『略頌抄』。
『春秋繁露』。気之清者為精、人之清者為賢、治身者以積徳為宝、治国者以積賢為道。

**建長**［けんちょう：一二四九—五六年］　後深草院天皇。宝治三年己酉三月十八日庚寅。為変異改元。『定嗣卿記』。
藤原経光勘申。『荒涼記』。『定嗣卿記』。『不知記』。『元秘別録』。『略頌抄』。藤原茂範艸詔。
『定嗣卿記』。
『後漢書』。〔段熲伝〕建長久之策。

元応　藤原経光与建長同勘申。『荒涼記』。『定嗣卿記』。『不知記』。『元秘別録』。

文安　藤原経光与建長同勘申。『荒涼記』。『定嗣卿記』。『不知記』。『元秘別録』。
『唐書』。陛下富教安人、務農敦本、光復社稷、康済黎元之応也。
『晋書』。尊文安漢社稷。
寛安　菅原淳高与建長同勘申。『荒涼記』。『定嗣卿記』。『不知記』。『元秘別録』。
応元　菅原淳高与建長同勘申。『荒涼記』。『定嗣卿記』。『不知記』。『元秘別録』。
元寧　菅原淳高与建長同勘申。『荒涼記』。『定嗣卿記』。『不知記』。『元秘別録』。
『詩』。〔註疏〕二后行寛安之意、其下効之。
文仁　藤原経範与建長同勘申。『荒涼記』。『定嗣卿記』。『不知記』。『元秘別録』。
『淮南子』。礼者実之文也、仁者恩之効也、故礼因人情而為節文、仁発憑愛以見容。
嘉暦　藤原経範与建長同勘申。『荒涼記』。『定嗣卿記』。『不知記』。『元秘別録』。
『唐書』。四序嘉辰、歴代増置。
『続漢書』。律暦志曰、黄帝造歴、歴与暦同作。
嘉元　藤原経範与建長同勘申。『荒涼記』。『定嗣卿記』。『不知記』。『元秘別録』。
大安　菅原公良与建長同勘申。『荒涼記』。『定嗣卿記』。『不知記』。『元秘別録』。
『漢書』。万民大安。
長仁　菅原公良与建長同勘申。『荒涼記』。『定嗣卿記』。『不知記』。『元秘別録』。
『貞観政要』。左右皆賢。足以長仁。
延元　菅原公良与建長同勘申。『荒涼記』。『定嗣卿記』。『不知記』。『元秘別録』。
長禄　菅原長成与建長同勘申。『荒涼記』。『定嗣卿記』。『不知記』。『元秘別録』。

『韓非子』。其建生也長、持禄也久。

正元　菅原長成与建長同勘申。『荒涼記』。『定嗣卿記』。『不知記』。『元秘別録』。

延嘉　菅原長成与建長同勘申。『荒涼記』。『元秘別録』。

**康元**《カウグエン》［こうげん：一二五六―五七年］後深草院天皇。建長八年丙辰十月五日壬戌。為疱改元。『荒涼記』。

藤原経範勘申。『荒涼記』。藤原経俊奉行。『荒涼記』。

**正嘉**《シヤウガ》［しょうか：一二五七―五九年］後深草院天皇。康元二年丁巳三月十四日庚子改元。

菅原在章勘申。『宗雅卿記』。『元秘別録』。『略頌抄』。菅原高長艸詔。『宗雅卿記』。

『芸文類聚』。肇元正之嘉会。

治建　藤原経光与正嘉同勘申。『宗雅卿記』。『元秘別録』。

『周礼』。以治建国之学政。

仁応　藤原経光与正嘉同勘申。『宗雅卿記』。『元秘別録』。

元応　藤原経光与正嘉同勘申。『宗雅卿記』。『元秘別録』。

延嘉　藤原経光与正嘉同勘申。『宗雅卿記』。『元秘別録』。

正安　藤原経光与正嘉同勘申。『宗雅卿記』。『元秘別録』。

『周書』。居正安其身。

延慶　藤原光兼与正嘉同勘申。『宗雅卿記』。『元秘別録』。

『後漢書』。本文武之業、擬尭舜之道、攘災延慶、号令天下。
仁宝　藤原光兼与正嘉同勘申。『宗雅卿記』。『元秘別録』。
正元　菅原公良与正嘉同勘申。『宗雅卿記』。『元秘別録』。
観仁　菅原公良与正嘉同勘申。『宗雅卿記』。『元秘別録』。
『書』。〔大伝〕五誥可以観仁。
寛正　菅原在章与正嘉同勘申。『宗雅卿記』。『元秘別録』。
『史記』。寛以正、則可以比衆。
建治　菅原在章与正嘉同勘申。『宗雅卿記』。『元秘別録』。
『唐紀』。明王建邦治民、経世垂化。
正保　大江信房与正嘉同勘申。『宗雅卿記』。『元秘別録』。
『書』。〔正義〕昔正保衡、佐我烈祖、格于皇天。
文永　大江信房与正嘉同勘申。『宗雅卿記』。『元秘別録』。
応暦　大江信房与正嘉同勘申。『宗雅卿記』。『元秘別録』。
安延　大江信房与正嘉同勘申。『宗雅卿記』。『元秘別録』。
政和　大江信房与正嘉同勘申。『宗雅卿記』。『元秘別録』。
万長　菅原公良与正嘉同勘申。『宗雅卿記』。『元秘別録』。
『修文殿御覧』。民称万歳長。

**正元**《シヤウグヱン》［しょうげん：一二五九―六〇年］　後深草院天皇。亀山院天皇。正嘉三年己未三月廿六日庚午改元。

菅原公良勘申。『荒涼記』。『元秘別録』。『略頌抄』。

『詩緯』。一如正元、万載相伝。〔注〕言本正則末理。

文元　菅原在章与正元同勘申。『元秘別録』。

『隋書志』。造文之元始、創暦之厥初。

正長　菅原在章、大江信房与正元同勘申。『元秘別録』。

『詩』。淑人君子、正是国人。〔箋〕正長也。

『礼記』。〔正義〕在位之君子、威儀不差忒、可以正長。

文嘉　菅原在章与正元同勘申。『元秘別録』。

『文選』。〔表〕濬徳之文、嘉言必史。

文安　大江信房与正元同勘申。『元秘別録』。

『書』。欽明文思安安。

文永　大江信房与正元同勘申。『元秘別録』。

康万　藤原光兼与正元同勘申。『元秘別録』。

『詩』、康万物、得由其道也。

禄永　藤原光兼与正元同勘申。『元秘別録』。

『書』。克綏先王之禄、永底烝民之生。

延寿　藤原光兼与正元同勘申。『元秘別録』。

万長　菅原公良与正元同勘申。『元秘別録』。

延元　菅原長成与正元同勘申。『元秘別録』。
康安　菅原長成与正元同勘申。『元秘別録』。
嘉徳　菅原長成与正元同勘申。『元秘別録』。
文昭　菅原長成与正元同勘申。『元秘別録』。
　『国語』。文王以文昭。
保祐　菅原長成与正元同勘申。『元秘別録』。
　『孝経述義』。教化臣民、至於天下大治、而使保祐兆庶。

**文応**《ブンノウ》［ぶんおう：一二六〇―六一年］亀山院天皇。正元二年庚申四月十三日庚戌。為即位改元。『元秘別録』。
　菅原在章勘申。『元秘別録』。『略頌抄』。
　『晋書』。太晋之行、戢武興文之応。
元万　大江信房与文応同勘申。『元秘別録』。
　『易』。大哉乾元、万物資始。
安延　大江信房与文応同勘申。『元秘別録』。
建明　大江信房与文応同勘申。『元秘別録』。
　『晋書』。周之選建明□。
建治　菅原在章与文応同勘申。『元秘別録』。
　『唐紀』。明王建邦治民、経世垂化。

仁豊　菅原在章与文応同勘申。『元秘別録』。
『貞観政要』。太宗曰、至於積徳、累仁、豊功、厚利、四者朕皆行之。

文永　菅原在章与文応同勘申。『元秘別録』。

仁永　菅原在章与文応同勘申。『元秘別録』。
『芸文類聚』。仁永固洪業。

正万　藤原光兼与文応同勘申。『元秘別録』。
『書』。〔注〕天与王勇智、応為民主、儀喪天下、法正万国、継禹之功。

仁宝　藤原光兼与文応同勘申。『元秘別録』。

昭長　藤原光兼与文応同勘申。『元秘別録』。
『宋書』。功徳昭長世、道徳歴延年。

**弘長**［こうちょう：一二六一―六四年］亀山院天皇。文応二年辛酉二月二十日壬子。又云、三月二十五日丁亥。為歳次辛酉改元。『良賢記』。
（按、弘長度勘申者、為藤原光兼、大江信房、菅原高長、藤原経光、菅原長成、而不知弘長為誰所撰。）
『貞観政要』。閎治定之規、以弘長世之業者、万古不易、百慮同帰。『略頌抄』。

**文永**［ぶんえい：一二六四―七五年］亀山院天皇。後宇多院天皇。弘長四年甲子二月二十八日癸酉改元。

菅原在章勘申。『元秘別録』。『略頌抄』。

『後漢書』。漢四百有六載、撥乱反正、統武興文、永惟祖宗之洪業、思光啓万嗣。

仁応　藤原経光与文永同勘申。『元秘別録』。

元応　藤原経光与文永同勘申。『元秘別録』。

延嘉　藤原経光与文永同勘申。『元秘別録』。

長禄　菅原長成与文永同勘申。『元秘別録』。

乾元　菅原長成与文永同勘申。『元秘別録』。

建明　菅原長成与文永同勘申。『元秘別録』。

応元　菅原良頼与文永同勘申。『元秘別録』。

康正　菅原良頼与文永同勘申。『元秘別録』。

建禄　菅原良頼与文永同勘申。『元秘別録』。

寛正　菅原在章与文永同勘申。『元秘別録』。

嘉高　菅原在章与文永同勘申。『元秘別録』。

文元　菅原在章与文永同勘申。『元秘別録』。

建治　菅原在章与文永同勘申。『元秘別録』。

徳保　菅原在公与文永同勘申。『元秘別録』。

正安　菅原在公与文永同勘申。『元秘別録』。

建大　菅原在公与文永同勘申。『元秘別録』。

**建治**《ケンジ》〔けんじ：一二七五—七八年〕　後宇多院天皇。文永十二年乙亥四月二十五日丙寅。為即位改元。『元秘別録』。

菅原在匡勘申。『元秘別録』。『略頌抄』。

『周礼』。以治建国之学政。

延文　藤原資宣与建治同勘申。『元秘別録』。

建定　藤原資宣与建治同勘申。『元秘別録』。

『漢書』。〔郊祀志〕建定天地之大礼。

遐長　藤原資宣与建治同勘申。『元秘別録』。

『貞観政要』。卜祚遐長。

和元　菅原長成与建治同勘申。『元秘別録』。

建明　菅原長成与建治同勘申。『元秘別録』。

『文選』。並建明徳。

乾元　菅原長成与建治同勘申。『元秘別録』。

『易』。乾元亨利貞。

延元　菅原高長与建治同勘申。『元秘別録』。

『梁書』。聖徳所被、上自蒼蒼、下延元元。

寛安　菅原高長与建治同勘申。『元秘別録』。

『詩』。〔注疏〕二后行寛安之意、其下効之。

文昭　菅原高長与建治同勘申。『元秘別録』。

『御注孝経』。張嘉貞等奏曰、天文昭煥、洞合幽微。

政治　菅原在公与建治同勘申。『元秘別録』。

『書』。三后協心、同底于道、道洽政治、沢潤生民。

『左伝』。政以治民。

建大　菅原在公与建治同勘申。『元秘別録』。

治万　菅原在公与建治同勘申。『元秘別録』。

『後漢書』。通天然之明、建大聖之基、改元正暦、垂万代則。

治建　菅原在公与建治同勘申。『元秘別録』。

大嘉　菅原在公与建治同勘申。『元秘別録』。

『貞観政要』。高祖方大嘉曰、除勣盛徳推功、実純臣。

観応　菅原在匡与建治同勘申。『元秘別録』。

正和　菅原在匡与建治同勘申。『元秘別録』。

『唐紀』。皇帝受朝、奏正和。

弘安《コウアン》［こうあん：一二七八―八八年］後宇多院天皇。伏見院天皇。建治四年戊寅二月二十九日壬午。為疫改元。『吉続記』。『元秘別録』。

藤原茂範勘申。『不知記』。『吉続記』。『元秘別録』。『略頌抄』。藤原業範艸詔。『吉続記』。

『太宗実録』。弘安民之道。

徳永　菅原在公与弘安同勘申。『不知記』。『兼仲卿記』。『元秘別録』。

建大　『書』。〔酒誥〕惟天若元徳、永弗忘在王家。
大嘉　菅原在公与弘安同勘申。『不知記』。『元秘別録』。
正応　菅原在嗣与弘安同勘申。『不知記』。『吉続記』。『元秘別録』。
『詩』。〔注〕徳正応利。
永仁　菅原在嗣与弘安同勘申。『不知記』。『吉続記』。『元秘別録』。
『晋書』。〔楽志〕冬至初歳小会歌、乃宣乃訓、配享交泰、永載仁風、長撫無外。
文弘　菅原在嗣与弘安同勘申。『不知記』。『元秘別録』。
『晋書』。〔潘尼伝、釈奠頌〕博我以文、弘我以道。
正長　藤原経業与弘安同勘申。『不知記』。『元秘別録』。
康豊　藤原経業与弘安同勘申。『不知記』。『元秘別録』。
延文　藤原資宣与弘安同勘申。『不知記』。『元秘別録』。
建定　藤原資宣与弘安同勘申。『不知記』。『元秘別録』。
治徳　菅原高長与弘安同勘申。『不知記』。『元秘別録』。
建明　菅原高長与弘安同勘申。『不知記』。『元秘別録』。
乾元　菅原高長与弘安同勘申。『不知記』。『吉続記』。『元秘別録』。
元観　藤原茂範与弘安同勘申。『不知記』。『吉続記』。『元秘別録』。
元延　藤原茂範与弘安同勘申。『不知記』。『吉続記』。『元秘別録』。
嘉元　藤原茂範与弘安同勘申。『不知記』。『吉続記』。『元秘別録』。

文仁　藤原茂範与弘安同勘申。『不知記』。『吉続記』。『元秘別録』。
観応　菅原在匡与弘安同勘申。『不知記』。『元秘別録』。
仁永　菅原在匡与弘安同勘申。『不知記』。『吉続記』。『元秘別録』。
正和　菅原在匡与弘安同勘申。『不知記』。『吉続記』。『元秘別録』。
長祥　藤原資宣与弘安同勘申。『元秘別録』。

**正応**《シヤウオウ》［しょうおう：一二八八―九三年］伏見院天皇。弘安十一年戊子四月二十四日戊寅、又二十八日壬午。為即位改元。『元秘別録』。
菅原在嗣勘申。『略頌抄』。
『詩』。〔注〕徳正応利。
延文　藤原資宣与正応同勘申。『元秘別録』。
建定　藤原資宣与正応同勘申。『元秘別録』。
長祥　藤原資宣与正応同勘申。『元秘別録』。
建徳　藤原資宣与正応同勘申。『元秘別録』。

**永仁**《エイニン》［えいにん：一二九三―九九年］伏見院天皇。後伏見院天皇。正応六年癸巳八月五日戊子改元。
菅原在嗣勘申。『不知記』。『吉続記』。『兼仲卿記』。『元秘別録』。『略頌抄』。藤原道名艸詔。
『兼仲卿記』。『不知記』。藤原俊光奉行。『吉続記』。

『晋書』。〔楽志〕永載仁風、長撫無外。

養仁　藤原兼仲与永仁同勘申。『兼仲卿記』。『元秘別録』。

『隋書』。養之以仁、使之以義。

文安　藤原兼仲与永仁同勘申。『兼仲卿記』。『元秘別録』。

徳永　菅原在輔与永仁同勘申。『兼仲卿記』。『元秘別録』。

『書』。〔酒誥〕惟天若元徳、永弗忘在王家。

嘉暦　藤原茂範与永仁同勘申。『兼仲卿記』。『不知記』。『元秘別録』。

康安　菅原在嗣、藤原兼倫与永仁同勘申。『兼仲卿記』。『元秘別録』。

建明　藤原兼倫与永仁同勘申。『兼仲卿記』。『元秘別録』。

応寛　藤原茂範与永仁同勘申。『元秘別録』。

『易』。〔正義〕居中得直得其応、乃寛緩修其道徳則得嘉。

建正　藤原茂範与永仁同勘申。『元秘別録』。

保徳　藤原兼倫与永仁同勘申。『元秘別録』。

『塩鉄論』。恩塞海内、沢被四表、南面含仁保徳。

仁長　菅原在嗣与永仁同勘申。『元秘別録』。

『晏子春秋』。称仁以長其意。

正長　菅原在嗣与永仁同勘申。『元秘別録』。

『詩』。淑人君子、其儀不忒、其儀不忒、正是四国。〔注〕正長也、長人則欲其寿考也。

正和　菅原在嗣与永仁同勘申。『元秘別録』。
暦万　菅原在輔与永仁同勘申。『元秘別録』。
仁正　菅原在輔与永仁同勘申。『元秘別録』。
　『貞観政要』。恵下以仁、正身以義。
暦応　菅原在兼与永仁同勘申。『元秘別録』。
　『帝王代紀』。尭時有草、夾階而生、王者以是占暦、応和而生。
文弘　菅原在兼与永仁同勘申。『元秘別録』。
応長　菅原在兼与永仁同勘申。『元秘別録』。
　『唐書』。〔志〕応長暦之規、象中月之度、広綜陰陽之数、旁通寒暑之和。

**正安**《シャウアン》［しょうあん：一二九九―一三〇二年］後伏見院天皇。後二条院天皇。永仁七年己亥三月二十六日丁未。又云、四月二十五日乙亥。為即位改元。『元秘別録』。
　菅原在嗣勘申。『元秘別録』。『略頌抄』。
　『周書』。居正安其身。
天観　藤原明範与正安同勘申。『元秘別録』。
建文　藤原明範与正安同勘申。『元秘別録』。
嘉元　藤原明範、菅原在嗣与正安同勘申。『元秘別録』。
弘治　藤原明範与正安同勘申。『元秘別録』。
元延　藤原明範与正安同勘申。『元秘別録』。

応安　藤原淳範与正安同勘申。『元秘別録』。
安寛　藤原淳範与正安同勘申。『元秘別録』。
建嘉　藤原淳範与正安同勘申。『元秘別録』。
延慶　藤原淳継与正安同勘申。『元秘別録』。
天明　藤原淳継与正安同勘申。『元秘別録』。
斉万　藤原淳継与正安同勘申。『元秘別録』。
養仁　藤原兼仲与正安同勘申。『元秘別録』。
文安　藤原兼仲与正安同勘申。『元秘別録』。
仁応　藤原兼仲与正安同勘申。『元秘別録』。
慶長　菅原在嗣与正安同勘申。『元秘別録』。
康安　菅原在嗣与正安同勘申。『元秘別録』。
嘉暦　菅原在嗣与正安同勘申。『元秘別録』。
正和　菅原在嗣与正安同勘申。『元秘別録』。

# 乾元—応永（一三〇二—一四二八年）

乾元《ケングヱン》［けんげん：一三〇二—〇三年］後二条院天皇。正安四年壬寅十一月二十一日庚戌。又云二十三日壬子。為即位改元。『元秘別録』。
（按、乾元度、勘申者為藤原淳範、藤原淳継、藤原俊光、菅原在兼、菅原在元、而不知乾元為誰所撰。藤原宣房奉行。『不知記』。）
『易』。大哉乾元、万物資始、乃統天。『略頌抄』。
嘉観　藤原俊光与乾元同勘申。『元秘別録』。
長祥　藤原俊光与乾元同勘申。『元秘別録』。

嘉元《カグヱン》［かげん：一三〇三—〇六年］後二条院天皇。乾元二年癸卯八月五日庚寅改元。

菅原在嗣、藤原淳範勘申。『西襦抄』。『元秘別録』。『略頌抄』。

『芸文類聚』。〔賀老人星表〕老人星、体色光明、嘉占元吉、弘無量之祐、隆克昌之祚、普天同慶、率土合歓。

『修文殿御覧』。天気柔且嘉、元吉隆初巳。

長祥　藤原俊光与嘉元同勘申。

斉治　藤原俊光与嘉元同勘申。『元秘別録』。
『礼記』。〔正義〕国立有司之官、以法斉治。
文観　藤原俊光与嘉元同勘申。『元秘別録』。
『易義広会』。其文観之。
長永　菅原在嗣与嘉元同勘申。『元秘別録』。
『芸文類聚』。可以長世永年。
弘元　菅原在嗣与嘉元同勘申。『元秘別録』。
『後漢書』。所以求善賛務、弘済元元、宜採納良臣、以助聖化。
寛正　菅原在嗣与嘉元同勘申。『元秘別録』。
『史記』。寛以正、可以比衆。〔陸善注〕比和同也。
文仁　菅原在嗣与嘉元同勘申。『元秘別録』。
『詩』。〔注疏〕有鳥曰鳳、膺文曰仁、自歌自舞、見則天下大安寧。
大長　菅原在兼与嘉元同勘申。『元秘別録』。
『易』。〔注疏〕有大長貞正。
和元　菅原在兼与嘉元同勘申。『元秘別録』。
『書』。〔注〕能諧和元后之任。
仁興　菅原在兼与嘉元同勘申。『元秘別録』。
『漢書』。文王好仁則仁興。
文弘　菅原在兼与嘉元同勘申。『元秘別録』。

康永　菅原在兼与嘉元同勘申。『元秘別録』。
『金楼子』。魏明作康楽、永休諸堂、建承露盤。

元延　藤原淳範与嘉元同勘申。『元秘別録』。
『晋書』。践元辰、延顕融、我皇寿而隆。

弘治　藤原淳範与嘉元同勘申。『元秘別録』。
『宋書』。興王立訓、務弘治節。

正弘　藤原淳範与嘉元同勘申。『元秘別録』。
『易』。〔注疏〕安民在正。弘正在謙。

応安　藤原淳範与嘉元同勘申。『元秘別録』。
『詩』。〔正義〕王国之内、幸応安定。

天明　藤原敦継与嘉元同勘申。『元秘別録』。
『孝経』。明王事父孝、故事天明。事母孝、故事地察。長幼順、故上下治。天地明察、神明彰矣。

貞正　藤原敦継与嘉元同勘申。『元秘別録』。
『書』。一人元良、万邦以貞。〔注〕貞正也、言常念慮道徳、則得道徳、念善政、則成善政。

嘉慶　藤原敦継与嘉元同勘申。『元秘別録』。

**徳治**《トクヂ》［とくじ：一三〇六―〇八年］　後二条院天皇。花園院天皇。嘉元四年丙午十二月十四日庚戌改元。
菅原在嗣、藤原淳範勘申。『元秘別録』。『略頌抄』。
『書』。〔大禹謨注〕俊徳治能之士並在官。
『左伝』。能敬必有徳、徳以治民。
『後魏書』。明王以徳治天下。
文弘　□□家高与徳治同勘申。『難陳』。
文観　藤原俊光与徳治同勘申。『元秘別録』。
仁興　藤原俊光与徳治同勘申。『元秘別録』。
『漢書伝』。文王好仁則仁興、得士而敬之則士用、用之有礼儀。
仁化　藤原俊光与徳治同勘申。『元秘別録』。
『隋書』。被霑徳義、仁化所及、礼譲之風、自満朝野。
文仁　菅原在嗣与徳治同勘申。『元秘別録』。
長応　菅原在嗣与徳治同勘申。『元秘別録』。
『史記』正義。老人一星、一曰南極、為人主之寿命延長之応、春分之夕見於丁、見
国長命、謂之寿昌、天下安寧。
仁長　菅原在嗣与徳治同勘申。『元秘別録』。
正和　菅原在嗣与徳治同勘申。『元秘別録』。
寛久　菅原在嗣与徳治同勘申。『元秘別録』。
『会要』。承寛既久。

寛安　菅原在輔与徳治同勘申。『元秘別録』。
『詩』。〔正義〕行寛仁安静之政、以定天下、得至於泰平。
建安　菅原在輔与徳治同勘申。『元秘別録』。
建平　菅原在輔与徳治同勘申。『元秘別録』。
暦長　菅原在輔与徳治同勘申。『元秘別録』。
暦万　菅原在輔与徳治同勘申。『元秘別録』。
文保　菅原在輔与徳治同勘申。『元秘別録』。
『梁書』。姫周基文、久保七百。
建文　藤原淳範与徳治同勘申。『元秘別録』。
『唐書』。建文武大臣一人、為隴右元帥。
延文　藤原淳範与徳治同勘申。『元秘別録』。
『太宗実録』。詳延文字之士、馳騁載籍之場。
長寧　藤原淳範与徳治同勘申。『元秘別録』。
『晋書』。四海長寧、万国幸甚。
応安　藤原淳範与徳治同勘申。『元秘別録』。
天明　藤原敦継与徳治同勘申。『元秘別録』。
万安　藤原敦継与徳治同勘申。『元秘別録』。
『漢書』。陛下深留聖思、審固機密、見往事之形、以折中取信、居万安之実、用保宗廟。

延慶　藤原敦継与徳治同勘申。『元秘別録』。
『後漢書』。本文武之業、擬尭舜之道、攘災延慶、号令天下。

**延慶《エンケイ》**［えんきょう：一三〇八―一一年］　花園院天皇。徳治三年戊申四月二十八日丙辰。又云、十月九日甲子。為即位改元。『後称念院関白記』。
藤原俊光勘申。『後称念院関白記』。『元秘別録』。『略頌抄』。藤原行氏艸詔。『後称念院関白記』。
『後漢書』。以功名延慶于後。
慶長　藤原俊光、菅原在輔与延慶同勘申。『後称念院関白記』。『元秘別録』。
康永　藤原俊光与延慶同勘申。『後称念院関白記』。『元秘別録』。
『漢書』。〔志〕河内康平、永保国家。
『金楼子』。魏明作康楽、永休諸堂。
正慶　菅原在輔与延慶同勘申。『後称念院関白記』。『元秘別録』。
『易』。利有攸往、中正有慶。
暦長　菅原在輔与延慶同勘申。『後称念院関白記』。『元秘別録』。
弘建　藤原淳範与延慶同勘申。『後称念院関白記』。『元秘別録』。
『晋書』。陛下受命、弘建大業。
建文　藤原淳範与延慶同勘申。『後称念院関白記』。『元秘別録』。
延文　藤原淳範与延慶同勘申。『後称念院関白記』。『元秘別録』。

応安　藤原淳範与延慶同勘申。『後称念院関白記』。『元秘別録』。
正弘　藤原淳範与延慶同勘申。『後称念院関白記』。『元秘別録』。
嘉慶　藤原敦継与延慶同勘申。『後称念院関白記』。『元秘別録』。
天明　藤原敦継与延慶同勘申。『後称念院関白記』。『元秘別録』。
明長　藤原敦継与延慶同勘申。『後称念院関白記』。『元秘別録』。
『礼記』。合父子之親、明長幼之序、以敬四海之内、天子如此則礼行矣。

**応長**《オウチヤウ》［おうちょう：一三一一—一三一二年］　花園院天皇。延慶四年辛亥四月二十七日己巳。又云、二十八日庚午。為疫行改元。『冬定卿記』。
菅原在兼勘申。『元秘別録』。『略頌抄』。
『唐書』。〔志〕応長暦之規、象中月之度、広綜陰陽之数、旁通寒暑之和。
文弘　菅原在兼与応長同勘申。『難陳』。『元秘別録』。
正和　菅原在兼与応長同勘申。『元秘別録』。
天観　菅原在兼与応長同勘申。『元秘別録』。
『文選』。自天観象。〔李善注〕庖犠氏之王天下也、仰則観象於天。
祥和　菅原在登与応長同勘申。『元秘別録』。
仁応　菅原在登与応長同勘申。『元秘別録』。
『北斉書』。挙世思治、則仁以応之。
嘉恵　菅原在登与応長同勘申。『元秘別録』。

天貞　『漢書』。正躬厳恪。臨衆之儀也。嘉恵和説、饗司之顔也。
長養　藤原資名与応長同勘申。『元秘別録』。
　　　『老子』。王侯得一、以為天下貞。
文観　藤原資名与応長同勘申。『元秘別録』。
　　　『五行大義』。順天之化、長養万物。
康永　藤原俊光与応長同勘申。『元秘別録』。
久応　藤原俊光与応長同勘申。『元秘別録』。
　　　藤原俊光与応長同勘申。『元秘別録』。
　　　『会要』。久応称之、永有天下。
天寧　菅原在輔与応長同勘申。『元秘別録』。
建平　菅原在輔与応長同勘申。『元秘別録』。
暦万　菅原在輔与応長同勘申。『元秘別録』。
安長　菅原在兼与応長同勘申。『元秘別録』。
　　　『五行大義』。国家安寧、長楽無事。

**正和**《シヤウワ》［しょうわ：一三一二―一七年］　花園院天皇。応長二年壬子二月三日己巳。又、三月二十日丙辰。

（按、正和度勘申者、為菅原在輔、藤原種範、菅原在登、菅原在兼、而不知正和為誰所撰。）
『唐紀』。皇帝受朝奏正和。『略頌抄』。

唐永　藤原俊光与正和同勘申。『元秘別録』。
久化　藤原俊光与正和同勘申。『元秘別録』。
『隋書』。曁箕子避地朝鮮、始有八条之禁、疎而不漏、簡而可久、化之所盛、千載不絶。
永寧　藤原俊光与正和同勘申。『元秘別録』。
『史記』。東帰之後、而天下永寧。

文保《ブンパウ》［ぶんぽう：一三一七―一九年］花園院天皇。後醍醐天皇。正和六年丁巳二月三日庚子。為地震改元。『元秘別録』。
菅原在輔勘申。『略頌抄』。
『梁書』。姫周基文、久保七百。
康安　菅原家高与文保同勘申。『元秘別録』。
慶仁　菅原家高与文保同勘申。『元秘別録』。
『後漢書』。天之意也、人之慶也、仁之本也。
文弘　菅原家高与文保同勘申。『元秘別録』。
康永　菅原在兼与文保同勘申。『元秘別録』。
天観　菅原在兼与文保同勘申。『元秘別録』。
慶安　菅原在輔与文保同勘申。『元秘別録』。
『易』。〔疏〕乃終有慶、安貞之吉、応地無疆。

天寧　菅原在輔与文保同勘申。『元秘別録』。
文観　藤原資名与文保同勘申。『元秘別録』。
天貞　藤原資名与文保同勘申。『元秘別録』。
長養　藤原資名与文保同勘申。『元秘別録』。

**元応**《グェンノゥ》［げんおう：一三一九―一三二一年］　後醍醐天皇。文保三年己未四月廿八日癸丑。為即位改元。『冬定卿記』。

藤原俊光、菅原在輔勘申。『冬定卿記』。『元秘別録』。『略頌抄』。藤原資朝艸詔。『冬定卿記』。

『唐書』。陛下富教安人、務農敦本、光復社稷、康済黎元之応也。

唐永　藤原俊光与元応同勘申。『冬定卿記』。『元秘別録』。
文昭　藤原俊光与元応同勘申。『冬定卿記』。『元秘別録』。
天嘉　菅原在輔与元応同勘申。『冬定卿記』。『元秘別録』。
慶安　菅原在輔与元応同勘申。『冬定卿記』。『元秘別録』。
康永　菅原在輔与元応同勘申。『冬定卿記』。『元秘別録』。
天寧　菅原在輔与元応同勘申。『冬定卿記』。『元秘別録』。
正慶　菅原在兼与元応同勘申。『冬定卿記』。『元秘別録』。
暦応　菅原在兼与元応同勘申。『冬定卿記』。『元秘別録』。
暦仁　菅原在兼与元応同勘申。『冬定卿記』。

仁興　菅原在兼与元応同勘申。『冬定卿記』。『元秘別録』。
建文　菅原在登与元応同勘申。『冬定卿記』。『元秘別録』。
天休　菅原在登与元応同勘申。『冬定卿記』。『元秘別録』。
延文　藤原資朝与元応同勘申。『冬定卿記』。『元秘別録』。
天成　藤原資朝与元応同勘申。『冬定卿記』。『元秘別録』。

**元亨**《グヱンカウ》［げんこう：一三二一—二四年］　後醍醐天皇。元応三年辛酉二月二十二日丙寅。又、二十三日丁卯。又、三月二十二日丙申。又二十三日丁酉。為歳次辛酉改元。『管見記』。『略頌抄』。

藤原資朝勘申。『管見記』。『元秘別録』。『略頌抄』。
『易』。其徳剛健而文明、応乎天時（此字依故実不書）而行、是以元亨。

天成　藤原資朝与元亨同勘申。『管見記』。『元秘別録』。
『書』。〔大伝〕地平天成、六府三事允治。
康永　藤原資朝、菅原家高与元亨同勘申。『師賢記』。『管見記』。『元秘別録』。
応安　菅原家高与元亨同勘申。『管見記』。『元秘別録』。
弘元　菅原家高与元亨同勘申。『管見記』。『元秘別録』。

**正中**《シヤウチユウ》［しょうちゅう：一三二四—二六年］　後醍醐天皇。元亨四年甲子十二月九日辛酉。為風水難改元。『管見記』。『愚記』。『元秘別録』。

藤原有正勘申。『管見記』。『元秘別録』。『略頌抄』。

『易』。見龍在田、利見大人、何謂也。子曰、龍徳而正中者也。又曰、需有孚光亨、貞吉、位乎天位以正中也。

康永　菅原在登、菅原家高与正中同勘申。『管見記』。『継塵記』。『元秘別録』。

康安　菅原在登、菅原家高与正中同勘申。『管見記』。『元秘別録』。

『書』。柔遠能邇。恵康小民。正義曰、恵順也、康安也。

応安　菅原在登与正中同勘申。『管見記』。『元秘別録』。

応仁　菅原在登与正中同勘申。『管見記』。『元秘別録』。

建文　菅原在登与正中同勘申。『管見記』。『元秘別録』。

万寧　藤原行氏与正中同勘申。『管見記』。『元秘別録』。

『易』。保合大和、乃利貞、首出庶物、万国咸寧。

文安　藤原行氏与正中同勘申。『管見記』。『元秘別録』。

『書』。放勲、欽明文思安安。

建正　藤原行氏与正中同勘申。『管見記』。『元秘別録』。

天祐　藤原有正与正中同勘申。『管見記』。『元秘別録』。

正永　藤原有正与正中同勘申。『管見記』。『元秘別録』。

『後周書』。尭門表慶、嘉福既降、咸典宜応、爾飭其性、履道無愆、正永同休祉。

弘暦　藤原藤範与正中同勘申。『管見記』。『元秘別録』。

『後周書』。思隆国本、用弘天暦。

『続漢書』。黄帝造歴、歴与暦同作。

天建　藤原藤範与正中同勘申。『管見記』。『元秘別録』。

建福　藤原藤範与正中同勘申。『管見記』。『元秘別録』。
『書』。謂郊祀天建諸侯。

文弘　菅原家高与正中同勘申。『管見記』。『元秘別録』。
『詩』。〔正義〕湯以諸侯行化、遂為天子、商項成陽、命於下国、建厥福明其政。

文仁　菅原家高与正中同勘申。『管見記』。『元秘別録』。

天観　菅原家高与正中同勘申。『管見記』。『元秘別録』。

正中　菅原家高与正中同勘申。『管見記』。『元秘別録』。

**嘉暦**《カレキ》［かりゃく：一三二六—二九年］　後醍醐天皇。正中三年丙寅四月二十六日庚子。又、五月四日丁未。又、二日乙卯。為天変地震疾疫改元。『塩梅録』。『西襦抄』。『藤房記』。
藤原藤範勘申。『管見記』。『継塵記』。『元秘別録』。『略頌抄』。紀景家艸詔。『継塵記』。
『唐書』。四序嘉辰、歴代増置。宋韻曰、歴数也。

嘉福　藤原藤範与嘉暦同勘申。『管見記』。『継塵記』。『元秘別録』。

寛安　藤原藤範与嘉暦同勘申。『継塵記』。『元秘別録』。

建貞　藤原藤範与嘉暦同勘申。『継塵記』。『元秘別録』。

貞正　藤原藤範与嘉暦同勘申。『管見記』。『継塵記』。『元秘別録』。
『易』。〔正義〕日月照臨之道、以貞正得。

文弘　菅原在登、菅原家高与嘉暦同勘申。『管見記』。『継塵記』。『元秘別録』。

康暦　『唐書』。陳理古文、弘宣旧訓。
菅原在登与嘉暦同勘申。『管見記』。『継塵記』。『元秘別録』。
康永　菅原在登与嘉暦同勘申。『管見記』。『継塵記』。『元秘別録』。
仁養　藤原行氏与嘉暦同勘申。『管見記』。『継塵記』。『元秘別録』。
天和　藤原行氏与嘉暦同勘申。『管見記』。『継塵記』。『元秘別録』。
『後漢書』。〔陳蕃伝〕天和於上、地洽於下。
『後漢書』。先王要道、民用和睦、故能致天下和平、災害不生、禍乱不作。
建正　藤原行氏与嘉暦同勘申。『管見記』。『継塵記』。『元秘別録』。
『周礼』。乃施法于官府、而建其正。
『史記』。〔暦書〕古暦建正、作於孟春。
天観　菅原家高与嘉暦同勘申。『管見記』。『継塵記』。『元秘別録』。
建万　菅原家高与嘉暦同勘申。『管見記』。『継塵記』。『元秘別録』。
『易』。建万国、親諸侯。
永康　藤原家倫与嘉暦同勘申。『管見記』。『継塵記』。『元秘別録』。
文明　藤原家倫与嘉暦同勘申。『管見記』。『継塵記』。『元秘別録』。
『易』。文明以健、中正而応、君子正也。
貞久　藤原家倫与嘉暦同勘申。『管見記』。『継塵記』。『元秘別録』。
『易』。恒亨、无咎、利貞、久於其道也。

**元徳**《グエントク》［げんとく：一三二九—三一年］　後醍醐天皇。嘉暦四年己巳三月二日己未。又、八月二十八日壬子。又、二十九日。為疾疫改元。『管見記』。

藤原行氏勘申。『管見記』。『不知記』。『元秘別録』。『略頌抄』。

『易』。乾元亨利貞。〔正義〕元者善之長、謂天之元徳、始生万物。

康安　菅原在登与元徳同勘申。『管見記』。『不知記』。『元秘別録』。

元弘　菅原在登与元徳同勘申。『管見記』。『不知記』。『元秘別録』。

『芸文類聚』。老人星、体色光明、嘉占元吉、弘無量之祐、隆克昌之祚、普天同慶、率土合歓。

文安　藤原行氏与元徳同勘申。『管見記』。『不知記』。『元秘別録』。

『書』。欽明文思安安。

雍和　菅原在淳与元徳同勘申。『管見記』。『不知記』。『元秘別録』。

『史記』。詩曰、粛雍和鳴、先祖是聴、夫粛粛敬也、雍雍和也。

弘元　菅原在淳与元徳同勘申。『管見記』。『不知記』。『元秘別録』。

『後漢書』。弘済元元。宜採用良臣、以助其化。

正永　菅原在淳与元徳同勘申。『管見記』。『不知記』。『元秘別録』。

『後周書』。尭門表慶、嘉祥既降、咸典宜応、爾飭其性、履道無愆、正永同休祉。

**元弘**《グエンコウ》［げんこう：一三三一—三四年］　後醍醐天皇。元徳三年辛未八月九日。又、十日癸丑。又、十二日乙卯。為疾疫改元。『管見記』。

菅原在登、嘉曆四年改元時、与元徳同勘申。『管見記』。
按、『管見記』載、菅原在淳所勘申、康安、天統、安永、菅原在成所勘申、嘉慶、慶長、寧長、而曰両人勘文内可然字無之仍被下、去嘉曆四年八月式部大輔在登勘文両字康安（『漢書』曰云云）元弘（『芸文類聚』曰、老人星、体色光明、嘉占元吉、弘無量之祐、隆克昌之祚、普天同慶、率土合歓。）

安永　菅原在淳与元弘同勘申。『広光卿記』。『管見記』。
『唐紀』。可保安社稷、永奉宗祧。
『文選』。〔張平子東京賦〕寿安永寧。

天統　菅原在淳与元弘同勘申。『管見記』。
『論語』。〔義疏〕伏義為人統、神農為地統、黄帝為天統、少昊猶天統。

康安　菅原在淳与元弘同勘申。
『書』。柔遠能邇、恵康小民。〔正義〕恵順也、康安也。
『唐紀』。作治康凱安之舞。
『文選』。〔注〕庶衆康安、秩禄孔□也。

嘉慶　菅原在成元弘時勘申。『管見記』。
『礼記』。〔注疏〕嘉慶備具、福之道也。
『詩』。〔鄭箋〕将有嘉慶、禎祥先来見也。

慶長　菅原在成元弘時勘申。『管見記』。
『詩』。文王孫子、本支百世。〔注疏〕文王功徳深厚、故福慶延長。

寧長　菅原在成元弘時勘申。『管見記』。
『書』。一人有慶、兆民頼之、其寧惟永。〔注〕天子有喜、則兆民頼之、其乃安寧長
　久之道也。

正長　菅原在淳、大江維房元弘時勘申。『元秘別録』。
『五行大義』。国家安寧、長楽無事。
『礼記』。〔正義〕在位之君子、威儀不有差忒、可以正長是四方之国。
『毛詩』。淑人君子、正是国人。〔正義〕正長也、能長人則欲其寿者。
『貞観政要』。古来帝王、以仁義為治者、国祚正長。

慶長　菅原在淳元弘時勘申。『元秘別録』。
『詩』。〔注疏〕文王功徳深厚、故福慶延長也。

康安　菅原在淳元弘時勘申。『元秘別録』。
『書』。〔正義〕遠近保安、然後国安、恵順也、康安也。
『唐紀』。作治康凱安之舞。

康暦　大江維房元弘時勘申。『元秘別録』。
『唐書』。君承成康之暦業。

文安　大江維房元弘時勘申。『元秘別録』。
『書』。欽明文思安安。

延嘉　菅原長員元弘時勘申。『元秘別録』。
『瑞応図』。延嘉王者、有徳則見。

正慶　菅原長員元弘時勘申。『元秘別録』。
『易』。中正有慶。

休祐　菅原長員元弘時勘申。『元秘別録』。
『史記』。神霊之休、祐福兆祚。

大正　菅原長員元弘時勘申。『元秘別録』。
『易』。能止健、大正也。〔注〕健莫過乾、而能止之、非夫大正、未之能也。〔又注〕尚賢制健、大正応天、不憂険難。

天和　菅原長員元弘時勘申。『元秘別録』。
『書』。奉答天命和恒、四方民居師。

建武《ケンム》［けんむ：一三三四―三六年（南朝）／―三八年（北朝）］後醍醐天皇。元弘四年甲戌正月二十九日戊午。又、七月朔丁亥。
藤原藤範、菅原在登、菅原在淳、菅原在成勘申。『管見記』。『元秘別録』。『略頌抄』。
勅不問典拠。『元秘別録』。

咸定　藤原藤範与建武同勘申。『管見記』。『元秘別録』。
延弘　藤原藤範与建武同勘申。『管見記』。『元秘別録』。
興国　菅原長員与建武同勘申。『管見記』。『元秘別録』。
垂拱　菅原長員与建武同勘申。『管見記』。『元秘別録』。
淳紀　菅原長員与建武同勘申。『管見記』。『元秘別録』。

天祐　菅原長員与建武同勘申。『管見記』。『元秘別録』。
中興　菅原長員与建武同勘申。『管見記』。『元秘別録』。
元聖　菅原在登与建武同勘申。『管見記』。『元秘別録』。
武功　菅原在登、菅原在淳、菅原在成与建武同勘申。『管見記』。『元秘別録』。
元吉　藤原行氏与建武同勘申。『管見記』。『元秘別録』。
元貞　藤原行氏与建武同勘申。『管見記』。『元秘別録』。
大中　藤原行氏与建武同勘申。『管見記』。『元秘別録』。
大武　菅原在淳、菅原在成与建武同勘申。『管見記』。『元秘別録』。
元龍　菅原在淳与建武同勘申。『管見記』。『元秘別録』。
建聖　菅原在淳与建武同勘申。『管見記』。『元秘別録』。

**延元**《エングヱン》［えんげん：一三三六―四〇年］　後醍醐天皇。後村上天皇。建武三年丙子二月二十五日壬寅。又、二月二十九日丙午。又、三月二日己酉。又、三月二十九日。又、十月三日乙亥。

菅原長員勘申。『管見記』。『元秘別録』。『略頌抄』。

『梁書』。〔沈休文等奏言〕聖徳所被、上自蒼蒼、下延元元。

延徳　藤原藤範与延元同勘申。『管見記』。『元秘別録』。

『春秋緯』。天延有徳、純不肖也。

応烋　藤原藤範与延元同勘申。『元秘別録』。

『文選』。神応烋臻、屢獲嘉祥。

文長　藤原藤範与延元同勘申。『管見記』。『元秘別録』。
『晋書』。〔元帝紀〕于時有玉冊、見於臨安、白玉麒麟、神璽出於江寧、其文曰長寿
万年。
和暦　藤原藤範与延元同勘申。『管見記』。『元秘別録』。
『漢書志』。春為陽中、万物以生、秋為陰中、万物以成、是以事挙其中、礼取其
和、暦数以国正。
嘉仁　藤原藤範与延元同勘申。『管見記』。『元秘別録』。
『北史』。嘉其仁恕。
永平　平惟継与延元同勘申。『管見記』。『元秘別録』。
『文選』。以建武之治、永平之事、監于太清。
『後漢書』。莫不先建武永平之政。
文政　平惟継与延元同勘申。『管見記』。『元秘別録』。
『書』。孔安国云、舜察天文、斉七政。
養万　菅原長員与延元同勘申。『管見記』。『元秘別録』。
『老子』。長而不宰、河上公曰、道長養万物、不宰割以為利用。
天和　菅原長員与延元同勘申。『管見記』。『元秘別録』。
『書』。奉答天命和恒、四方民居師。

興国《コウコク》［こうこく：一三四〇―四六年］　後村上天皇。延元五年。

建武時、菅原長員勘申。
『左伝』。冀之北土、馬之所生、無興国焉、恃険与馬、不可以為固也。
韋孟『諷諫詩』。興国救顚。
曹植『求自試表』。事父尚于栄親、事君貴于興国。
『五代史』。伶官伝序、憂労可以興国。

**正平**《シヤウヘイ》［しょうへい：一三四六―七〇年］　後村上天皇。長慶院天皇。興国七年。

**建徳**《ケントク》［けんとく：一三七〇―七二年］　長慶院天皇。正平二十五年。
『文選』。建至徳、以創洪業。

**文中**《ブンチユウ》［ぶんちゅう：一三七二―七五年］　長慶院天皇。後亀山院天皇。建徳三年。

**天授**《テンジユ》［てんじゅ：一三七五―八一年］　後亀山院天皇。文中四年。

**弘和**《コウワ》［こうわ：一三八一―八四年］　後亀山院天皇。天授七年。

**元中**《グエンチユウ》［げんちゅう：一三八四―九二年］　後亀山院天皇。弘和四年。

正慶《シヤウケイ》［しょうきょう：一三三二―三三年］〔北朝〕光厳院天皇。元弘二年壬申三月二十二日辛卯。又、四月二十八日丁卯。為即位改元。『元秘別録』。

菅原長員、菅原公時勘申。『継塵記』。『元秘別録』。藤原行光艸詔。『継塵記』。『管見記』。

『易』。利有攸往、中正有慶。

休祐　菅原長員与正慶同勘申。『継塵記』。『元秘別録』。
『史記』。神霊之休、祐福兆祥。

熙康　菅原長員与正慶同勘申。『管見記』。『継塵記』。『元秘別録』。
『後漢書』。緝熙康乂、光照六幽。〔注〕緝熙光明、六幽謂六合幽隠之処。

顕応　菅原長員与正慶同勘申。『管見記』。『継塵記』。『元秘別録』。
『晋書』。禎祥顕応、風教粛清。

康暦　菅原長員与正慶同勘申。『管見記』。『継塵記』。『元秘別録』。
『唐書』。承成康之暦業。

嘉慶　菅原在登、菅原在成与正慶同勘申。『管見記』。『継塵記』。『元秘別録』。

『礼記』。〔注疏〕嘉慶備具、福之道也。

『詩』。〔箋〕将有嘉慶、禎祥先来見也。

『後魏書』。高宗文武帝苑内獲方寸玉印、其文曰、子孫長寿、群公卿士咸曰、天地祖宗、降祐之所致也、恩興地慶、共茲嘉慶。

『五行大義』。任籍往来、受容嘉慶。

『芸文類聚』。元啓令節、嘉慶肇自茲。

慶安　菅原在登与正慶同勘申。『管見記』。『継塵記』。『元秘別録』。
『易』。〔注疏〕乃終有慶、安貞之吉、応地無彊。

正永　菅原在登与正慶同勘申。『管見記』。『継塵記』。『元秘別録』。

康永　菅原公時与正慶同勘申。『管見記』。『継塵記』。『元秘別録』。
『漢書志』。四海同康平、永保国家。

正観　菅原公時与正慶同勘申。『管見記』。『継塵記』。『元秘別録』。
『易』。中正以観天下。

暦応　菅原公時与正慶同勘申。『管見記』。『継塵記』。『元秘別録』。
『帝王代紀』。尭時有草、夾階而生、王者以是占暦、応和而生。

文煕　菅原公時与正慶同勘申。『管見記』。『継塵記』。『元秘別録』。
『文選』。文徳煕淳懿。

正長　菅原在淳与正慶同勘申。『管見記』。『継塵記』。『元秘別録』。
『礼記』。〔正義〕在位之君子、威儀不有差忒、可以正長是四方之国。
『詩』。淑人君子、正是国人。〔正義〕正長也、能長人則欲其寿考。

康安　菅原在淳与正慶同勘申。『管見記』。『継塵記』。『元秘別録』。
『書』。〔正義〕遠近保安、然後国安、恵順也、康安也。

安永　菅原在淳与正慶同勘申。『管見記』。『継塵記』。『元秘別録』。
『唐紀』。可保安社稷、永奉宗祧。
『詩』。〔正義〕将有嘉慶、禎祥先来見也。

慶長　菅原在成与正慶同勘申。『管見記』。『継塵記』。『元秘別録』。『詩』。文王孫子、本支百世。〔注疏〕文王功徳深厚、故福慶延長。

仁長　菅原在成与正慶同勘申。『管見記』。『継塵記』。『元秘別録』。『晏子春秋』。称仁以長其意。

暦応《レキオウ》〔りゃくおう：一三三八―四二年〕〔北朝〕光明院天皇。延元三年戊寅八月二十八日庚寅。為光明院天皇即位改元。『元秘別録』。

菅原公時勘申。『管見記』。『玉英』。『元秘別録』。『略頌抄』。『帝王代紀』。尭時有草、夾階而生、王者以是占暦、応和而生。

天保　菅原長員与暦応同勘申。『管見記』。『玉英』。『元秘別録』。『礼記』。嘉楽君子、憲憲令徳、宜民宜人、受禄于天、保佑命之、自天申之、故大徳者、必受命。

『孟子』。楽天者保天下、畏天者保其国。

寛裕　菅原長員与暦応同勘申。『管見記』。『玉英』。『元秘別録』。『書』。〔注〕天下被寛裕之政、則我民無遠用来。

斉万　菅原長員与暦応同勘申。『管見記』。『玉英』。『元秘別録』。『易』。〔注〕位所以一天下之動、而斉万物也。

応観　菅原長員与暦応同勘申。『管見記』。『玉英』。『元秘別録』。『易』。〔注〕行其吉事、則獲嘉祥之応、観其象事、則知制器之方、玩其占事、則覩方来之験之也。

天観　藤原行氏、藤原房範与暦応同勘申。『管見記』。『玉英』。『元秘別録』。
『書』。〔正義〕天観人所為、以授命。

長嘉　藤原行氏与暦応同勘申。『管見記』。『玉英』。『元秘別録』。
『論語』。〔注疏〕元者善之長也、嘉美也、言天徳通万物、使物嘉美会聚。

康安　藤原行氏与暦応同勘申。『管見記』。『玉英』。『元秘別録』。
『詩』。自被成康有四方。〔正義〕康安也。

天貞　菅原公時与暦応同勘申。『管見記』。『玉英』。『元秘別録』。
『易』。王侯得一、以為天下貞。

寛安　菅原公時与暦応同勘申。『管見記』。『玉英』。『元秘別録』。
『詩』。〔注疏〕行寛安之意、其下効之。

文明　藤原家倫与暦応同勘申。『管見記』。『玉英』。『元秘別録』。
『易』。文明以健中正。而応君子正也。

嘉慶　藤原家倫与暦応同勘申。『管見記』。『玉英』。『元秘別録』。
『詩』。〔注〕将有嘉慶、禎祥先来見也。

養寿　藤原家倫与暦応同勘申。『管見記』。『玉英』。『元秘別録』。
『文選』。頤性養寿。

文安　藤原房範与暦応同勘申。『管見記』。『玉英』。『元秘別録』。
『書』。欽明文思安安。

『晋書』。尊文安漢社稷。

『修文殿御覧』。放勛、欽明文思安安。

顕応　藤原房範与暦応同勘申。『管見記』。『玉英』。『元秘別録』。

『後漢書』。公卿百官、以帝威徳懐遠、祥物顕応、乃並集朝堂、奉觴上寿。

康永《カウエイ》［こうえい：一三四二―四五年］〔北朝〕光明院天皇。暦応五年壬午四月二十七日戊辰。

為天変地妖病事改元。『塩梅録』。『西襦抄』。

紀行親勘申。『通冬卿記』。『管見記』。『元秘別録』。『略頌抄』。

『漢書志』。海内康平、永保国家。

『金楼子』。魏明作康楽、永休諸堂。

長養　菅原長員与康永同勘申。『通冬卿記』。『管見記』。『公尚卿記』。『元秘別録』。『嬰児訓』。

『老子』。長而不宰、河上公曰、道長養万物、不宰割以為利用。

寛裕　菅原長員与康永同勘申。『通冬卿記』。『管見記』。『公尚卿記』。『元秘別録』。『嬰児訓』。

『書』。〔注〕天下被寛裕之政、則我民無遠用来。

康安　菅原在淳与康永同勘申。『通冬卿記』。『公尚卿記』。『元秘別録』。『嬰児訓』。

『春秋緯』。湯理七十内懐聖明、知第在己。宋均曰、有聖明之徳、故知己膺籙、第

当代之康安也。

応安　菅原在淳与康永同勘申。『通冬卿記』。『公尚卿記』。『元秘別録』。『嬰児訓』。

『詩』。〔正義〕王国之内、幸応安定。

**康長**　菅原在淳与康永同勘申。『通冬卿記』。『公尚卿記』。『管見記』。『元秘別録』。『嬰児訓』。『漢武内伝』。天気康和、長養万物。

**文長**　菅原在淳与康永同勘申。『通冬卿記』。『公尚卿記』。『管見記』。『元秘別録』。『嬰児訓』。『晋書』。白玉神璽、出於江寧、其文曰長寿万年。

**安永**　菅原在淳与康永同勘申。『通冬卿記』。『公尚卿記』。『管見記』。『元秘別録』。『嬰児訓』。『唐紀』。可保安社稷、永奉宗祧。

**康文**　紀行親与康永同勘申。『通冬卿記』。『公尚卿記』。『管見記』。『元秘別録』。『嬰児訓』。『後漢書』。唐虞以股肱康、文王以多士寧。

**正長**　紀行親与康永同勘申。『通冬卿記』。『公尚卿記』。『管見記』。『元秘別録』。『嬰児訓』。『礼記』。〔正義〕在位之君子、威儀不有差忒。可以正長是四方之国。『貞観政要』。太宗曰、古来帝王、以仁義為治者、国祚正長。『詩』。淑人君子、正是国人。〔正義〕正長也。

**貞和**《ヂヤウワ》［じょうわ：一三四五―五〇年］〔北朝〕光明院天皇。崇光院天皇。康永四年乙酉八月三日甲寅。又、十月二十一日辛未。又、十月二十二日。為天変水害疾疫改元。『園太暦』。『塩梅録』。『西襦抄』。

菅原在成勘申。『園太暦』。『管見記』。『元秘別録』。『略頌抄』。菅原永英奉行。菅原在顕艸詔。『園太暦』。『公尚卿記』。『嬰児訓』。

『芸文類聚』。体乾霊之休徳、稟貞和之純精。

応寛　藤原言範与貞和同勘申。『園太暦』。『公尚卿記』。『管見記』。『元秘別録』。『嬰児訓』。
『易』。〔正義〕居中得直、得其応、乃寛緩修其道徳、則得喜。

仁義　藤原言範与貞和同勘申。『園太暦』。『公尚卿記』。『管見記』。『元秘別録』。『嬰児訓』。
『漢書志』。仁以養之、義以行之。

天和　藤原言範与貞和同勘申。『園太暦』。『公尚卿記』。『管見記』。『元秘別録』。『嬰児訓』。
『後漢書』。〔陳蕃伝〕天和於上、地洽於下。
『後漢書』。先王要道、民用和睦、故能致天下和平、災害不生、禍乱不作。

天明　藤原言範与貞和同勘申。『園太暦』。『公尚卿記』。『管見記』。『嬰児訓』。
『孝経』。明王事父孝、故事天明、事母孝、故事地察、長幼順、故上下治。
『書』。克享天心、受天明命。

延世　藤原言範与貞和同勘申。『園太暦』。『公尚卿記』。『管見記』。『元秘別録』。『嬰児訓』。
『北斉書』。〔帝紀〕高祖平定四胡、威権延世。

昭化　菅原高嗣与貞和同勘申。『園太暦』。『公尚卿記』。『管見記』。『元秘別録』。『嬰児訓』。
『漢書』。天下望風、昭然化。

長平　菅原高嗣与貞和同勘申。『園太暦』。『公尚卿記』。『管見記』。『元秘別録』。『嬰児訓』。
『後漢書』。其人皆長太平正、有類中国。

嘉慶　菅原高嗣与貞和同勘申。『園太暦』。『公尚卿記』。『管見記』。『元秘別録』。『嬰児訓』。
『五行大義』。任籍往来、受容嘉慶。

万和　菅原長員与貞和同勘申。『園太暦』。『公尚卿記』。『管見記』。『元秘別録』。『嬰児訓』。

安恒　『史記』。置左右大監、監于万国、万国和而鬼神山川封禅与為多焉。
菅原長員与貞和同勘申。『園太暦』。『公尚卿記』。『管見記』。『元秘別録』。『嬰児訓』。

文安　『文選』。立徳之柄、莫匪安恒。
菅原在登与貞和同勘申。『園太暦』。『公尚卿記』。『管見記』。『元秘別録』。『嬰児訓』。
『書』。欽明文思安安。

正長　菅原在登与貞和同勘申。『園太暦』。『公尚卿記』。『管見記』。『元秘別録』。『嬰児訓』。
『礼記』。〔正義〕在位之君子、威儀不差忒、可以正長是四方之国。
『貞観政要』。太宗曰、古来帝王、以仁義為治者、国祚正長。

文長　菅原在登与貞和同勘申。『園太暦』。『公尚卿記』。『管見記』。『元秘別録』。『嬰児訓』。
『晋書』。〔元帝紀〕于時有玉冊、見於臨安、白玉麒麟、神璽出於江寧。其文曰長寿万年。

延徳　菅原在成与貞和同勘申。『園太暦』。『公尚卿記』。『管見記』。『元秘別録』。『嬰児訓』。
『孟子』。開延道徳。

文定　菅原在成与貞和同勘申。『園太暦』。『公尚卿記』。『管見記』。『元秘別録』。『嬰児訓』。
『芸文類聚』。文定厥祥。

慶長　菅原在成与貞和同勘申。『園太暦』。『公尚卿記』。『管見記』。『元秘別録』。『嬰児訓』。
『詩』。〔注疏〕文王功徳深厚、故福慶延長。

文仁　菅原在成与貞和同勘申。『園太暦』。『公尚卿記』。『管見記』。『元秘別録』。『嬰児訓』。
『詩』。〔注疏〕有鳥曰鳳、膺文曰仁、自歌自舞、見則天下大安寧。

**観応**《クワンノウ》［かんのう：一三五〇―五二年］（北朝）崇光院天皇。後光厳院天皇。貞和六年庚寅正月二十七日癸未。又、二月二十七日壬子。為即位改元。『園太暦』。

藤原行光勘申。『園太暦』。『公尚卿記』。『管見記』。『元秘別録』。『略頌抄』。『嬰児訓』。藤原氏種艸詔。『園太暦』。

『荘子』。玄古之君天下、無為也。〔疏〕以虚通之理、観応物之数、而無為。

安永　菅原在淳与観応同勘申。『園太暦』。『公尚卿記』。『管見記』。『元秘別録』。『嬰児訓』。

『唐紀』。可保安社稷、永奉宗祧。

天観　藤原行光与観応同勘申。『園太暦』。『公尚卿記』。『管見記』。『元秘別録』。『嬰児訓』。

『易』。庖犠氏之王天下也、仰則観象於天、俯則観法於地。

寛応　藤原行光、菅原在淳与観応同勘申。『園太暦』。『実隆公記』。『管見記』。『公尚卿記』。『元秘別録』。『嬰児訓』。

『後周書』。寛仁遥応、叡哲博聞。

建正　藤原行光、菅原在淳与観応同勘申。『園太暦』。『公尚卿記』。『管見記』。『元秘別録』。『嬰児訓』。

『周礼』。乃施法于官府、而建其正。

『史記』。〔暦書〕古暦建正、作於孟春。司馬貞曰、以建寅為正、謂之孟春也。

文承　藤原行光与観応同勘申。『園太暦』。『公尚卿記』。『管見記』。『元秘別録』。『嬰児訓』。

『文選』。〔曲水序〕皇上以叡文承暦、景属宸居。

康豊　菅原長員与観応同勘申。『公尚卿記』。『管見記』。『元秘別録』。『詩』。自天降康、豊年穣穣。

永大　菅原長員与観応同勘申。『公尚卿記』。『管見記』。『元秘別録』。『要児訓』。『貞観政要』。鴻名与日月無窮、盛業与乾坤永大。

天和　菅原長員与観応同勘申。『公尚卿記』。『管見記』。『元秘別録』。『要児訓』。『書』。奉答天命和恒、四方民居師。

文寛　菅原在淳与観応同勘申。『公尚卿記』。『管見記』。『元秘別録』。『要児訓』。『唐書』。叡哲温文、寛和仁恵。

元観　菅原在淳与観応同勘申。『公尚卿記』。『管見記』。『元秘別録』。『要児訓』。『白虎通』。虞者守也、成元為観新虞楽也。『唐書』。司天造新暦成、詔題為元和観象暦。

咸章　藤原行光与観応同勘申。『公尚卿記』。『管見記』。『元秘別録』。『要児訓』。『易』。天地相遇、品物咸章也。

**文和**《ブンナ》［ぶんな：一三五二―五六年］〔北朝〕後光厳院天皇。観応三年壬辰三月十三日丙辰。又、九月二十七日丁酉。又、十月二十七日丁卯。為即位改元。『園太暦』。

菅原在淳、菅原在成勘申。『園太暦』。『公尚卿記』。『管見記』。『元秘別録』。『略頌抄』。『要児訓』。藤原時光艸詔。『園太暦』。

『呉志』。文和於内、武信于外。

『唐紀』。叡哲温文、寛和仁恵。

康安　藤原行光与文和同勘申。『園太暦』。『公尚卿記』。『管見記』。『元秘別録』。『嬰児訓』。

『唐紀』。作治康凱安之舞。

文安　藤原行光与文和同勘申。『園太暦』。『公尚卿記』。『管見記』。『元秘別録』。『嬰児訓』。

『書』。欽明文思安安。

正長　藤原行光、菅原在淳与文和同勘申。『園太暦』。『公尚卿記』。『管見記』。『元秘別録』。

『嬰児訓』。

『詩』。淑人君子、正是国人。〔正義〕正長也。

『貞観政要』。帝王以仁義為治者、国祚正長。

応仁　菅原高嗣与文和同勘申。『園太暦』。『公尚卿記』。『管見記』。『元秘別録』。『嬰児訓』。

『維城典訓』。仁之感物、物之応仁、若影随形、猶声致響。

建承　菅原高嗣与文和同勘申。『園太暦』。『公尚卿記』。『管見記』。『元秘別録』。『嬰児訓』。

『金楼子』。魏明作長寿康楽、永休宜昌諸堂、建（掌イ）承露盤。

嘉慶　菅原高嗣与文和同勘申。『園太暦』。『公尚卿記』。『管見記』。『元秘別録』。『嬰児訓』。

『芸文類聚』。海隅漸恵朔（朝イ）南（朔南作顕而イ）既且（曁イ）声、有生之倫、咸
被嘉慶。

文元　菅原在淳与文和同勘申。『園太暦』。『公尚卿記』。『管見記』。『元秘別録』。『嬰児訓』。

『隋書』。〔志〕造文之元始、創暦之厥初。

宝安　菅原在成与文和同勘申。『園太暦』。『公尚卿記』。『管見記』。『元秘別録』。『嬰児訓』。

『後漢書』。養身者、以練神為宝、安国者、以積賢為道。

**延文**《エンブン》［えんぶん：一三五六—六一年］〔北朝〕後光厳院天皇。文和五年丙申三月二十八日己酉。又、六月三日壬子。

藤原忠光勘申。『公賢記』。『建業記』。『元秘別録』。『略頌抄』。『嬰児訓』。『年号字事』。菅原秀長艸詔。『公賢記』。『建業記』。

『漢書』。延文学儒者数百人。

貞徳　藤原兼綱与延文同勘申。『公賢記』。『建業記』。『元秘別録』。『嬰児訓』。『年号字事』。

『易』。〔正義〕乾、凡四徳者、亨之与貞、其徳特行、若元之与利、則配連他事。

文安　藤原兼綱、菅原長綱与延文同勘申。『公賢記』。『建業記』。『元秘別録』。『嬰児訓』。『年号字事』。

『晋書』。尊文安漢社稷。

長万　藤原家倫与延文同勘申。『公賢記』。『建業記』。『元秘別録』。『嬰児訓』。『年号字事』。

『易』。〔正義〕行善道、以長万物。

嘉慶　藤原家倫与延文同勘申。『公賢記』。『建業記』。『元秘別録』。『嬰児訓』。『年号字事』。

『詩』。将有嘉慶、禎祥先来見也。

正長　藤原家倫与延文同勘申。『公賢記』。『建業記』。『嬰児訓』。『年号字事』。

『詩』。淑人君子、正是国人。〔正義〕正長也。

正吉　菅原長綱与延文同勘申。『公賢記』。『建業記』。『元秘別録』。『嬰児訓』。『年号字事』。

建安　『易』。頤、貞吉、養正則吉也、観頤、観其所養也。菅原長綱与延文同勘申。『公賢記』。『建業記』。『元秘別録』。『嬰児訓』。『年号字事』。『晋書』。建久安於万歳、垂長世於无窮。

元宝　藤原忠光与延文同勘申。『公賢記』。『建業記』。『元秘別録』。『嬰児訓』。『年号字事』。『三元布経』。盛以自然、雲錦之嚢、封以三元、宝神之章。

建徳　藤原忠光与延文同勘申。撤回。『建業記』。

康安《カウアン》［こうあん：一三六一―六二年］〔北朝〕後光厳院天皇。延文六年辛丑三月九日庚申。又、二十一日壬申。又、二十九日庚辰。又、五月二十六日丙子。為天変地妖疾病改元。『塩梅録』。『西襦抄』。

菅原高嗣、菅原長綱勘申。『難陳』。『公賢記』。『元秘別録』。『略頌抄』。『嬰児訓』。

『漢書』。〔師古注〕康安也。

『史記』。〔正義〕天下衆事、咸得康安、以致天下泰平。

『唐紀』。作治康凱安之舞。

元寧　藤原兼綱与康安同勘申。『公賢記』。『元秘別録』。『嬰児訓』。『後漢書』。恩徳雲行、恵沢雨施、黎元安寧。

文康　藤原兼綱与康安同勘申。『公賢記』。『嬰児訓』。『文中子』。以謂孝文有康世之意。

康正　藤原兼綱与康安同勘申。『公賢記』。『元秘別録』。『嬰児訓』。

『文中子』。不聞洪範之言乎、平康正直、夫如是、故全。〔注〕正直必平康、故全身全道。

和保　藤原時光与康安同勘申。『公賢記』。『元秘別録』。『嬰児訓』。

『詩』。宜爾家室、楽爾妻孥。〔注〕孥子也。〔箋〕族人和則得保其家中之大小也。

承慶　藤原時光与康安同勘申。『公賢記』。『元秘別録』。『嬰児訓』。

『晋書』。上順祖宗、下念臣吏、万邦承慶。

寛正　菅原高嗣与康安同勘申。『公賢記』。『元秘別録』。『嬰児訓』。

『史記』。寛以正、可以比衆。

嘉慶　菅原高嗣与康安同勘申。『公賢記』。『元秘別録』。『嬰児訓』。

『五行大義』。任籍往来、受容嘉慶。

文安　菅原長綱与康安同勘申。『公賢記』。『元秘別録』。『嬰児訓』。

『晋書』。尊文安漢社稷。

建徳　菅原長綱与康安同勘申。『公賢記』。『元秘別録』。『嬰児訓』。

『文選』。建至徳、以創鴻業。（按、南朝所既用之元号也。）

慶長　菅原長綱与康安同勘申。『公賢記』。『元秘別録』。『嬰児訓』。

『詩』。〔注疏〕文王功徳深厚、故福慶延長也。

文正　藤原兼綱与康安同勘申。『公賢記』。『嬰児訓』。

『荀子』。積文学、正身行。

貞正　藤原兼綱与康安同勘申。『公賢記』。『嬰児訓』。

寛安　藤原兼綱与康安同勘申。『公賢記』。『嬰児訓』。

『礼記』。〔正義〕尊長於人為君者、当須章明己志、為貞正之教。

元吉　藤原氏種与康安同勘申。『公賢記』。『嬰児訓』。

『荀子』。生民寛而安。

応仁　藤原氏種与康安同勘申。『公賢記』。『嬰児訓』。

『易』。元吉在上、大有慶也。

仁長　藤原氏種与康安同勘申。『公賢記』。『嬰児訓』。

『維城典訓』。仁之感物、物之応仁、若影随形、猶声致響。

『易』。君子体仁足以長人、嘉会足以合礼。


**貞治**《テイヂ》［じょうじ：一三六二—六八年］〔北朝〕後光厳院天皇。康安二年壬寅九月二十日壬戌。

又、二十三日乙丑。又、三十日壬申。為天変地妖兵革改元。『塩梅録』。

藤原忠光勘申。『官記』。『元秘別録』。『略頌抄』。『嬰児訓』。菅原秀長艸詔。『官記』。

『易』。巽初六、利武人之貞、志治也。

建徳　藤原時光与貞治同勘申。『官記』。『元秘別録』。『嬰児訓』。

『唐暦』。天子建徳固生。

長祥　藤原時光与貞治同勘申。『官記』。『元秘別録』。『嬰児訓』。

『修文殿御覧』。調長祥和天之喜風也。

応永　藤原時光与貞治同勘申。『官記』。『元秘別録』。『嬰児訓』。

嘉観　藤原忠光与貞治同勘申。『官記』。『元秘別録』。『嬰児訓』。
『会要』。久応称之、永有天下。
大観　藤原有範与貞治同勘申。『官記』。『元秘別録』。『嬰児訓』。
『史記』。〔秦始皇本紀〕従臣嘉観、厚念休烈。
『易』。大観在上。〔注〕下賤而上貴也。〔正義〕大観在上、謂大為在下所観。又。
観者、王者道徳之美而可観也。
万寧　藤原有範与貞治同勘申。『官記』。『元秘別録』。『嬰児訓』。
『書』。万邦咸寧。〔注〕賢才在位、天下安寧。
永昌　藤原有範与貞治同勘申。『官記』。『元秘別録』。『嬰児訓』。
『晋書』。卜年之基惟永、卜世之祥克昌。
貞久　菅原高嗣与貞治同勘申。『官記』。『元秘別録』。『嬰児訓』。
『易』。利貞、久於其道。
寛安　菅原高嗣与貞治同勘申。『官記』。『元秘別録』。『嬰児訓』。
『詩』。〔注疏〕行寛仁安静之政、以定天下。
養元　菅原高嗣与貞治同勘申。『官記』。『元秘別録』。『嬰児訓』。
『芸文類聚』。機衡建子、万物含滋、黄鐘育化、以養元基、長履景福、至于億年。
慶長　菅原長綱与貞治同勘申。『忠光卿記』。『元秘別録』。『嬰児訓』。
『詩』。〔注疏〕文王功徳深厚、故福慶延長也。
恒久　菅原長綱与貞治同勘申。『忠光卿記』。『元秘別録』。『嬰児訓』。

建正　菅原長綱与貞治同勘申。『忠光卿記』。『元秘別録』。『嬰児訓』。
『易』。天地之道、恒久而不已也。
延徳　菅原長綱与貞治同勘申。『忠光卿記』。『元秘別録』。『嬰児訓』。
『周礼』。乃施法于官府、而建其正。
『史記』。〔暦書〕古暦建正、作於孟春。
文弘　菅原長綱与貞治同勘申。『忠光卿記』。『元秘別録』。『嬰児訓』。
『孟子』。開延道徳。
長仁　菅原時親与貞治同勘申。『忠光卿記』。『元秘別録』。『嬰児訓』。
『晋書』。〔潘尼伝〕博我以文、弘我以道。
承寛　菅原時親与貞治同勘申。『忠光卿記』。『元秘別録』。『嬰児訓』。
『史記』。春作夏長、仁也。
仁養　菅原時親与貞治同勘申。『忠光卿記』。『元秘別録』。『嬰児訓』。
『礼記』。〔正義〕民皆承寛裕、無澆詭也。
仁長　藤原氏種与貞治同勘申。『忠光卿記』。『元秘別録』。『嬰児訓』。
『漢書』。仁以養之、養以行之、令事物各得其理。
嘉慶　藤原氏種与貞治同勘申。『忠光卿記』。『元秘別録』。『嬰児訓』。
『易』。君子体仁足以長人、嘉会足以合礼。
文仁　藤原氏種与貞治同勘申。『忠光卿記』。『元秘別録』。『嬰児訓』。
『詩』。〔注疏〕有鳥曰鳳、膺文曰仁、自歌自舞、見則天下大安寧。

**応安**《オウアン》［おうあん：一三六八―七五年］〔北朝〕後光厳院天皇。後円融院天皇。貞治七年戊申二月十七日戊午。又、十八日己未。為病患天変地妖改元。『官記』。『塩梅録』。『西襦抄』。

菅原時親勘申。『元秘別録』。『略頌抄』。

『詩』。〔正義〕今四方既已平服、王国之内、幸応安定。

文安　菅原長綱与応安同勘申。『官記』。『元秘別録』。

『晋書』。尊文安漢社稷。

元喜　藤原忠光与応安同勘申。『官記』。『元秘別録』。

『易』。六四元吉、有喜也。

宝仁　藤原忠光与応安同勘申。『官記』。『元秘別録』。

『文選』。以美人為君子、以珍宝作仁義。

永和　藤原忠光与応安同勘申。『官記』。『元秘別録』。

『唐暦』。迎神用永和之楽。

貞久　藤原氏種与応安同勘申。『官記』。『元秘別録』。

『易』。恒亨、无咎、利貞、久於其道也、天地之道、恒久而不已也。

慶長　菅原長綱与応安同勘申。『元秘別録』。

『詩』。〔注疏〕文王功徳深厚、故福慶延長也。

康正　菅原長綱与応安同勘申。『元秘別録』。

『書』。平康正直。〔注〕世平安、用正直治之。

養元　菅原時親与応安同勘申。『元秘別録』。
『後漢書』。愛養元元、綏以中和。
万応　菅原時親与応安同勘申。『元秘別録』。
『荘子』。以道汎観、而万物之応備。〔注〕無為也。則天下各以其無為応之。
大観　藤原氏種与応安同勘申。『元秘別録』。
『易』。大観在上。〔注〕下賤上貴也。
建正　藤原氏種与応安同勘申。『元秘別録』。
『史記』。〔暦書〕古暦建正、作於孟春。
久徳　菅原時親与応安同勘申。『元秘別録』。
『後漢書』。大漢厚下安人長久之徳。

**永和**《エイワ》［えいわ：一三七五―七九年］〔北朝〕後円融院天皇。応安八年乙卯二月二十七日丁巳。

又、三月二十七日丁亥。又、八月七日乙未。為即位改元。『略頌抄』。

藤原忠光勘申。『元秘別録』。『略頌抄』。

『書』。詩言志、歌永言、声依永、律和声、八音克諧、無相奪倫、神人以和。

『芸文類聚』。九功六義之興、依永和声之製、志由興作、情以詞宣。

文弘　菅原在胤与永和同勘申。『難陳』。『元秘別録』。

『晋書』。博我以文、弘我以道。

建初　菅原在胤与永和同勘申。『元秘別録』。

延徳　菅原在胤与永和同勘申。『元秘別録』。
『荘子』。〔注疏〕所以逍遥建初者、言達道之士、智徳明敏、所造皆適、遇物逍遥。
『孟子』。開延道徳。

観仁　藤原氏種与永和同勘申。『元秘別録』。
『荘子』。委之以財、而観其仁。

貞亨　藤原氏種与永和同勘申。『元秘別録』。
『易』。離利貞亨。

建正　藤原氏種与永和同勘申。『元秘別録』。
『史記』。〔暦書〕古暦建正、作於孟春。

宝仁　藤原忠光与永和同勘申。『元秘別録』。
『文選』。以美人為君子、以珍宝作仁義。

寛永　藤原忠光与永和同勘申。『元秘別録』。
『詩』。考槃在澗、碩人之寛、独寐寤言、永矢弗諼。〔注〕碩大、寛広、永長、矢誓也。

慶長　菅原長綱与永和同勘申。『元秘別録』。
『詩』。〔注疏〕文王功徳深厚、故福慶延長也。

文昭　菅原長綱与永和同勘申。『元秘別録』。
『御注孝経』。張嘉貞奏、天文昭煥、洞合幽微。

文長　菅原長綱与永和同勘申。『元秘別録』。

嘉長　『晋書』。〔元帝紀〕白玉神璽、出於江寧、其文曰長寿万年。

寛正　藤原兼綱与永和同勘申。『元秘別録』。

『文中子』。嘉謀長策、勿慮不行。

嘉慶　藤原兼綱与永和同勘申。『元秘別録』。

『孔子家語』。外寛而内正。

『荘子』。〔注疏〕吉者福善之事、祥者嘉慶之徴。

康暦《カウリヤク》［こうりゃく：一三七九―八一年］〔北朝〕後円融院天皇。永和五年己未三月二十二日己丑。又、三月二十二日己丑。

菅原長嗣勘申。『元秘別録』。『略頌抄』。

『唐書』。承成康之暦業。

万貞　藤原資康与康暦同勘申。『元秘別録』。

『貞観政要』。遇大道行而両儀泰、喜元良盛而万国貞。

応永　藤原資康与康暦同勘申。『元秘別録』。

『会要』。久応称之、永有天下。

安永　藤原資康与康暦同勘申。『元秘別録』。

『文選』。寿安永寧。

承延　藤原仲光与康暦同勘申。『元秘別録』。

『孝経』。鈞命決。〔注〕承慶延期三百。

文安　藤原仲光与康暦同勘申。『元秘別録』。

『晋書』。尊文安漢社稷。

『書』。欽明文思安安。

貞勝　菅原長嗣与康暦同勘申。『元秘別録』。

『易』。貞勝者也。〔注〕王侯得一、以為天下貞。

正長　菅原長嗣与康暦同勘申。『元秘別録』。

『貞観政要』。太宗曰、古来帝王、以仁義為治者、国祚正長。

慶長　菅原長綱与康暦同勘申。『元秘別録』。

『詩』。〔注疏〕文王功徳深厚、故福慶延長也。

康正　菅原長綱与康暦同勘申。『元秘別録』。

『書』。平康正直。〔注〕世平安、用正直治之。

建正　菅原長綱与康暦同勘申。『元秘別録』。

『周礼』。施法于官府、而建其正。

建文　菅原長綱与康暦同勘申。『元秘別録』。

『唐書』。建文武大官一人、為隴右元帥。

延徳　菅原長綱与康暦同勘申。『元秘別録』。

『孟子』。開延道徳。

定保　藤原資敬与康暦同勘申。『元秘別録』。

『書』。聖有謨訓、明徴定保。

長祥　藤原資敬与康暦同勘申。『元秘別録』。
『修文殿御覧』。調長祥和天之喜風也。

永吉　菅原秀長与康暦同勘申。『元秘別録』。
『易』。十朋之亀弗克違、永貞吉、王用享于帝、吉。

文昭　菅原秀長与康暦同勘申。『元秘別録』。
『詩』。〔疏〕成王能明文昭、定武烈者、天道成命者、与称昊天翼其上也。

文仁　菅原秀長与康暦同勘申。『元秘別録』。
『詩』。〔注疏〕有鳥曰鳳、膺文曰仁、自歌自舞、見則天下大安寧。
『唐紀』。叡哲温文、寛和仁恵。

咸和　菅原淳嗣与康暦同勘申。『元秘別録』。
『書』。用咸和万民。

正永　菅原淳嗣与康暦同勘申。『元秘別録』。
『易』。原筮、元永貞、無咎、以剛中也。〔注〕居中得正、能永而貞也。
『後周書』。声実倶茂、詞義典正、有永嘉之遺烈焉。

貞正　菅原淳嗣与康暦同勘申。『元秘別録』。
『史記』。厥賦貞作、十有三年乃同。〔注〕鄭玄曰、貞正也。

**永徳**《エイトク》［えいとく：一三八一―八四年］〔北朝〕後円融院天皇。後小松院天皇。康暦三年辛酉二

月二十四日庚辰。又、四月二日丁巳。為歳次辛酉改元。『後深心院関白記』。『略頌抄』。

藤原仲光勘申。『後深心院関白記』。菅原言長艸詔。『良賢記』。

嘉慶　菅原秀長与永徳同勘申。『元秘別録』。

『詩』。〔正義〕嘉慶謂王者、所謂美善実事、禎祥謂嘉慶之前、先見為徴応者也。

万和　菅原秀長与永徳同勘申。『元秘別録』。

『五行大義』。陰陽欲化、万物和合也。

宝暦　菅原秀長与永徳同勘申。『元秘別録』。

『貞観政要』。恭承宝暦、夤奉帝図、垂拱無為、氛埃靖息。

**至徳《シトク》**［しとく：一三八四―八七年］〔北朝〕後小松院天皇。永徳四年甲子二月二十七日乙未。
又、八月三日己巳。
藤原資康勘申。『元秘別録』。『略頌抄』。菅原長方艸詔。『康寅記』。
『孝経』。先王有至徳要道、以訓天下、民用和睦、上下亡怨。
明徳　藤原資康与至徳同勘申。『元秘別録』。
安永　藤原資康与至徳同勘申。『元秘別録』。
建徳　藤原仲光与至徳同勘申。『元秘別録』。
『易緯』。天地成位、君臣道生、君有五期、輔有三名、以建徳通万霊。
『唐暦』。天子建徳固生。
長嘉　藤原仲光与至徳同勘申。『元秘別録』。

嘉慶　菅原長嗣、藤原仲光与至徳同勘申。『元秘別録』。
『易』。君子体仁足以長人、嘉会足以合礼。
宝仁　藤原資教与至徳同勘申。『元秘別録』。
『文選』。以美人為君子、以珍宝作仁義。
慶長　藤原資教、菅原長綱与至徳同勘申。『元秘別録』。
『詩』。〔注疏〕文王功徳深厚、故福慶延長也。
承慶　藤原資教与至徳同勘申。『元秘別録』。
正徳　菅原淳嗣与至徳同勘申。『元秘別録』。
『詩』。〔正義〕正徳即徳音、政教天下応和。
『書』。〔正義〕正徳者正其徳、居上位者、正己以治民。
保徳　菅原淳嗣与至徳同勘申。『元秘別録』。
『塩鉄論』。恩塞海内、沢被四表、矧惟南面、含仁保徳。
永正　菅原淳嗣与至徳同勘申。『元秘別録』。
『易緯』。永正其道。
長正　菅原淳嗣与至徳同勘申。『元秘別録』。
『易』。〔注疏〕有大長貞正。
貞正　菅原淳嗣与至徳同勘申。『元秘別録』。
嘉徳　菅原長嗣、藤原元範与至徳同勘申。『元秘別録』。
徳暦　菅原長嗣与至徳同勘申。『元秘別録』。

正長　菅原長嗣与至徳同勘申。『元秘別録』。
『宋書』。功徳昭長世、道徳歴遠年。

元喜　菅原長綱与至徳同勘申。『元秘別録』。
『易』。六四元吉、有喜也。

慶徳　菅原長綱与至徳同勘申。『元秘別録』。
『易』。以中正有慶之徳有攸往也、何適而不利哉。

喜慶　藤原元範与至徳同勘申。『元秘別録』。
『易』。九四之喜有慶也。

康寧　藤原元範与至徳同勘申。『元秘別録』。
『漢書』。天下烝庶、咸以康寧。

嘉慶《カキヤウ》［かきょう：一三八七―八九年］〔北朝〕後小松院天皇。至徳四年丁卯二月二十三日甲辰。又、八月二十三日庚午。又、十月二十三日庚申。為即位改元。『元秘別録』。
菅原秀長勘申。『元秘別録』。
『詩』。〔正義〕将有嘉慶、禎祥先来見也。

応永　藤原資康与嘉慶同勘申。『元秘別録』。
『会要』。久応称之、永有天下。

明徳　藤原資康与嘉慶同勘申。『元秘別録』。
『礼記』。大学在明明徳、在新民。

文昭　藤原資康与嘉慶同勘申。『元秘別録』。『未被用年号引文』。
『御注孝経』。張嘉貞等奏、天文昭煥、洞合幽微。
『文選』。〔劉琨答盧諶詩〕資忠履信、武烈文昭。
『詩』。〔疏〕昊有成命、成王能明文昭、定武烈者、天道成命者、与称昊天翼其上
也。
『国語』。文王以文昭。
建徳　藤原仲光、藤原資教与嘉慶同勘申。『元秘別録』。『未被用年号引文』。
『易緯』。天地成位、君臣道生、君有五期、輔有三名、以建徳通万霊。
『唐暦』。天子建徳固生。
『文選』。〔左思呉都賦〕建至徳、以創洪徳。
弘徳　藤原仲光、菅原秀長与嘉慶同勘申。『元秘別録』。『未被用年号引文』。
『荘子』。撫蒼生於仁寿、弘至徳於聖朝。
『後漢書』。奉順聖旨、勉弘徳化。又。弘徳洋溢、充塞宇宙、洪沢豊沛、漫衍八方。
『易』。〔正義〕得位処尊、為天下之主、兼弘徳義。
永宝　藤原仲光与嘉慶同勘申。『元秘別録』。『未被用年号引文』。
『後漢書』。万年子子孫孫永宝用。
慶長　藤原資教、菅原長綱与嘉慶同勘申。『元秘別録』。
元喜　藤原資教与嘉慶同勘申。『元秘別録』。
『易』。六四元吉、有喜也。

建徳　藤原資教与嘉慶同勘申。『元秘別録』。
『唐暦』。天子建徳固生。
永平　菅原長綱与嘉慶同勘申。『元秘別録』。
『後漢書』。莫不先建武永平之政。
『文選』。〔班固東都賦〕今将語子以建武之治、永平之事、監于太清、以変子之惑
志。
文安　菅原長綱与嘉慶同勘申。『元秘別録』。
康応　菅原秀長与嘉慶同勘申。『元秘別録』。
『文選』。国静民康、神応烋臻、屢獲嘉祥。
建正　菅原秀長与嘉慶同勘申。『元秘別録』。
『周礼』。乃施法于官府、而建其正。
文仁　菅原秀長与嘉慶同勘申。『元秘別録』。
『詩』。〔注疏〕有鳥曰鳳、膺文曰仁、自歌自舞、見則天下大安寧。
『唐紀』。叡哲温文、寛和仁恵。
嘉徳　藤原元範与嘉慶同勘申。『元秘別録』。
『史記』。長承聖治、群臣嘉徳。
『左伝』。上下皆有嘉徳。
太平　藤原元範与嘉慶同勘申。『元秘別録』。
『詩』。能為邦家、立太平之基。

至平　藤原元範与嘉慶同勘申。『元秘別録』。

『漢書』。五帝三王、任賢使能、以登至平。

久和　藤原資国与嘉慶同勘申。『元秘別録』。

『周礼』。準則久、和則安。

長養　藤原資国与嘉慶同勘申。『元秘別録』。

『五行大義』。順天之化、長養万物。

万寧　□□□□与嘉慶同勘申。『未被用年号引文』。

『易』。保合大和、乃利貞、首出庶物、万国咸寧。

『書』。万邦咸寧。〔注〕賢才在位、天下安寧。

瑞応　□□□□与嘉慶同勘申。『未被用年号引文』。

『史記』。天之瑞応並集、四方襁負而至、兆民欣戴。

天寿　□□□□与嘉慶同勘申。『未被用年号引文』。

『書』。天寿平格。〔殷注〕孔安国曰、言天寿有平至之君、故安治有殷。


**康応**《カウオウ》［こうおう：一三八九—九〇年］〔北朝〕後小松院天皇。嘉慶三年己巳二月九日己酉。

又、十八日戊午。

菅原秀長勘申。『通氏卿記』。『元秘別録』。『略頌抄』。『未被用年号引文』。

『文選』。曹植七啓、国静（一作富）民康、神応休臻、屢獲嘉祥。

安永　藤原資康与康応同勘申。『通氏卿記』。『元秘別録』。

『文選』。寿安永寧。
『唐紀』。保安社稷。永可奉宗祧。
明徳　藤原資康与康応同勘申。『通氏卿記』。『元秘別録』。
仁応　藤原仲光与康応同勘申。『通氏卿記』。『元秘別録』。
『荘子』。利仁以応宜。
長嘉　藤原仲光与康応同勘申。『通氏卿記』。『元秘別録』。
寛承　藤原仲光与康応同勘申。『通氏卿記』。『元秘別録』。
『漢書』。聖徳寛仁、敬承祖宗、奉順神祇、宜蒙福祐。
元嘉　藤原資教与康応同勘申。『通氏卿記』。『元秘別録』。
養元　藤原資教与康応同勘申。『通氏卿記』。『元秘別録』。
慶長　藤原資教与康応同勘申。『通氏卿記』。『元秘別録』。
文安　菅原長綱与康応同勘申。『通氏卿記』。『元秘別録』。
寛安　菅原長綱与康応同勘申。『通氏卿記』。『元秘別録』。
『荀子』。生民寛而安。
宝暦　菅原長綱与康応同勘申。『通氏卿記』。『元秘別録』。
正永　菅原秀長与康応同勘申。『通氏卿記』。『元秘別録』。
応仁　菅原秀長与康応同勘申。『通氏卿記』。『元秘別録』。
『維城典訓』。仁之感物、物之応仁、若影随形、猶声致響。
安長　藤原元範与康応同勘申。『通氏卿記』。『元秘別録』。

『五行大義』。国家安寧、長楽無事。

寛政　藤原元範与康応同勘申。『通氏卿記』。『元秘別録』。

『貞観政要』。安人之長算。

『書』。〔注〕天下被寛裕之政、則我民無遠用来。

弘徳　藤原元範与康応同勘申。『通氏卿記』。『元秘別録』。

嘉観　藤原資国与康応同勘申。『通氏卿記』。『元秘別録』。

久和　藤原資国与康応同勘申。『通氏卿記』。『元秘別録』。

**明徳**《メイトク》［めいとく：一三九〇―九四年］〔北朝〕後小松院天皇。元中十年〔ママ〕康応二年庚午二月十六日庚戌。又、三月二十六日庚寅。又、七月八日戊戌。

藤原資康勘申。『元秘別録』。『略頌抄』。

『礼記』。大学在明明徳、在新民。

安永　藤原資康与明徳同勘申。『元秘別録』。『未被用年号引文』。

『文選』。寿安永寧。

『唐紀』。保安社稷、永可奉宗祧。

仁応　藤原仲光与明徳同勘申。『元秘別録』。『未被用年号引文』。

『荘子』。利仁以応宜。

『北斉書』。挙世思治、則仁以応之。

元喜　藤原資教、菅原長綱与明徳同勘申。『元秘別録』。

元宝　藤原資教与明徳同勘申。『元秘別録』。
『易』。六四元吉、有喜也。
慶長　菅原長綱与明徳同勘申。『元秘別録』。
『三元布経』。盛以自然、雲錦之嚢、封以三元、宝神之章。
寛永　菅原長綱与明徳同勘申。『元秘別録』。
『詩』。考槃在澗、碩人之寛、独寐寤言、永矢弗諼。〔注〕碩大、寛広、永長、矢誓也。
正永　菅原秀長与明徳同勘申。『元秘別録』。
『易』。原筮、元永貞、無咎、以剛中也。〔注〕居中得正、能永而貞也。
正徳　菅原秀長与明徳同勘申。『元秘別録』。
『書』。正徳利用、厚生惟和。
応仁　菅原秀長与明徳同勘申。『元秘別録』。
『維城典訓』。仁之感物、物之応仁、若影随形、猶声致響。
嘉徳　藤原元範与明徳同勘申。『元秘別録』。
『詩』。我有嘉賓、徳音孔昭。
『左伝』。上下皆有嘉徳。
安長　藤原元範与明徳同勘申。『元秘別録』。
『五行大義』。国家安寧、長楽無事。
『貞観政要』。安人之長算。

寛寧　藤原元範与明徳同勘申。『元秘別録』。
『詩』。〔注〕基始、命信、宥寛、密寧也。

長慶　藤原兼宣与明徳同勘申。『元秘別録』。
『詩』。〔注疏〕教誨不倦曰長、慶賞刑威曰君也。

養仁　藤原兼宣与明徳同勘申。『元秘別録』。
『隋書』。養之以仁、使之以義。

## 応永《オウエイ》〔おうえい：一三九四―一四二八年〕　後小松院天皇。称光院天皇。明徳五年甲戌七月五日癸卯。又、八月二十四日辛卯。

藤原重光勘申。『荒暦』。『元秘別録』。『略頌抄』。菅原長遠艸詔。『荒暦』。
『会要』。久応称之、永有天下。

安慶　菅原秀長与応永同勘申。『荒暦』。『元秘別録』。
『詩』。〔注疏〕祭祀文王、諸侯来助、神明安慶、孝子之多福、皆是□文王之事也。

弘化　藤原資衡与応永同勘申。『荒暦』。『元秘別録』。
『書』。〔周官〕弐公弘化、寅亮天地、弼予一人。

慶応　藤原重光与応永同勘申。『荒暦』。『元秘別録』。
『文選』。慶雲応輝、皇階授木。

永隆　藤原資教与応永同勘申。『荒暦』。『元秘別録』。
『隋書』。応神色於辰極、順和気於天壌、理康物阜、永隆長世。

永吉　菅原秀長与応永同勘申。『荒暦』。『元秘別録』。
『易』。十朋之亀弗克違、永貞吉、王用享于帝、吉。

弘応　藤原資俊与応永同勘申。『荒暦』。『元秘別録』。
『書』。已、汝惟小子、乃服惟弘王、応保殷民。

興徳　菅原秀長与応永同勘申。『荒暦』。

正禄　□□□□与応永同勘申。『荒暦』。

建光　□□□□与応永同勘申。『荒暦』。

洪徳　菅原秀長与応永同勘申。『荒暦』。『元秘別録』。
『文選』。皇恩溥、洪徳施。

永寧　藤原資教与応永同勘申。『荒暦』。『元秘別録』。
『漢書志』。祖己曰、修徳、武丁従之、位以永寧。

正永　菅原秀長与応永同勘申。『荒暦』。『元秘別録』。
『易』。原筮、元永貞、無咎、以剛中也。〔注〕居中得正、能永而貞也。

寛永　藤原元範与応永同勘申。『荒暦』。『元秘別録』。
『詩』。考槃在澗、碩人之寛、独寐寤言、永矢弗諼。〔注〕碩大、寛広、永長、矢誓也。先是忠光、長成勘申。

成徳　藤原仲光与応永同勘申。『元秘別録』。
『孔子家語』。司徒之官以成徳。
『爾雅』。人須学問以成徳。

仁応　藤原仲光与応永同勘申。『元秘別録』。
『荘子』。利仁以応宜。
永宝　藤原仲光与応永同勘申。『元秘別録』。
『北斉書』。挙世思治。則仁以応之。
元喜　藤原資教与応永同勘申。『元秘別録』。
『後漢書』。万年子子孫孫永宝用。
慶長　藤原資俊与応永同勘申。『元秘別録』。
『易』。六四元吉、有喜也。
嘉観　藤原資衡与応永同勘申。『元秘別録』。
『詩』。〔注疏〕文王功徳深厚、故福慶延長也。
宝暦　菅原秀長与応永同勘申。『元秘別録』。
『史記』。従臣嘉観、厚念休烈。
応宝　藤原元範与応永同勘申。『元秘別録』。
『貞観政要』。恭承宝暦、夤奉帝図、垂拱無為、氛埃靖息。
承宝　藤原元範与応永同勘申。『元秘別録』。
『漢書』。符瑞応、宝鼎出。
弘徳　藤原元範与応永同勘申。『元秘別録』。
『斉書』。作宝鼎、其銘云、万年子孫承宝。
『後漢書』。弘徳洋溢、充塞宇宙。

寛寧　藤原元範与応永同勘申。『元秘別録』。
『詩』。昊天有成命、二后受之、成王不敢康、夙夜基命宥密。〔注〕二后文武也、基始也、命信也、宥寛也、密寧也。

# 正長—明応（一四二八—一五〇一年）

**正長**《シヤウチヤウ》［しょうちょう：一四二八—二九年］称光院天皇。後花園院天皇。応永三十五年戊申四月二十七日己酉。

菅原在直勘申。『元秘別録』。『略頌抄』。

明治　菅原長興与正長同勘申。『元秘別録』。『礼記』。〔正義〕在位之君子、威儀不有差忒、可以正長是四方之国。

文承　菅原長興与正長同勘申。『元秘別録』。『書』。〔注〕其始為民、明君之治。

徳和　菅原長興与正長同勘申。『文選』。皇上以叡文承暦。

建和　菅原在豊与正長同勘申。『元秘別録』。『左伝』。聞以徳和民、不聞以乱。

寛安　菅原在豊与正長同勘申。『元秘別録』。『孟子』。〔注〕唯天子建中和之極。『詩』。〔正義〕行寛仁安静之政、以定天下、得至於太平。

長嘉　菅原在豊与正長同勘申。『元秘別録』。
『論語』。〔注疏〕元者善之長也、嘉美也、言天徳通万物、嘉美会聚。
明万　藤原資家与正長同勘申。『元秘別録』。
『文選』。礼儀孔明、万舞奕奕、鐘鼓喤喤。
文昭　藤原資家与正長同勘申。『元秘別録』。
『御注孝経』。天文昭煥、洞合幽微。
天寛　藤原義資与正長同勘申。『元秘別録』。
『後漢書』。崇天地寛厚之恵。
万貞　藤原義資与正長同勘申。『元秘別録』。
『貞観政要』。遇大道行而両儀泰、喜元良盛而万国貞。
文万　菅原在直与正長同勘申。『元秘別録』。
『詩』。文武吉甫、万邦為憲。
平和　菅原在直与正長同勘申。『元秘別録』。
『書』。〔注〕化九族、而平和章明。
文平　藤原秀光与正長同勘申。『元秘別録』。
『文選』。自后稷之始基、靖民十五王、而文王始平之。
慶長　藤原秀光与正長同勘申。『元秘別録』。
『詩』。〔注疏〕文王功徳深厚、故福慶延長也。
和宝　藤原親光与正長同勘申。『元秘別録』。

『文選』。良工砥之、然後知其和宝。

文安　藤原親光与正長同勘申。『元秘別録』。
『晋書』。尊文安漢之社稷。

**永享**《エイキヤウ》［えいきょう：一四二九―四一年］後花園院天皇。正長二年己酉九月五日己酉。為即位改元。『不知記』。
菅原在豊勘申。『不知記』。『元秘別録』。『略頌抄』。為清艸詔。『不知記』。
『後漢書』。能立巍巍之功、伝于子孫、永享無窮之祚。

建定　藤原資家与永享同勘申。『元秘別録』。
『史記』。大聖作治、建定法度。

嘉観　藤原資家与永享同勘申。『元秘別録』。
『史記』。従臣嘉観、厚念休烈。

永同　藤原盛光与永享同勘申。『元秘別録』。
『後漢書』。俾建永昌、同編億兆。

久和　藤原盛光与永享同勘申。『元秘別録』。
『周礼』。準則久、和則安。

元喜　藤原秀光与永享同勘申。『元秘別録』。
『易』。六四元吉、有喜也。

永寧　藤原秀光与永享同勘申。『元秘別録』。

文安　藤原親光、菅原在直与永亨同勘申。『元秘別録』。
『漢書志』。祖已曰、修徳、武丁従之、位以永寧。
『書』。欽明文思安安。
『晋書』。尊文安漢之社稷。

天和　藤原親光与永亨同勘申。『元秘別録』。
『荘子』。与人和者謂之人楽、与天和者謂之天楽。

仁応　藤原親光与永亨同勘申。『元秘別録』。
『荘子』。利仁以応宜。
『北斉書』。挙世思治、則仁以応之。

宝暦　菅原在直与永亨同勘申。『元秘別録』。
『貞観政要』。陛下慎順聖慈、嗣膺宝暦、情深致治。

慶安　菅原在直与永亨同勘申。『元秘別録』。
『易』。〔注疏〕有慶、安貞之吉、応地無疆。

和元　菅原長卿与永亨同勘申。『元秘別録』。
『唐書』。陰陽大和、元気已正、天地降瑞、風雨以時。

恒久　菅原長卿与永亨同勘申。『元秘別録』。
『易』。天地之道、恒久而不已。

文同　菅原在豊与永亨同勘申。『元秘別録』。
『孝経述義』。礼儀立則貴賤等矣、楽文同則上下和矣。

応平　菅原在豊与永享同勘申。『元秘別録』。
『後漢書』。周公有請命之応、隆太平之功也。

嘉《カ》吉《キツ》［かきつ：一四四一—一四四四年］　後花園院天皇。永享十三年辛酉二月十七日乙酉。為辛酉改元。『管見記』。『元秘別録』。
菅原益長勘申。『管見記』。『康富記』。『元秘別録』。『略頌抄』。
『易』。孚于嘉吉、位正中也。

仁厚　菅原在綱与嘉吉同勘申。『管見記』。『元秘別録』。
『漢書』。陛下至徳仁厚、哀憫元元。

治万　菅原在綱与嘉吉同勘申。『管見記』。『元秘別録』。
『書』。地平天成、六府三事允治、万世永頼、時乃功。

建平　菅原在綱与嘉吉同勘申。『管見記』。『元秘別録』。
『漢書』。明帝王之法則、建泰平之道。

洪徳　菅原益長与嘉吉同勘申。『管見記』。『元秘別録』。
『文選』。皇恩溥、洪徳施。

宝暦　菅原益長与嘉吉同勘申。『管見記』。『元秘別録』。
『貞観政要』。恭承宝暦、夤奉帝図、垂拱無為、氛埃靖息。

文安　菅原在直与嘉吉同勘申。『管見記』。『元秘別録』。
『書』。欽明文思安安。

慶長　菅原在直与嘉吉同勘申。『管見記』。『元秘別録』。『詩』。〔注疏〕文王功徳深厚、故福慶延長也。
咸和　菅原在直与嘉吉同勘申。『管見記』。『元秘別録』。『書』。咸和万民。
徳建　藤原資親与嘉吉同勘申。『管見記』。『元秘別録』。
長祥　藤原資親与嘉吉同勘申。『管見記』。『元秘別録』。『修文殿御覧』。調長祥和天之喜風也。
享徳　菅原為清与嘉吉同勘申。『管見記』。『元秘別録』。『書』。〔正義〕用玉礼神、神享其徳、使風雨調和。
和元　菅原為清与嘉吉同勘申。『管見記』。『元秘別録』。『唐書』。陰陽大和、元気已正。
徳和　菅原為清与嘉吉同勘申。『管見記』。『元秘別録』。『書』。今王用徳和悦。

文安《ブンナン》［ぶんあん：一四四四—四九年］　後花園院天皇。嘉吉四年甲子二月五日己酉。為歳次甲子改元。『管見記』。『康富記』。

藤原兼郷、菅原在直勘申。『管見記』。『康富記』。『元秘別録』。『略頌抄』。菅原在治艸詔。『康富記』。

『書』。欽明文思安安。

『晋書』。尊文安漢之社稷。

万和　菅原継長与文安同勘申。『康富記』。『元秘別録』。
『文選』。万邦協和、施徳百蛮、而粛慎致貢。

洪徳　菅原益長与文安同勘申。『康富記』。『元秘別録』。
『文選』。皇恩溥、洪徳施。

徳寿　藤原資任与文安同勘申。『康富記』。『元秘別録』。
『漢書』。尭舜行徳、民則仁寿。

安永　藤原資任与文安同勘申。『康富記』。『元秘別録』。
『文選』。寿安永寧。
『唐紀』。保安社稷、永可奉宗祧。

寧和　菅原継長与文安同勘申。『康富記』。『元秘別録』。
『文選』。区寓乂寧、思和求中。

長禄　菅原継長与文安同勘申。『康富記』。『元秘別録』。
『韓非子』。其建生也長、持禄也久。

承慶　藤原兼郷与文安同勘申。『康富記』。『元秘別録』。
『晋書』。上順祖宗、下念臣吏、万邦承慶。

平和　菅原在直与文安同勘申。『康富記』。『元秘別録』。
『書』。〔注〕化九族、而平和章明。

寛永　菅原益長与文安同勘申。『康富記』。『元秘別録』。

『詩』。考槃在澗、碩人之寛、独寐寤言、永矢弗諼。〔注〕碩大、寛広、永長、矢誓也。

建正　菅原益長与文安同勘申。『元秘別録』。

『周礼』。乃施法于官府、而建其正。

宝徳《ハウトク》［ほうとく：一四四九―五二年］後花園院天皇。文安六年己巳七月二十八日丙午。又、八月二十八日丙子。

菅原為賢勘申。『元秘別録』。『略頌抄』。

正永　菅原継長与宝徳同勘申。『元秘別録』。

『唐書』。朕宝三徳、曰慈倹謙。

康楽　菅原継長与宝徳同勘申。『元秘別録』。

『後周書』。〔文苑伝〕声実倶茂、詞義典正、有永嘉之遺烈焉。

慶徳　菅原継長与宝徳同勘申。『元秘別録』。

崔寔『政論』。苟有康楽之心充於中、則和気応於外。

大応　菅原為賢与宝徳同勘申。『元秘別録』。

『易』。〔注〕以中正有慶之徳有攸往者、何適而不利哉。

仁昭　菅原為賢与宝徳同勘申。『元秘別録』。

『史記』。□□輔徳、天下大応。

『桓子新論』。悦我以仁、昭明我名。

長享　菅原在豊与宝徳同勘申。『元秘別録』。
『文選』。喜得全功、長享其福。
建和　菅原在豊与宝徳同勘申。『元秘別録』。
『孟子』。唯天子建中和之極。
文昭　菅原益長、藤原資任与宝徳同勘申。『元秘別録』。
『御注孝経』。天文昭煥、洞合幽微。
『文選』。資忠履信、武烈文昭。
寛安　菅原益長与宝徳同勘申。『元秘別録』。
『詩』。〔注疏〕行寛仁安静之政、以定天下。
洪徳　菅原益長与宝徳同勘申。『元秘別録』。
『文選』。皇恩溥、洪徳施。
慶長　菅原在直与宝徳同勘申。『元秘別録』。
『詩』。〔注疏〕文王功徳深厚、故福慶延長也。
咸和　菅原在直与宝徳同勘申。『元秘別録』。
『書』。用咸和万民。
安永　藤原資任与宝徳同勘申。『元秘別録』。
『文選』。寿安永寧。
『唐紀』。保安社稷、永可奉宗祧。
万貞　藤原資任与宝徳同勘申。『元秘別録』。

『貞観政要』。遇大道行而両儀泰、喜元良盛而万国貞。

**享徳**《キヤウトク》［きょうとく：一四五二―五五年］　後花園院天皇。宝徳四年壬申七月十二日癸卯。又、二十五日丙辰。又、八月十二日壬申。為三合並瘧改元。『元秘別録』。菅原為賢勘申。『建内記』。『元秘別録』。『略頌抄』。

『書』。世世享徳、万邦作式。

文昭　藤原資任与享徳同勘申。『建内記』。『元秘別録』。

『御注孝経』。天文昭煥、洞合幽微。

寛恵　藤原資任与享徳同勘申。『元秘別録』。

『後漢書』。文帝寛恵柔克、遭代康平。

万貞　藤原資任与享徳同勘申。『元秘別録』。

『貞観政要』。遇大道行而両儀泰、喜元良盛而万国貞。

宝暦　菅原益長与享徳同勘申。『元秘別録』。

『貞観政要』。恭承宝暦、夤奉帝図、垂拱無為、氛埃靖息。

文功　菅原益長与享徳同勘申。『元秘別録』。

『詩』。文武之功、起於后稷、故推以配天焉。

『唐書』。周自后稷、至於文武、積功累仁、其来也遠。

至正　菅原勝光与享徳同勘申。『元秘別録』。

『礼記』。中心無為也、以守至正。

安永　菅原勝光与亨徳同勘申。『元秘別録』。
『文選』。寿安永寧。
『唐紀』。保安社稷、永可奉宗祧。

慶長　菅原在直与亨徳同勘申。『元秘別録』。
『詩』。〔注疏〕文王功徳深厚、故福慶延長也。

治万　菅原在直与亨徳同勘申。『元秘別録』。
『書』。地平天成、六府三事允治、万世永頼、時乃功。

文長　菅原在直与亨徳同勘申。『元秘別録』。
『晋書』。白玉神霊、出於江寧、其文曰長寿万年。

文承　菅原継長与亨徳同勘申。『元秘別録』。
『文選』。皇上以叡文承暦。

康徳　菅原継長与亨徳同勘申。『元秘別録』。
『漢書』。烝庶咸以康寧、功徳茂盛。

康楽　菅原継長与亨徳同勘申。『元秘別録』。
『文選』。心凱康楽歓。

大応　菅原為賢与亨徳同勘申。『元秘別録』。

仁昭　菅原為賢与亨徳同勘申。『元秘別録』。

治応　菅原在治与亨徳同勘申。『元秘別録』。
『老子』。人主備道於天下、不言而化、不教而治、下之応上、信如影響、其徳如是、而及為普博也。

建平　菅原在治与享徳同勘申。『元秘別録』。

『漢書』。明帝王之法制、建太平之道。

長享　菅原在治与享徳同勘申。『元秘別録』。

康正《カウシヤウ》［こうしょう：一四五五—五七年］後花園院天皇。享徳四年乙亥七月二十五日戊戌。又、二十六日己亥。又、二十八日辛丑。為兵革改元。『康富記』。

菅原在治、菅原益長勘申。『元秘別録』。菅原在治艸詔。『康富記』。

『書』。平康正直。〔注〕世平安、用正直治之。

『史記』。平康正直。

文康　藤原綱光与康正同勘申。『康富記』。『元秘別録』。

『詩』。彼作矣、文王康之。〔注〕皆築作宮室、以為常居、文王則能安之。

『文中子』。以謂孝文有康世之意。

至安　藤原綱光与康正同勘申。『元秘別録』。

『貞観政要』。陛下弘至理以安天下、功已成矣。

宝暦　菅原益長与康正同勘申。『元秘別録』。

『貞観政要』。恭承宝暦、夤奉帝図、垂拱無為、氛埃靖息。

文観　菅原在治与康正同勘申。『元秘別録』。

『太平御覧』。天文以観其象天、日月星辰是也。

文仁　菅原在治与康正同勘申。『元秘別録』。
『山海経』。鳳鳥有文曰徳、翼文曰順、背文曰義、膺文曰仁、腹文曰信、是鳥也飲
　則自歌自舞、見則天下大康寧。
『淮南子』。礼者実之文也、仁者恩之効也、故礼因人情而篤節文、仁発憑愛以見容。

安永　藤原資任与康正同勘申。『元秘別録』。
『文選』。寿安永寧。

万貞　藤原資任与康正同勘申。『元秘別録』。
『唐紀』。保安社稷、永可奉宗祧。
『貞観政要』。遇大道行而両儀泰、喜元良盛而万国貞。

仁昭　菅原為賢与康正同勘申。『元秘別録』。
『桓子新論』。悦我以仁、昭明我名。

文承　菅原為賢与康正同勘申。『元秘別録』。
『文選』。皇上以叡文承暦。

大応　菅原為賢与康正同勘申。『元秘別録』。
『史記』。輔徳天下大応。

**長禄《チヤウロク》**［ちょうろく：一四五七—六〇年］　後花園院天皇。康正三年丁丑九月二十八日己丑。
菅原継長勘申。『元秘別録』。『略頌抄』。
『韓非子』。其建正也長、持禄也久。

寧和　菅原継長与長禄同勘申。『元秘別録』。
『文選』。区寓乂寧、思和求中。
安永　藤原資任、藤原勝光与長禄同勘申。『元秘別録』。
『文選』。寿安永寧。
『唐紀』。保安社稷、永可奉宗祧。
文昭　藤原資任与長禄同勘申。『元秘別録』。
『御注孝経』。天文昭煥、洞合幽微。
万貞　藤原勝光与長禄同勘申。『元秘別録』。
『貞観政要』。遇大道行而両儀泰、喜元良盛而万国貞。
文康　藤原勝光与長禄同勘申。『元秘別録』。
『文中子』。以謂孝文有康世之意。
成徳　藤原綱光与長禄同勘申。『元秘別録』。
『荀子』。積善成徳。
『爾雅』。人須学問以成徳。
仁応　藤原綱光与長禄同勘申。『元秘別録』。
『北斉書』。学世思治、則仁以応之。
寛正　藤原綱光与長禄同勘申。『元秘別録』。
『孔子家語』。外寛而内正。
治万　菅原在直与長禄同勘申。『元秘別録』。

『書』。地平天成、六府三事允治、万世永頼、時乃功。

慶長　菅原在直与長禄同勘申。『元秘別録』。

『詩』。〔注疏〕文王功徳深厚、故福慶延長也。

**寛正**《クワンシヤウ》［かんしょう：一四六〇—六六年］後花園院天皇。後土御門院天皇。長禄四年庚辰十二月廿一日癸巳。

藤原勝光勘申。『元秘別録』。『略頌抄』。

『孔子家語』。外寛而内正。

明応　菅原長清与寛正同勘申。『和長卿記』。『元秘別録』。

『漢書』。神霊之休、祐福兆祥、宜因此地光、域立泰時、壇以明応。

文仁　菅原在治、菅原長清与寛正同勘申。『元秘別録』。

『淮南子』。礼者実之文也、仁者恩之効也、故礼因人情而篤節文、仁発憑愛以見容。

『唐紀』。叡哲温文、寛和仁恵。

文承　菅原長清与寛正同勘申。『元秘別録』。

『文選』。皇上以叡文承暦。

安永　藤原勝光与寛正同勘申。『元秘別録』。

『文選』。寿安永寧。

明和　菅原継長与寛正同勘申。『元秘別録』。

『史記』。昭明合和万国。

永正　菅原継長与寛正同勘申。『元秘別録』。

長慶　藤原綱光与寛正同勘申。『元秘別録』。『易緯』。永正其道。

仁応　藤原綱光与寛正同勘申。『元秘別録』。『詩』。〔注疏〕教誨不倦曰長、慶賞刑威曰君也。

文正　藤原綱光与寛正同勘申。『元秘別録』。『北斉書』。挙世思治、則仁以応之。

慶治　菅原在治与寛正同勘申。『元秘別録』。『荀子』。積文学、正身行。

成功　菅原顕長与寛正同勘申。『元秘別録』。『顔子家訓』。治家者欲一家之慶、治国者欲一国之長。

和元　菅原顕長与寛正同勘申。『元秘別録』。『文選』。頌者所以游揚徳業、褒賛成功。

仁昭　菅原顕長与寛正同勘申。『元秘別録』。『唐書』。陰陽大和、元気已正。『桓子新論』。悦我以仁、昭明我名。

**文正**《ブンシヤウ》［ぶんしょう：一四六六―六七年］　後土御門院天皇。寛正七年丙戌二月二十八日庚子。為即位改元。『元秘別録』。

藤原綱光勘申。『元秘別録』。『略頌抄』。
『荀子』。積文学、正身行。

永宝　藤原綱光与文正同勘申。『元秘別録』。

至安　藤原綱光与文正同勘申。『元秘別録』。
『貞観政要』。陛下弘至理以安天下、功已成矣。

文承　菅原継長与文正同勘申。『元秘別録』。
『文選』。皇上以叡文承暦。

永正　菅原継長与文正同勘申。『元秘別録』。
『易緯』。永正其道。

長享　菅原継長、菅原在治与文正同勘申。『元秘別録』。
『後漢書』。長享福祚、垂之後嗣、此万全之策也。
『文選』。喜得全功。長享其福。

文観　菅原在治与文正同勘申。『元秘別録』。
『太平御覧』。天文以観其象天、日月星辰是也。

寛安　菅原顕長与文正同勘申。『元秘別録』。
『荀子』。生民寛而安。

和元　菅原顕長与文正同勘申。『元秘別録』。
『唐書』。陰陽大和、元気已正、天地降瑞、風雨以時。

文寛　菅原顕長与文正同勘申。『元秘別録』。

文仁　菅原長清与文正同勘申。『元秘別録』。

安慶　菅原長清与文正同勘申。『元秘別録』。

『唐紀』。叡哲温文、寛和仁恵。

『詩』。祭祀文王、諸侯来助、神明安慶。

慶応　菅原長清与文正同勘申。『元秘別録』。

『文選』。慶雲応輝、皇階授木。

応仁《オウニン》［おうにん：一四六七—六九年］　後土御門院天皇。文正二年丁亥三月五日辛未。

菅原継長勘申。『元秘別録』。『略頌抄』。

『維城典訓』。仁之感物、物之応仁、若影随形、猶声致響。

安観　菅原継長与応仁同勘申。『元秘別録』。

『文選』。宅土之所安楽、観聴之所踊躍也。

和宝　藤原綱光与応仁同勘申。『元秘別録』。

天和　藤原綱光与応仁同勘申。『元秘別録』。

文建　藤原綱光与応仁同勘申。『元秘別録』。

『後漢書』。深惟守文之主、必建師傅之官。

観徳　菅原在治与応仁同勘申。『元秘別録』。

『礼記』。楽行而民郷方、可以観徳矣。

文観　菅原在治、菅原顕長与応仁同勘申。『元秘別録』。

寛永　菅原顕長与応仁同勘申。『元秘別録』。
仁昭　菅原顕長与応仁同勘申。『元秘別録』。
宝暦　菅原長清与応仁同勘申。『元秘別録』。
文仁　菅原長清与応仁同勘申。『元秘別録』。
慶応　菅原長清与応仁同勘申。『元秘別録』。

**文明**《ブンメイ》［ぶんめい：一四六九―八七年］　後土御門院天皇。応仁三年己丑四月二十八日壬午。菅原長清勘申。『元秘別録』。『略頌抄』。中原康純艸詔。『広光卿記』。（少内記、可疑。）『易』。文明以健、中正而応、君子正也。

永正　菅原継長与文明同勘申。『広光卿記』。『元秘別録』。
康徳　菅原在治与文明同勘申。『広光卿記』。『元秘別録』。『漢書』。烝庶咸以康寧、功徳茂盛。
大応　菅原長直与文明同勘申。『広光卿記』。『元秘別録』。『史記』。輔徳天下大応。
安永　菅原季光与文明同勘申。『広光卿記』。『元秘別録』。『文選』。〔張平子東京賦〕含徳、章台、天禄、宣明、温飾、迎春、寿安、永寧。『唐紀』。保安社稷、永可奉宗祧。
弘文　菅原季光与文明同勘申。『元秘別録』。『貞観政要』。置弘文館、精選天下文儒。

和気　菅原長直与文明同勘申。『元秘別録』。
章明　菅原長直与文明同勘申。『元秘別録』。
『文選』。申旧章、下明詔、命有司、班憲度、昭節倹、示大素。
宝暦　菅原長清与文明同勘申。『元秘別録』。
慶応　菅原長清与文明同勘申。『元秘別録』。
長享　菅原継長、菅原在治与文明同勘申。『元秘別録』。
斉徳　菅原在治与文明同勘申。『元秘別録』。
『文選』。斉徳乎黄軒、為無為、事無事、永有民、以孔安。

**長享**《チヤウキヤウ》［ちょうきょう：一四八七―八九年］後土御門院天皇。文明十九年丁未七月十九日丁巳。又、二十日戊午。為火災疾疫兵革改元。『元秘別録』。

菅原在数勘申。『和長卿記』。『元秘別録』。菅原在数艸詔。『和長卿記』。

『後漢書』。長享福祚、垂之後嗣、此万全之策也。

『文選』。喜得全功、長享其福。

瑞応　菅原和長与長享同勘申。『和長卿記』。『元秘別録』。

『史記』。天之瑞応並集、四方襁負而至、兆民欣戴、咸楽嘉慶。

『後漢書』。祥瑞之降、以応有徳。

寛安　菅原和長、菅原在数与長享同勘申。『和長卿記』。『元秘別録』。

『詩』。〔注疏〕行寛仁安静之政、以定天下。

『荀子』。生民寛而安。

宝暦　菅原和長与長享同勘申。『和長卿記』。『元秘別録』。（菅家代代勘申。又益長初度被進。）

『貞観政要』。恭承宝暦、夤奉帝図、垂拱無為、氛埃靖息。

康徳　菅原在治与長享同勘申。『和長卿記』。『元秘別録』。

『後漢書』。頌成康之載徳兮、詠南風之歌声。

明治　菅原在治与長享同勘申。『和長卿記』。『元秘別録』。

『易』。〔説卦〕聖人南面而聴天下、嚮明而治。

『孔子家語』。長聡明、治五気、設五量、撫万民、度四方。

天定　菅原在永与長享同勘申。『和長卿記』。『元秘別録』。

『文選』。天保定子、靡徳不鑠。

文元　菅原在永与長享同勘申。『和長卿記』。『元秘別録』。

『詩』。〔正義〕文王建元久矣。

『隋書』。〔志〕造文之元始、創暦之厥初。

安長　菅原在永与長享同勘申。『和長卿記』。『元秘別録』。

『漢書』。建久安之勢、成長治之業。

寛裕　菅原長直与長享同勘申。『和長卿記』。『元秘別録』。

『礼記』。温良者仁之本也、敬慎者仁之地也、寛裕者仁之作也。

『書』。〔注〕天下被寛裕之政、則我民無遠用来。

万和　菅原長直与長享同勘申。『和長卿記』。『元秘別録』。

康楽　菅原長直与長享同勘申。『和長卿記』。『元秘別録』。

功永　菅原在数与長享同勘申。『和長卿記』。『元秘別録』。

『後漢書』。上応天心、下疇人望、為国立功、可以永年。

**延徳**《エントク》［えんとく：一四八九―九二年］後土御門院天皇。長享三年己酉七月二十五日辛巳。又、八月二十一日丁未。

菅原長直勘申。『元秘別録』。『略頌抄』。

『孟子』。開延道徳。

明暦　菅原和長与延徳同勘申。『和長卿記』。『元秘別録』。

『漢書』。〔律暦志〕大法九章、而五紀明暦法。

『後漢書』。〔律暦志〕明暦興廃、随天為節。

『続漢書』。〔律暦志〕黄帝造歴、歴与暦同作。

明応　菅原和長与延徳同勘申。『和長卿記』。

明保　□□□□与延徳同勘申。『難陳』。

昭応　菅原和長与延徳同勘申。『元秘別録』。

『文選』。晷緯昭応、山続効霊、五方雑還、四隩来曁。

寛永　菅原和長、菅原長直与延徳同勘申。『元秘別録』。

『詩』。考槃在澗、碩人之寛、独寐寤言、永矢弗諼。〔注〕碩大、寛広、永長、矢誓也。

建正　菅原和長与延徳同勘申。『元秘別録』。
『周礼』。乃施法于官府、而建其正。
永正　菅原長直与延徳同勘申。『元秘別録』。
『易緯』。永正其道、或受吉。
徳和　菅原長直与延徳同勘申。『元秘別録』。
『書』。〔注〕今王用徳和悦。
『左伝』。以徳和民。
順安　菅原長直与延徳同勘申。『元秘別録』。
『揚子法言』。君子在上、則明而光其下、在下、則順而安其上。
元喜　菅原在治与延徳同勘申。『元秘別録』。
『易』。六四元吉、有喜也。
宝仁　菅原在治与延徳同勘申。『元秘別録』。
『新序』。魏文侯曰、仁人者国之宝也、国有仁人、則群臣不争。
応平　菅原在数与延徳同勘申。『元秘別録』。
『後漢書』。昔周公有請命之応、隆太平之功也。
安永　菅原在数与延徳同勘申。『元秘別録』。
『左伝』。〔注〕寧安也、永長也。
『唐紀』。保安社稷、永可奉宗祧。
永禄　菅原在数与延徳同勘申。『元秘別録』。『西儒抄』。

『群書治要』。保世持家、永全福禄者也。

**明応**《メイオウ》［めいおう：一四九二―一五〇一年］後土御門院天皇。後柏原院天皇。延徳四年壬子七月十九日戊子。又、十七日丙戌。為疾疫天変改元。『和長卿記』。『親長卿記』。『元秘別録』。

菅原在数勘申。『親長卿記』。『和長卿記』。『元秘別録』。『略頌抄』。安倍盛俊艸詔。『和長卿記』。

『易』。其徳剛健而文明、応乎天而時行。

『文選』。徳行脩明、皆宜応受多福、保乂子孫。

『史記』。〔孝武本紀〕鼎宜見於祖禰、蔵於帝廷以合明応。又。神霊之休、祐福兆祥、宜因此地光、域立泰時、壇以明応。

陽安　菅原和長与明応同勘申。『和長卿記』。『親長卿記』。『元秘別録』。

『易』。〔注〕従陽則能安貞而吉、応地道之無疆也。

明暦　菅原和長与明応同勘申。『和長卿記』。『親長卿記』。『元秘別録』。

『漢書』。〔律暦志〕大法九章、而五紀明暦法。

『続漢書』。黄帝造歴、歴与暦同作。

永平　菅原和長与明応同勘申。『和長卿記』。『元秘別録』。

『後漢書』。莫不先建武永平之政。

瑞応　菅原和長与明応同勘申。『和長卿記』。『親長卿記』。『元秘別録』。

『後漢書』。祥瑞之降、以膺有徳。（膺一作応。）

順応　菅原長直与明応同勘申。『和長卿記』。『親長卿記』。『元秘別録』。
『漢書』。五常五行之象、厥法有品、各順其方、而応其行。
『礼記』。〔楽記〕正声感人、而順気応之。

明保　菅原長直与明応同勘申。『和長卿記』。『親長卿記』。『元秘別録』。
『書』。聖有謨訓、明徴定保。

文承　菅原長直与明応同勘申。『和長卿記』。『親長卿記』。『元秘別録』。
『文選』。皇上以叡文承暦、景属宸居。

立徳　菅原在数与明応同勘申。『和長卿記』。『親長卿記』。『元秘別録』。
『貞観政要』。創業垂統、配二儀以立徳、発号施令、妙万物而為言。
『孝経』。〔注〕孝道者、乃立徳之本基。

昭建　菅原在数与明応同勘申。『和長卿記』。『親長卿記』。『元秘別録』。
『書』。昭大徳、建中于民、以義制事、以礼制心、垂裕後昆。

# 文亀—慶長（一五〇一—一六一五年）

**文亀**《ブンキ》［ぶんき：一五〇一—〇四年］　後柏原院天皇。明応十年辛酉二月二十九日戊申。為即位改元。『和長卿記』。為歳次辛酉改元。『元秘別録』。

菅原和長勘申。『和長卿記』。『元秘別録』。『略頌抄』。

『爾雅』。十朋之亀者、一曰神亀、二曰霊亀、三曰摂亀、四曰宝亀、五曰文亀、六曰筮亀、七曰山亀、八曰沢亀、九曰水亀、十曰火亀。

永正　菅原長直与文亀同勘申。『和長卿記』。『元秘別録』。

『易緯』。永正其道、咸受吉。

永禄　菅原和長与文亀同勘申。『和長卿記』。『元秘別録』。『西襦抄』。

『群書治要』。保世持家、永全福禄者也。

貞徳　菅原和長与文亀同勘申。『和長卿記』。『元秘別録』。

『易』。〔正義〕利貞者卦徳也。

文承　菅原章長与文亀同勘申。『和長卿記』。『元秘別録』。

『文選』。皇上以叡文承暦、景属宸居。

延禄　菅原和長与文亀同勘申。『難陳』。『道房公記』。『和長卿記』。『元秘別録』。『西宸抄』。

明保　『晋書』。延禄无窮、可以比跡三代。
万治　□□□□与文亀同勘申。『難陳』。
『唐書』。正本則万事治。
寛永　菅原長直与文亀同勘申。『和長卿記』。『元秘別録』。
『詩』。〔朱注〕寛広、永長。
永光　菅原和長、菅原章長与文亀同勘申。『和長卿記』。『元秘別録』。
『貞観政要』。貽範百王、永光万代。
菅原章長与文亀同勘申。『和長卿記』。『元秘別録』。

**永正《エイシヤウ》**［えいしょう：一五〇四―二一年］後柏原院天皇。文亀四年甲子二月三十日壬戌。又、三月二日甲子。為歳次甲子改元。『実隆公記』。『宣胤卿記』。
菅原長直勘申。『実隆公記』。『宣胤卿記』。『元秘別録』。『略頌抄』。菅原為学艸詔。『実隆公記』。藤原伊長艸詔。『宣胤卿記』。
『易緯』。永正其道、咸受吉。
文化　菅原為学与永正同勘申。『実隆公記』。『宣胤卿記』。『元秘別録』。
『文選』。〔東広微補亡詩〕文化内輯、武徳外悠。
宝暦　菅原和長与永正同勘申。『実隆公記』。『宣胤卿記』。『元秘別録』。
康徳　菅原和長与永正同勘申。『実隆公記』。『宣胤卿記』。『元秘別録』。
『書』。用康乃心、顧乃徳、遠乃猷。

久暦　菅原和長与永正同勘申。『元秘別録』。『書』。〔注〕殷礼能升配天、享国久長、多歴年所。『続漢書』。黄帝造歴、歴与暦同作。

乾徳　菅原和長与永正同勘申。『元秘別録』。『易』。〔朱注〕元亨利貞、乾之四徳。

明保　菅原長直与永正同勘申。『元秘別録』。『書』。聖有謨訓、明徴定保。

文承　菅原為学与永正同勘申。『元秘別録』。『文選』。皇上以叡文承暦。

徳和　菅原為学与永正同勘申。『元秘別録』。『書』。今王用徳和悦。

徳暦　菅原章長与永正同勘申。『元秘別録』。『宋書』。功徳昭長世、道徳歴延年。（『続漢書』。歴与暦同作。）

寛永　菅原章長与永正同勘申。『元秘別録』。『詩』。〔朱注〕寛広、永長。

## 大永《ダイエイ》

〔だいえい：一五二一―二八年〕　後柏原院天皇。後奈良院天皇。永正十八年辛巳八月二十三日壬寅。

菅原和長撰出、菅原為学録進。『元秘別録』。『略頌抄』。『西襦抄』。康貞艸詔。『不知記』。

『杜氏通典』。庶務至微至密、其大則以永業。

大暦　菅原和長与大永同勘申。『不知記』。『元秘別録』。『西襦抄』。
『書』。嗣無疆大歴服。(『続漢書』。歴与暦同作。)

寛安　菅原和長与大永同勘申。『不知記』。『元秘別録』。
『詩』。〔注疏〕行寛仁安静之政、以定天下。

観国　菅原和長与大永同勘申。『不知記』。『元秘別録』。『西襦抄』。
『易』。観国之光、尚賓也。

顕祥　菅原為康与大永同勘申。『不知記』。『元秘別録』。
『文選』。醴泉涌流而浩浩、顕禎祥以曲成、固触物而兼造。

徳禄　菅原為康与大永同勘申。『元秘別録』。『西襦抄』。
『杜氏通典』。夫本仁祖義、褒徳禄賢、勸善刑暴。

久和　菅原為康与大永同勘申。『元秘別録』。
『周礼』。準則久、和則安。

徳善　菅原長光与大永同勘申。『元秘別録』。『西襦抄』。
『杜氏通典』。其論徳賛善。

和元　菅原長光与大永同勘申。『元秘別録』。
『唐書』。陰陽大和、元気已正、天地降瑞、風雨以時。

徳和　菅原為学与大永同勘申。『元秘別録』。
『書』。〔注〕今王用徳和悦。

乾天　菅原為学与大永同勘申。『元秘別録』。
『左伝』。坤土也、巽風也、乾天也。

徳暦　菅原和長与大永同勘申。『元秘別録』。
『杜氏通典』。申明土徳、革改暦服。

万安　菅原長直与大永同勘申。『元秘別録』。
『書』。〔注〕衆政惟和、万国皆安。

康徳　菅原長直与大永同勘申。『元秘別録』。
『漢書』。烝庶咸以康寧、功徳茂盛。

大康　菅原和長与大永同撰出。『西襦抄』。
『杜氏通典』。今典大州、共康庶政。

大禄　菅原和長与大永同撰出。『西襦抄』。
『杜氏通典』。大国君禄十卿、卿禄四大夫。

大万　菅原和長与大永同撰出。『西襦抄』。
『史記』。〔世家〕畢万之後必大、万盈数也。天子曰兆民、諸侯曰万民、今命之大、以従盈数、其必有衆。

万応　菅原和長与大永同撰出。『西襦抄』。
『杜氏通典』。以功挙賢、則万化我、瑞応著。

暦和　菅原和長与大永同撰出。『西襦抄』。
『帝王代紀』。尭時有草、夾階而生、王者以是占暦、応和而生。

明化　菅原和長与大永同撰出。『西糯抄』。

『漢書』。誠躬正労、宣明教化。

享禄《キヤウロク》［きょうろく：一五二八―三二年］後奈良院天皇。大永八年戊子八月二十日己未。為即位
改元。『資定卿記』。

菅原和長撰出、菅原長淳録進。『資定卿記』。『元秘別録』。『略頌抄』。『西糯抄』。中原康貞
艸詔。『資定卿記』。

藤原兼秀奉行。『二水記』。

『易』。〔大畜、程伝〕居天位享天禄也、国家養賢者、得行其道也。

『文選』。乃建丘山之功、享不訾之禄。

延禄　菅原和長与享禄同勘申。『資定卿記』。『元秘別録』。

『晋書』。延禄无窮、可以比跡三代。

文禄　菅原和長与享禄同勘申。『資定卿記』。『元秘別録』。

『杜氏通典』。〔禄秩、貞観二年制注〕凡京文武官、毎歳給禄。

文元　菅原和長与享禄同勘申。『資定卿記』。『元秘別録』。

『詩』。〔正義〕文王建元久矣。

『隋書』。〔志〕造文之元始、創暦之厥初。

至元　菅原和長与享禄同勘申。『資定卿記』。『元秘別録』。

『易』。〔坤〕至哉坤元、万物資生。

同徳　菅原和長与享禄同勘申。『資定卿記』。『元秘別録』。
『易』。〔革、程伝〕文明之至、上有剛陽之君同徳。

寛安　菅原為康与享禄同勘申。『資定卿記』。『元秘別録』。
『詩』。〔注疏〕行寛仁安静之政、以定天下。
『荀子』。生民寛而安。
『詩』。〔注疏〕二后行寛安之意、其下効之。

徳禄　菅原為康与享禄同勘申。『資定卿記』。『元秘別録』。
『杜氏通典』。夫本仁祖義、褒徳禄賢、勧善刑暴。

和元　菅原為康与享禄同勘申。『資定卿記』。『元秘別録』。
『唐書』。陰陽大和、元気已正、天地降瑞、風雨以時。

龍徳　菅原長淳与享禄同勘申。『資定卿記』。『元秘別録』。
『易』。〔乾〕子曰龍徳而正中者也。

寛安　菅原長淳与享禄同勘申。『資定卿記』。『元秘別録』。
『詩』。〔注疏〕行寛仁安静之政、以定天下。又、二后行寛安之意、其下効之。

**天文**《テンブン》〔てんぶん：一五三二―一五五五年〕後奈良院天皇。享禄五年壬辰七月二十九日乙亥。為兵革改元。『元秘別録』。
源重親勘申。『難陳』。菅原長雅勘申。『元秘別録』。
『易』。〔繋辞〕仰以観於天文、俯以察於地理。

『書』。〔舜典注〕孔安国曰、舜察天文斉七政。『林家雑録』。
乾徳　菅原為学与天文同勘申。『公条公記』。
『易緯』。〔注〕人象乾徳而生者也。
寛安　菅原為学与天文同勘申。『公条公記』。『元秘別録』。
『荀子』。生民寛而安。
天保　菅原為学与天文同勘申。『公条公記』。『元秘別録』。
『孟子』。楽天者保天下、畏天者保其国。
大応　菅原為学与天文同勘申。『公条公記』。『元秘別録』。
『史記』。輔徳、天下大応。
徳和　菅原為学与天文同勘申。『公条公記』。『元秘別録』。
『書』。〔注〕今王用徳和悦。
康徳　□□□□与天文同勘申。『公条公記』。
寛永　菅原為康与天文同勘申。『公条公記』。『元秘別録』。
『詩』。〔朱注〕寛広、永長。
文元　菅原為康与天文同勘申。『公条公記』。『元秘別録』。
『易緯』。乾元亨利貞、以正天文、坤元亨利貞、以正地理。
漢徳　菅原長雅与天文同勘申。『元秘別録』。
『文選』。〔南都賦〕漢徳久長。
文承　菅原長雅与天文同勘申。『元秘別録』。

弘暦　菅原為康与天文同勘申。『元秘別録』。

『文選』。〔曲水詩序〕皇上以叡文承暦。

『後周書』。思隆国本、用弘天暦。


弘治《コウヂ》［こうじ：一五五五―五八年］後奈良院天皇。正親町院天皇。天文廿四年乙卯十月二十三日。又、二十三日乙酉。又、閏十月三日甲午。為兵革改元。『惟房公記』。

菅原長雅勘申。『不知記』。『元秘別録』。『略頌抄』。中原康雄代大内記受命。

『北斉書』。祇承宝命、志弘治体。『林家雑録』。

乾徳　菅原為康与弘治同勘申。『不知記』。『元秘別録』。

『易緯』。〔注〕人象乾徳而生者也。

寛安　菅原為康与弘治同勘申。『不知記』。『元秘別録』。

『詩』。〔注疏〕行寛仁安静之政、以定天下。

文元　菅原為康与弘治同勘申。『不知記』。『元秘別録』。

『隋書』。〔志〕造文之元始、創暦之厥初。

至正　菅原為康与弘治同勘申。『不知記』。『元秘別録』。

『礼記』。心中無為也、以守至正。

貞正　菅原為康与弘治同勘申。『不知記』。『元秘別録』。

『易』。師衆也、貞正也、能以衆正、可以王矣。

『書』。一人元良、万邦以貞。〔注〕貞正也。

『礼記』。〔正義〕尊長於人為君者、当須章明己志、為貞正之教。

元亀　菅原長雅与弘治同勘申。『不知記』。『元秘別録』。
『晋書』。貞正内外惟允。
『詩』。憬彼淮夷、来献其琛、元亀象歯、大賂南金。

文化　菅原為康与弘治同勘申。『不知記』。『元秘別録』。
『文選』。文化内輯、武功外悠。

永禄《エイロク》［えいろく：一五五八―七〇年］正親町院天皇。弘治四年戊午二月二十八日丁未。為即位改元。『資定卿記』。
菅原長雅勘申。『資定卿記』。『元秘別録』。『略頌抄』。
『群書治要』。保世持家、永全福禄者也。『林家雑録』。『西儒抄』。

寛安　菅原長雅与永禄同勘申。『資定卿記』。『元秘別録』。
『詩』。〔注疏〕二后行寛安之意、其下効之。

延禄　菅原為康与永禄同勘申。『資定卿記』。『難陳』。『元秘別録』。『西儒抄』。
『晋書』。延禄无窮、可以比跡三代。

徳暦　菅原為康与永禄同勘申。『資定卿記』。『元秘別録』。
『杜氏通典』。申明土徳、革改暦服。

享寿　菅原長雅与永禄同勘申。『資定卿記』。『元秘別録』。
『宋書』。功徳昭長世、道徳歴延年。

『後漢書』。尭舜雖聖、必暦象日月星辰、察五緯所在、故能享百年之寿、為万代之法。

永安　菅原為康与永禄同勘申。『元秘別録』。

『文選』。神霊扶其棟宇、歴千載而弥堅、永安寧以祉福、長与大漢而久存。

**元亀**《グエンキ》〔げんき：一五七〇―七三年〕正親町院天皇。永禄十三年庚午四月二十三日庚申。

菅原長雅勘申。『元秘別録』。『略頌抄』。

『晋書』。〔元帝紀〕前事之不忘、後代之元亀也。

『書』。〔周書、金縢〕今我即命于元亀。〔注〕就受三王之命於大亀、卜知吉凶。

『史記』。〔魯周公世家〕周武王有疾、周公設壇、告于太王、王季、文王、史策祝曰、若爾三王、以旦代王発之身、今我其即命於元亀。〔注〕馬融曰、元亀大亀也。

『北史』。〔許善心伝〕梁史序伝、元亀明鏡、昭然可察。

『詩』。憬彼淮夷、来献其琛、元亀象歯、大賂南金。『林家雑録』。

『文選』。元亀水処、潜龍蟠於沮沢、応鳴鼓而興雨。『林家雑録』。

天正　菅原長雅与元亀同勘申。『元秘別録』。

『文選』。〔藉田賦〕高以下為基、民以食為天、正其末者端其本、善其後者慎其先。

『老子』。清静者為天下正。〔注〕能清静則為天下長、持正則無有終已時也。

建正　菅原長雅与元亀同勘申。『元秘別録』。

『周礼』。乃施法于官府、而建其正。

安化　菅原長雅与元亀同勘申。『元秘別録』。
『御注孝経』。礼、所以正君臣父子之別、明男女長幼之序、故可以安上化下也。
明和　菅原長雅与元亀同勘申。『元秘別録』。
『書』。克明俊徳、以親九族、九族既睦、平章百姓、百姓昭明、協和万邦。
明徴　菅原盛長与元亀同勘申。『元秘別録』。
『書』。聖有謨訓、明徴定保。
寛永　菅原盛長与元亀同勘申。『元秘別録』。
『詩』。〔朱注〕寛広、永長。
乾徳　菅原盛長与元亀同勘申。『元秘別録』。
『易緯』。〔注〕人象乾徳而生者也。

天正《テンシヤウ》［てんしょう：一五七三―九二年］　正親町院天皇。後陽成院天皇。元亀四年癸酉七月二十八日丙午。

菅原長雅勘申。『元秘別録』。『略頌抄』。

『老子』。清静者為天下正。『林家雑録』。

『文選』。〔藉田賦〕高以下為基、民以食為天、正其末者端其本、善其後者慎其先。『林家雑録』。

延禄　菅原長雅与天正同勘申。『難陳』。

『晋書』。延禄无窮、可以比跡三代。

安永　菅原長雅与天正同勘申。『元秘別録』。
『唐紀』。保安社稷、永可奉宗祧。
貞正　菅原長雅与天正同勘申。『元秘別録』。
『易』。頤貞吉、養正則吉也。
『貞観政要』。太宗嘗謂侍臣曰、馬周見事敏速、性甚貞正。
文禄　菅原長雅与天正同勘申。『元秘別録』。
『杜氏通典』。〔禄秩、貞観二年制注〕凡京文武官、毎歳給禄。
寛永　菅原盛長与天正同勘申。『元秘別録』。
『詩』。〔朱注〕寛広、永長。
明暦　菅原盛長与天正同勘申。『元秘別録』。
『漢書』。〔律暦志〕大法九章、而五紀明暦法。
永安　菅原盛長与天正同勘申。『元秘別録』。
『文選』。為無為、事無事、永有民、以孔安。

**文禄**《ブンロク》［ぶんろく：一五九二—九六年］　後陽成院天皇。天正二十年壬辰十二月八日甲午。為即位改元。『難陳』。
菅原盛長勘申。『元秘別録』。『略頌抄』。
『杜氏通典』。〔禄秩、貞観二年制注〕凡京文武官、毎歳給禄。『林家雑録』。
天澄　菅原為長与文禄同勘申。『難陳』。『元秘別録』。

延禄　菅原為長与文禄同勘申。『難陳』。『元秘別録』。
『文選』。三后始基、世武丕承、協風傍駭、天晷仰澄、淳曜六合、皇慶敢興。
『晋書』。延禄无窮、可以比跡三代。

万永　菅原盛長与文禄同勘申。『難陳』。『元秘別録』。
『書』。地平天成、六府三事允治、万世永頼、時之功。

享明　菅原為長与文禄同勘申。『難陳』。『元秘別録』。
『書』。〔唐誥〕享明乃服命。〔注〕享有国土、当明汝所服行之命令、使可則。

寛永　菅原盛長与文禄同勘申。『難陳』。『元秘別録』。
『詩』。考槃在澗、碩人之寛、独寐寤言、永矢弗諼。

文弘　菅原盛長与文禄同勘申。『難陳』。『元秘別録』。
『晋書』。博我以文、弘我以道。

正保　菅原盛長与文禄同勘申。『元秘別録』。
『書』。〔正義〕昔先正保衡、佐我烈祖、格于皇天。

慶長《キヤウチヤウ》〔けいちょう：一五九六―一六一五年〕　後陽成院天皇。後水尾院天皇。文禄五年丙申十月二十七日庚寅。又、十一月二十七日庚申。
菅原為経勘申。『元秘別録』。『略頌抄』。藤原頼宣奉行。『元秘別録』。
『詩』。〔注疏〕文王功徳深厚、故福慶延長也。『林家雑録』。

長祥　菅原盛長与慶長同勘申。『難陳』。『元秘別録』。

万安　『修文殿御覧』。調長祥、和天之喜風也。
菅原盛長与慶長同勘申。『難陳』。『元秘別録』。

宝暦　『呉志』。帝王者万国之元首、天下所繫也、是以存万安之福、鎮四海之心。
菅原盛長与慶長同勘申。『難陳』。『元秘別録』。

康徳　『貞観政要』。恭承宝暦、夤奉帝図、垂拱無為、氛埃靖息、於茲十余年矣。
菅原盛長与慶長同勘申。『難陳』。『元秘別録』。

享明　『漢書』。烝庶咸以康寧、功徳茂盛。
菅原盛長与慶長同勘申。『難陳』。『元秘別録』。

寛安　『書』。享明乃服命。〔注〕享有国土、当明汝所服行之命令、使可則。
菅原盛長与慶長同勘申。『難陳』。『元秘別録』。

大応　『詩』。〔注疏〕行寛仁安静之政、以定天下。
菅原為経与慶長同勘申。『元秘別録』。

建正　『史記』。□□輔徳、天下大応。
菅原為経与慶長同勘申。『元秘別録』。

天観　『周礼』。乃施法于官府、而建其正。
菅原為経与慶長同勘申。『元秘別録』。

嘉福　『書』。〔正義〕天観人所為、以授之命。
菅原為経与慶長同勘申。『元秘別録』。
『漢書』。百姓晏然、咸獲嘉福、徳莫不盛焉。

# 元和—元禄（一六一五—一七〇四年）

**元和《グヱンナ》**［げんな：一六一五—二四年］後水尾院天皇。慶長二十年乙卯七月十三日丁亥。『改元記』。

菅原為経勘申。『元秘別録』。

唐憲宗元号。『林家雑録』。『元秘別録』。

天保　菅原為経与元和同勘申。『元秘別録』。

『孟子』。楽天者保天下、畏天者保其国。

永安　菅原為経与元和同勘申。『元秘別録』。

『文選』。為無為、事無事、永有民、以孔安。

文弘　菅原為経与元和同勘申。『元秘別録』。

『晋書』。博我以文、弘我以道。

明暦　菅原為経与元和同勘申。『元秘別録』。

『漢書』。〔律暦志〕大法九章、而五紀明暦法。

『続漢書』。黄帝造歴、歴与暦同作。

延禄　菅原長維与元和同勘申。『元秘別録』。

『晋書』。延禄无窮、可以比跡三代。

寛永　菅原長維与元和同勘申。『元秘別録』。
『詩』。〔朱注〕寛広、永長。

建正　菅原為適与元和同勘申。『元秘別録』。
『周礼』。乃施法于官府、而建其正。

享明　菅原為適与元和同勘申。『元秘別録』。
『書』。享明乃服命。〔注〕享有国土、当明汝所服行之命令、使可則。

**寛永**《クワンネイ》［かんえい：一六二四―四四年］　後水尾院天皇。明正院天皇。後光明院天皇。元和十年甲子二月三十日甲寅。
菅原長維勘申。『略頌抄』。『改元記』。『元秘別録』。
『詩』。考槃在澗、碩人之寛、独寐寤言、永矢弗諼。〔注〕寛広、永長。『林家雑録』。『元秘別録』。

文承　菅原為適与寛永同勘申。『難陳』。『改元記』。『元秘別録』。
『文選』。皇上以叡文承暦、景属宸居。

享明　菅原為適与寛永同勘申。『難陳』。『改元記』。『元秘別録』。
『書』。享明乃服命。〔注〕享有国土、当明汝所服行之命令、使可則。

貞正　菅原為適与寛永同勘申。『難陳』。『改元記』。『元秘別録』。
『礼記』。〔正義〕尊長於人為君者、当須章明己志、為貞正之教。又、日月照臨之道、以貞正得一。

文化　菅原為適与寛永同勘申。『難陳』。『改元記』。『元秘別録』。

『文選』。文化内輯、武功外悠。

嘉徳　菅原為適与寛永同勘申。『難陳』。『改元記』。『元秘別録』。

『史記』。長承聖治、羣臣嘉徳。

『左伝』。上下皆有嘉徳、而無違心。

康徳　菅原長維与寛永同勘申。『改元記』。『元秘別録』。

『漢書』。烝庶咸以康寧、功徳茂盛。

万治　菅原長維与寛永同勘申。『元秘別録』。

『唐書』。正本則万事治。

正保　菅原長維与寛永同勘申。『改元記』。『元秘別録』。

『書』。〔正義〕昔先正保衡、佐我烈祖、格于皇天。

永安　菅原長維与寛永同勘申。『改元記』。『元秘別録』。

『文選』。為無為、事無事、永有民、以孔安。


正保《シヤウハウ》［しょうほう：一六四四―四八年］後光明院天皇。寛永二十一年甲申十二月十六日庚午。

『改元記』。

菅原知長勘申。『道房公記』。『略頌抄』。『元秘別録』。菅原為庸艸詔。『道房公記』。

『書』。〔正義〕昔先正保衡、佐我烈祖、格于皇天。『林家雑録』。

寛安　菅原為適与正保同勘申。『道房公記』。『改元記』。『元秘別録』。

貞正　菅原為適与正保同勘申。『道房公記』。『改元記』。『元秘別録』。
『礼』。〔正義〕尊長於人為君者、当須章明己志、為貞正之教。
『詩』。〔注疏〕二后行寛安之意、其下効之。

明暦　菅原為適与正保同勘申。『道房公記』。『改元記』。『元秘別録』。
『晋書』。貞正内外惟允。
『後漢書』。〔律暦志〕明暦興廃、随天為節。

享応　菅原為適与正保同勘申。『道房公記』。『改元記』。『元秘別録』。
『文選』。順乎天而享其運、応乎人而和其義。

正観　菅原為適与正保同勘申。『道房公記』。『改元記』。『元秘別録』。
『易』。中正以観天下。

享封　菅原知長与正保同勘申。『道房公記』。『改元記』。『元秘別録』。
『文選』。皆享万戸之封。

延禄　菅原知長与正保同勘申。『道房公記』。『改元記』。『元秘別録』。
『晋書』。延禄无窮、可以比跡三代。

載徳　菅原長純与正保同勘申。『道房公記』。『改元記』。『元秘別録』。
『晋書』。惟天降命、翼仁祐聖、於穆三皇、載徳弥盛。
『後漢書』。遂累葉載徳、継踵宰相、信哉積善之家、必有余慶。

寛裕　菅原長純与正保同勘申。『道房公記』。『改元記』。『元秘別録』。
『礼記』。温良者仁之本也、敬慎者仁之地也、寛裕者仁之作也。

『書』。〔注〕天下被寛裕之政、則我民無遠用来。

慶安　菅原長純与正保同勘申。『道房公記』。『改元記』。『元秘別録』。

『易』。〔注疏〕乃終有慶、安貞之吉、応地無疆。

**慶安**《キヤウアン》〔けいあん：一六四八—五二年〕　後光明院天皇。正保五年戊子二月十五日庚戌。為御慎改元。『元秘別録』。

菅原為適勘申。『難陳』。『略頌抄』。『改元記』。『元秘別録』。

『易』。〔注疏〕乃終有慶、安貞之吉、応地無疆。

天明　菅原長維与慶安同勘申。『難陳』。『改元内勘文写』。『元秘別録』。『改元記』。

『孝経』。明王事父孝、故事天明、事母孝、故事地察、長幼順、故上下治。

『書』。克享天心、受天明命。

文承　菅原長維与慶安同勘申。『難陳』。『改元記』。『元秘別録』。

『文選』。皇上以叡文承暦。

貞正　菅原長維与慶安同勘申。『難陳』。『改元記』。『元秘別録』。

『書』。一人元良、万邦以貞。〔注〕貞正也。

天保　菅原長維与慶安同勘申。『難陳』。『改元記』。『元秘別録』。

『孟子』。楽天者保天下、畏天者保其国。

文建　菅原長維与慶安同勘申。『難陳』。『改元記』。『元秘別録』。

『通典』。酌周礼之文、建六官之職。

明暦　菅原為適与慶安同勘申。『難陳』。『改元記』。『元秘別録』。
『後漢書』。（律暦志）明暦興廃、随天為節。
『続漢書』。（律暦志）黄帝造歴、歴与暦同作。
天和　菅原為適与慶安同勘申。『難陳』。『改元記』。『元秘別録』。
『後漢書』。先王要道、民用和睦、故能致天下和平、灾害不生、禍乱不作。
文寛　菅原為適与慶安同勘申。『難陳』。『改元記』。『元秘別録』。
『礼記』。文而静、寛而有弁。
『唐紀』。叡哲温文、寛和仁恵。
万祥　菅原知長与慶安同勘申。『難陳』。『改元記』。『元秘別録』。
『文選』。化溢四表、横被無窮、遐夷貢献、万祥必臻。
明保　菅原知長与慶安同勘申。『難陳』。『改元記』。『元秘別録』。
『書』。聖有謨訓、明徴定保。
宝暦　菅原長純与慶安同勘申。『難陳』。『改元記』。『元秘別録』。
『貞観政要』。恭承宝暦、夤奉帝図、垂拱無為、氛埃靖息。
明治　菅原長純与慶安同勘申。『難陳』。『改元記』。『元秘別録』。
『孔子家語』。長聡明、治五気、設五量、撫万民、度四方。
永安　菅原長純与慶安同勘申。『難陳』。『改元記』。『元秘別録』。
『文選』。永安寧以祉福、長与大漢而久存、実至尊之所御、保延寿而宜子孫。

**承応**《ジョウオウ》［じょうおう：一六五二—五五年］後光明院天皇。後西院天皇。慶安五年壬辰九月十八日丁亥。『改元部類記』。

菅原知長勘申。『難陳』。『略頌抄』。

『晋書』。〔律暦志〕陶唐則分命羲和、虞舜則因循尭法、及夏殷承運、周氏応期、正朔既殊、創法斯異。

承禄　菅原長維与承応同勘申。『難陳』。『改元部類記』。『改元記』。

『魏志』。禹乃承禄於有虞、昌之以蒙其徳。

『博物志』。承皇天嘉禄。

文嘉　菅原長維与承応同勘申。『難陳』。『改元部類記』。

『文選』。〔五臣注表〕陛下濬徳乃文、嘉言必史。

承延　菅原長維与承応同勘申。『難陳』。『改元部類記』。

『後漢書』。王者承天継宗、保業延祚。

『孝経』。〔緯注〕承慶延期三百。

『文選』。朝堂承東、温調延北、西有玉吉室、聯以昆徳。

享応　菅原長維与承応同勘申。『難陳』。『改元部類記』。

『文選』。順乎天而享其運、応乎人而和其義。

寛承　菅原長維与承応同勘申。『難陳』。『改元部類記』。

『漢書』。聖徳寛仁、敬承祖宗、奉順神祇、宜蒙福祐。

靖寛　菅原良長与承応同勘申。『難陳』。『改元部類記』。

『後漢書』。天下康乂、誠由玄靖寛柔。

明保　菅原良長与承応同勘申。『難陳』。『改元部類記』。

『書』。聖有謨訓、明徴定保。

文元　菅原良長与承応同勘申。『難陳』。『改元部類記』。

『詩』。〔正義〕文王建元久矣。

文承　菅原知長与承応同勘申。『難陳』。『改元部類記』。

『隋書』。〔律暦志〕造文之元始、創暦之厥初。

文長　菅原知長与承応同勘申。『難陳』。『改元部類記』。

『文選』。皇上以叡文承暦、景属宸居。

『晋書』。白玉神璽、出於江寧、其文曰長寿万年。

明暦《メイリャク》［めいれき：一六五五—五八年］　後西院天皇。承応四年乙未四月十三日丁卯。『改元記』。

菅原為庸勘申。『略頌抄』。『改元記』。

『漢書』。〔律暦志〕大法九章、而五紀明暦法。『未被用年号引文』。

『続漢書』。黄帝造歴、歴与暦同作。『林家雑録』。『未被用年号引文』。

文化　菅原為庸与明暦同勘申。『難陳』。『改元記』。

『文選』。文化内輯、武功外悠。

宝暦　菅原為庸与明暦同勘申。『難陳』。『改元記』。

『貞観政要』。恭承宝暦、夤奉帝図、垂拱無為、氛埃靖息。

貞正　菅原為庸与明暦同勘申。『改元記』。
『易』。師衆也、貞正也、能以衆正、可以王矣。

貞正　菅原長維与明暦同勘申。『改元記』。
『書』。一人元良、万邦以貞。〔注〕貞正也。

明治　菅原長維与明暦同勘申。『改元記』。
『書』。〔注〕其始為民、明君之治。

文長　菅原長維与明暦同勘申。『改元記』。
『晋書』。白玉神璽、出於江寧、其文曰長寿万年。

明保　菅原長維与明暦同勘申。『改元記』。
『書』。聖有謨訓、明徴定保。

安永　菅原長維与明暦同勘申。『改元記』。
『唐紀』。保安社稷、永可奉宗祧。

寛安　菅原為庸与明暦同勘申。『改元記』。
『詩』。〔注疏〕二后行寛安之意、其下効之。
『荀子』。生民寛而安。

文元　菅原知長与明暦同勘申。『改元記』。
『隋書志』。造文之元始、創暦之厥初。

徳久　菅原知長与明暦同勘申。『改元記』。
『文選』。漢徳久長。

天明　菅原知長与明暦同勘申。『改元記』。
『後漢書』。通天然之明、建大聖之基。

万治《マンジ》［まんじ：一六五八―六一年］　後西院天皇。明暦四年戊戌七月二十三日戊午。以江戸城火
故改元。『改元記』。
菅原豊長勘申。『年号勘文』。『略頌抄』。
『史記』。衆民乃定、万国為治。『林家雑録』。

嘉徳　菅原豊長与万治同勘申。『改元記』。『年号勘文』。
『唐書』。正本則万事治。
『史記』。長承聖治、羣臣嘉徳。

永禎　菅原豊長与万治同勘申。『改元記』。『年号勘文』。
『左伝』。上下皆有嘉徳、而無違心。
『晋書』。永固禎祥。

永安　菅原長維与万治同勘申。『改元記』。
『文選』。為無為、事無事、永有民、以孔安。

文長　菅原長維与万治同勘申。『改元記』。『年号勘文』。
『晋書』。白玉神璽、出於江寧、其文曰長寿万年。

至正　菅原長維与万治同勘申。『改元記』。
『礼記』。中心無為也、以守至正。

文嘉　菅原長維与万治同勘申。『改元記』。
『文選』。〔五臣注表〕濬徳乃文、嘉言必史。
康徳　菅原長維与万治同勘申。『改元記』。
『書』。用康乃心、顧乃徳、遠乃猷。
文元　菅原知長与万治同勘申。『年号勘文』。『改元記』。
『隋書』。〔律暦志〕造文之元始、創暦之厥初。
文平　菅原知長与万治同勘申。『年号勘文』。『改元記』。
『文選』。故自后稷之始基、靖民十五王、而文王始平之。
大正　菅原知長与万治同勘申。『年号勘文』。『改元記』。
『後漢書』。通天然之明、建大聖之基、改元正暦、垂万代則。
乾永　菅原為庸与万治同勘申。『年号勘文』。『改元記』。
『貞観政要』。鴻名与日月無窮、盛業与乾坤永泰。
寛禄　菅原為庸与万治同勘申。『年号勘文』。『改元記』。
『文選』。優以寛科、完其封禄。
貞正　菅原為庸与万治同勘申。『年号勘文』。『改元記』。
『礼記』。〔正義〕尊長於人為君者、当須章明己志、為貞正之教。
宝観　菅原為庸与万治同勘申。『年号勘文』。『改元記』。
『貞観政要』。初膺大宝、億兆観徳。
寛久　菅原長維与万治同勘申。『年号勘文』。

嘉長　菅原長維与万治同勘申。『年号勘文』。
『会要』。承寛既久。

元嘉　菅原長維与万治同勘申。『年号勘文』。
『文中子』。嘉謀長策。勿慮不行。

嘉文　菅原長維与万治同勘申。『年号勘文』。
『史記』。乃歌曰、股肱喜哉、元首起哉、百工熙哉。
『史記』。嘉文公錫珪鬯。

安永　菅原豊長与万治同勘申。『改元記』。
『文選』。寿安永寧。
『左伝』。〔注〕寧安也、永長也。

寛文《クワンブン》［かんぶん：一六六一―七三年］後西院天皇。霊元院天皇。万治四年辛丑四月二十五日甲辰。『年号勘文』。
菅原為庸勘申。『年号勘文』。
『荀子』。節奏陵而文、生民寛而安、上文下安、功名之極也。『略頌抄』。『林家雑録』。

宝永　菅原為庸与寛文同勘申。『年号勘文』。
『書』。無墜天之降宝命、我先王亦永有依帰。

貞正　菅原為庸与寛文同勘申。『年号勘文』。
『礼記』。〔正義〕尊長於人為君者、当須章明己志、為貞正之教。

安永　菅原為庸与寛文同勘申。『年号勘文』。

『御注孝経』。能尽忠順、以事君長、則常安禄位、永守祭祀也。

文長　菅原豊長与寛文同勘申。『年号勘文』。

『晋書』。白玉神璽、出於江寧、其文曰、長寿万年。

嘉徳　菅原豊長与寛文同勘申。『年号勘文』。

『史記』。長承聖治、羣臣嘉徳。

『左伝』。上下皆有嘉徳、而無違心。

永禎　菅原豊長与寛文同勘申。『年号勘文』。

『晋書』。永固禎祥。

享久　菅原知長与寛文同勘申。『年号勘文』。

『書』。〔注〕殷礼能升配天、享国久長、多歴年所。

文元　菅原知長与寛文同勘申。『年号勘文』。

『隋書志』。造文之元始、創暦之厥初。

文久　菅原知長与寛文同勘申。『年号勘文』。

『史記』。文武並用、長久之術也。

延宝《エンパウ》［えんぽう：一六七三―八一年］　霊元院天皇。寛文十三年癸丑九月二十一日丁亥。為即位並宮城火改元。

菅原為庸勘申。『略頌抄』。『年号勘文』。

『隋書志』。分四序、綴三光、延宝祚、渺無疆。『林家雑録』。

宝永　菅原為庸与延宝同勘申。『年号勘文』。

『唐書志』。宝祚惟永、暉光日新。

建禄　菅原為庸与延宝同勘申。『年号勘文』。

『宋史志』。以仁守位、以孝奉先、祈福逮下、侑神昭徳、恵綏黎元、懋建皇極、天禄無疆、霊休允迪、万葉其昌、永保純錫。

享延　菅原為庸与延宝同勘申。『年号勘文』。

『芸文類聚』。享遐紀延寿保無疆。

天亀　菅原為庸与延宝同勘申。『年号勘文』。

『爾雅』。〔疏〕天亀俯、地亀仰、東亀前、南亀卻、西亀左、北亀右、各従其耦也。

貞享　菅原知長与延宝同勘申。『年号勘文』。

『易』。永貞吉、王用享于帝吉。

享久　菅原知長与延宝同勘申。『年号勘文』。

『書』。〔注〕享国久長、多歴年所。

弘徳　菅原知長与延宝同勘申。『年号勘文』。

『後漢書』。弘徳洋溢、充塞宇宙。

嘉徳　菅原豊長与延宝同勘申。『年号勘文』。

『史記』。長承聖治、羣臣嘉徳。

『左伝』。上下皆有嘉徳。而無違心。

永禎　菅原豊長与延宝同勘申。『年号勘文』。
貞久　菅原豊長与延宝同勘申。『年号勘文』。
『易』。恒亨无咎、利貞、久於其道也。
永清　菅原為致与延宝同勘申。『年号勘文』。
『隋書志』。述天下太平歌辞曰、日月比曜、天地同林、永清四海、長常九州。
享宝　菅原為致与延宝同勘申。『年号勘文』。
『芸文類聚』。享年七百、宝降其祚。
嘉永　菅原為致与延宝同勘申。『年号勘文』。
『宋書志』。思皇享多祐、嘉楽永無央。
俊徳　菅原長詮与延宝同勘申。『年号勘文』。
『書』。克明俊徳、以親九族。
至元　菅原長詮与延宝同勘申。『年号勘文』。
『易』。至哉坤元、万物資生。
貞徳　菅原長詮与延宝同勘申。『年号勘文』。
『易』。〔正義、注〕文王作易、称元亨利貞之徳。

天和《テンナ》［てんな：一六八一―八四年］　霊元院天皇。延宝九年辛酉九月二十九日己卯。『難陳』。

菅原在庸勘申。『年号勘文』。『略頌抄』。

『書』。奉答天命和恒。四方民居師。『塩梅録』。『未被用年号引文』。

『後漢書』。天和於上、地洽於下。『塩梅録』。『未被用年号引文』。
『後漢書』。桓帝詔。天人協和。万国咸寧。『林家雑録』。
『後漢書』。〔礼楽志〕嘉承天和、伊楽厥福。
『荘子』。与人和者謂之人楽、与天和者謂之天楽。『未被用年号引文』。

享久　菅原豊長与天和同勘申。『年号勘文』。
『書』。〔注〕享国久長、多歴年所。

嘉永　菅原豊長与天和同勘申。『年号勘文』。
『宋書志』。思皇享多祐、嘉楽永無央。

寛安　菅原豊長与天和同勘申。『年号勘文』。
『詩』。〔注〕行寛仁安静之政、以定天下。

文嘉　菅原豊長与天和同勘申。『年号勘文』。
『文選』。〔五臣注表〕濬徳乃文、嘉言必史。

天明　菅原豊長与天和同勘申。『年号勘文』。
『後漢書』。通天然之明、建大聖之基、改元正暦、垂万代則。
『書』。克享天心、受天明命。

嘉徳　菅原長詮与天和同勘申。『年号勘文』。
『史記』。長承聖治、羣臣嘉徳。
『左伝』。上下有嘉徳、而無違心。

文長　菅原長詮与天和同勘申。『年号勘文』。

永安　菅原長詮与天和同勘申。『年号勘文』。『史記』。文武並用、長久之術也。

『文選』。永安寧以祉福。

慎徳　菅原在庸与天和同勘申。『年号勘文』。『書』。明王慎徳、四夷咸賓。

明治　菅原在庸与天和同勘申。『年号勘文』。『易』。聖人南面而聴天下、嚮明而治。

貞享［じょうきょう：一六八四―八八年］　霊元院天皇。東山院天皇。天和四年甲子二月二十一日丁巳。『難陳』。

菅原恒長勘申。『略頌抄』。（作豊長。）『年号勘文』。『易』。永貞吉、王用享于帝吉。『林家雑録』。『改元私勘』。又。離利貞亨。『未被用年号引文』。

康徳　菅原恒長与貞享同勘申。『年号勘文』。

元寧　菅原恒長与貞享同勘申。『年号勘文』。『後漢書』。恩徳雲行、恵沢雨施、黎元安寧。

文長　菅原豊長与貞享同勘申。『年号勘文』。『史記』。文武並用、長久之術也。

寛禄　菅原豊長与貞享同勘申。『年号勘文』。

貞正　菅原豊長与貞享同勘申。『年号勘文』。
『文選』。優以寛科、完其封禄、莫不終以功名、延慶于後。
大応　菅原長詮与貞享同勘申。『年号勘文』。
『書』。一人元良、万邦以貞。〔注〕貞正也。
嘉徳　菅原長詮与貞享同勘申。『年号勘文』。
『史記』。輔徳天下大応。
文承　菅原長詮与貞享同勘申。『年号勘文』。
『史記』。長承聖治、羣臣嘉徳。
宝永　菅原在庸与貞享同勘申。『年号勘文』。
『文選』。皇上以叡文承暦。
安永　菅原在庸与貞享同勘申。『年号勘文』。
『唐書志』。宝祚惟永、暉光日新。
明和　菅原在庸与貞享同勘申。『年号勘文』。
『文選』。寿安永寧。
祉長　菅原長量与貞享同勘申。『年号勘文』。
『史記』。百姓昭明、協和万邦。
天明　菅原長量与貞享同勘申。『年号勘文』。
『文選』。永安寧以祉福、長与大漢而久存。
『孝経』。明王事父孝、故事天明、事母孝、故事地察。

大正　菅原長量与貞享同勘申。『年号勘文』。
　『易』。動而剛、中而応、大亨以正、天之命也。

**元禄《グエンロク》**［げんろく：一六八八—一七〇四年］　東山院天皇。貞享五年戊辰九月三十日己亥。『年号勘文』。為即位改元。

菅原長量勘申。『年号勘文』。『略頌抄』。

『宋史志』。以仁守位、以孝奉先、祈福逮下、侑神昭徳、恵綏黎元、懋建皇極、天禄無疆、霊休允迪、万葉其昌。

『文選』。建立元勲、以応顕禄、福之上也。『林家雑録』。

宝永　菅原長量与元禄同勘申。『年号勘文』。

『唐書志』。宝祚惟永、暉光日新。

文亨　菅原長量与元禄同勘申。『年号勘文』。

『詩』。伊嘏文王、既祐享之。

弘永　菅原長量与元禄同勘申。『年号勘文』。

『晋書』。高明朗之風扇於前人、弘範令軌、永為後式。

享和　菅原長量与元禄同勘申。『年号勘文』。

『文選』。順乎天而享其運、応乎人而和其義。

宝文　菅原恒長与元禄同勘申。『年号勘文』。

『文選』。秘宝盈乎玉府、文駟列乎華厩。

天成　菅原恒長与元禄同勘申。『年号勘文』。
『書』。地平天成、六府三事允治、万世永頼、時乃功。
文定　菅原恒長与元禄同勘申。『年号勘文』。
『詩』。文定厥祥。
寛延　菅原豊長与元禄同勘申。『年号勘文』。
『文選』。開寛裕之路、以延天下之英俊也。
文嘉　菅原豊長与元禄同勘申。『年号勘文』。
『文選』。〔五臣注表〕濬徳乃文、嘉言必史。
寛禄　菅原豊長与元禄同勘申。『年号勘文』。
『文選』。優以寛科、完其封禄。

# 宝永—寛政（一七〇四—一八〇一年）

宝永《ハウエイ》［ほうえい：一七〇四—一一年］東山院天皇。中御門院天皇。元禄十七年甲申三月十三日壬子。『改元詔書』。
菅原為範勘申。『年号勘文』。『略頌抄』。
『唐書志』。宝祚惟永、暉光日新。『年号勘文』。『林家雑録』。『改元私勘』。

容徳　菅原資長与宝永同勘申。『年号勘文』。
『書』。〔注〕従文王寛容之徳、故君臣以並受此大大之基、伝之子孫。

天祐　菅原資長与宝永同勘申。『年号勘文』。
『易』。自天祐之、吉无不利。

宝安　菅原資長与宝永同勘申。『年号勘文』。
『後漢書』。養身者以練神為宝、安国者以積賢為道。

文邦　菅原総長与宝永同勘申。『年号勘文』。
『詩』。文武吉甫。万邦為憲。

正徳　菅原総長与宝永同勘申。『年号勘文』。
『書』。正徳利用、厚生惟和。

長祥　菅原総長与宝永同勘申。『年号勘文』。
『詩』。濬哲維商、長発其祥。
正永　菅原長詮与宝永同勘申。『年号勘文』。
『易』。〔注〕居中得正、能永而貞也。
文元　菅原長詮与宝永同勘申。『年号勘文』。
『易』。〔緯〕乾元亨利貞、以正天文、坤元亨利貞、以正地利。
天亀　菅原長詮与宝永同勘申。『年号勘文』。
『爾雅』。〔疏〕天亀俯、地亀仰、東亀前、南亀卻、西亀左、北亀右、各従其耦也。
万安　菅原長詮与宝永同勘申。『年号勘文』。
『宋書志』。万国安、四海寧。
文化　菅原長詮与宝永同勘申。『年号勘文』。
『文選』。文化内輯、武功外悠。
堅永　菅原長時与宝永同勘申。『年号勘文』。
『文選』。神霊扶其棟宇、千載而弥堅、永安寧以祉福、長与大漢而久存。
永安　菅原長時与宝永同勘申。『年号勘文』。
『晋書』。臣聞天子者、所以済育羣生、永安万国。
宝暦　菅原長時与宝永同勘申。『年号勘文』。
『貞観政要』。及恭承宝暦、夤奉帝図、垂拱無為、氛埃靖息。
保徳　菅原長時与宝永同勘申。『年号勘文』。

享宝　『塩鉄論』。恩塞海内、沢被四表、矧惟南面、含仁保徳。
菅原長時与宝永同勘申。『年号勘文』。
『芸文類聚』。享年七百、宝降其祚。

恭明　菅原在隆与宝永同勘申。『年号勘文』。
『後漢書』。敬恭明祀、膺五福之慶、獲来儀之貺。

安観　菅原在隆与宝永同勘申。『年号勘文』。
『文選』。宅土之所安楽、観聴之所踊躍。

慶永　菅原在隆与宝永同勘申。『年号勘文』。
『宋書志』。霊慶纏世祉、鴻烈永無疆。

有治　菅原為範与宝永同勘申。『年号勘文』。
『史記』。殷周有国、治安皆千余歳。

寛保　菅原為範与宝永同勘申。『年号勘文』。
『国語』。寛所以保本也。〔注〕本位也、寛則得衆。

正徳《シャウトク》［しょうとく：一七一一—一六年］中御門院天皇。宝永八年辛卯四月二十五日甲寅。
菅原総長勘申。『略頌抄』。
『国語』。〔楚語〕申叔時曰、明正徳以道之賞。〔注〕正徳謂不私所愛也。
『賈子新書』。伝職明正徳、以道之賞。
『書』。〔大禹謨〕正徳利用、厚生惟和。『林家雑録』。〔注〕徳以率下、利用以阜財、厚生以養民、三者和、可謂善政也。『未被用年号引文』。

『書』。〔正義〕正徳者正其徳、居上位者正己以治民。『未被用年号引文』。

『詩』。〔正義〕正徳即徳音政教、天下応和。『未被用年号引文』。

『晋書』。泰始九年、使郭宋識等、造正徳大予二舞。『未被用年号引文』。

長祥　菅原総長与正徳同勘申。『年号勘文』。

『詩』。濬哲維商、長発其祥。

文長　菅原総長与正徳同勘申。『年号勘文』。

『史記』。文武並用、長久之術也。

大亨　菅原総長与正徳同勘申。『年号勘文』。

『易』。大亨以正、天之道也。

明治　菅原総長与正徳同勘申。『年号勘文』。

『易』。聖人南面而聴天下、嚮明而治。

建中　菅原長時与正徳同勘申。『年号勘文』。

『書』。昭大徳、建中于民、以義制事、以礼制心、垂裕後昆。

『後漢書』。聖人建天地之中、而謂之礼。

天保　菅原長時与正徳同勘申。『年号勘文』。

『詩』。仮楽君子、顕顕令徳、宜民宜人、受禄于天、保右命之、自天申之。

明和　菅原長時与正徳同勘申。『年号勘文』。

『史記』。百姓昭明、協和万国。

寛禄　菅原長時与正徳同勘申。『年号勘文』。
『文選』。優以寛科、完其封禄。
享和　菅原長時与正徳同勘申。『年号勘文』。
『文選』。順乎天而享其運、応乎人而和其義。
天啓　菅原在広与正徳同勘申。『年号勘文』。
『芸文類聚』。咸熙庶績、式昭王度、恵民垂統、元良継体、麗止離暉、惟機天啓。
万和　菅原在広与正徳同勘申。『年号勘文』。
『文選』。布政垂恵、而万邦協和、施徳百蛮、而粛慎致貢。
享保　菅原在広与正徳同勘申。『年号勘文』。
『芸文類聚』。服食享遐紀、延寿保無疆。
寛保　菅原為範与正徳同勘申。『年号勘文』。
『国語』。寛所以保本也。〔注〕本位也、寛則得衆。
『塩鉄論』。寛繇役、保士民。
天亀　菅原為範与正徳同勘申。『年号勘文』。
『爾雅』。〔疏〕天亀俯、地亀仰、東亀前、南亀卻、西亀左、北亀右、各従其耦也。
『芸文類聚』。天神物生十朋之亀。
安長　菅原為範与正徳同勘申。『年号勘文』。
『漢書』。建久安之勢、成長治之業。

享保《キャウハウ》［きょうほう：一七一六―三六年］　中御門院天皇。桜町院天皇。正徳六年丙申六月二十二日庚戌。又、二十三日辛亥。

菅原長義勘申。『年号勘文』。『略頌抄』。

『後周書』。享茲大命、保有万国。

保和　菅原総長与享保同勘申。『年号勘文』。

『易』。乾道変化、各正性命、保合大和、乃利貞。

元長　菅原総長与享保同勘申。『年号勘文』。

『易』。元者善之長也。

天明　菅原総長与享保同勘申。『年号勘文』。

『孝経』。則天之明、因地之利、以訓天下。

万宝　菅原総長与享保同勘申。『年号勘文』。

『文選』。蕩乎大乎、万宝以之化。

和徳　菅原総長与享保同勘申。『年号勘文』。

『易』。和順於道徳而理於義、窮理尽性、以至於命。

天業　菅原長義与享保同勘申。『年号勘文』。

『易』。聖人以通天下之志、以定天下之業。

元文　菅原長義与享保同勘申。『年号勘文』。

『易』。黄裳元吉、文在中也。

大暦　菅原長義与享保同勘申。『年号勘文』。

『文選』。矯高挙而大興、歴五帝之寥廓、渉三皇之□閡。
『晋書』。応大歴、睿聖世相承。
明宝　菅原長義与享保同勘申。『年号勘文』。
『芸文類聚』。復子明辟、還承宝図。

大亨　菅原資長与享保同勘申。『年号勘文』。
『易』。大亨貞无咎、而天下随時、随時之義大矣哉。
文長　菅原資長与享保同勘申。『年号勘文』。
『史記』。文武並用、長久之術也。
天亀　菅原資長与享保同勘申。『年号勘文』。
『爾雅』。〔疏〕天亀俯、地亀仰、東亀前、南亀卻、西亀左、北亀右、各従其耦也。
明和　菅原在広与享保同勘申。『年号勘文』。
『書』。百姓昭明、協和万邦。
嘉延　菅原在広与享保同勘申。『年号勘文』。
『芸文類聚』。祥風協順、降祉自天、方隅清謐、嘉祚日延、与民優游、享寿万年。
永安　菅原在広与享保同勘申。『年号勘文』。
『晋書』。済育羣生、永安万国。
紹明　菅原致長与享保同勘申。『年号勘文』。
『書』。寧王遺我大宝亀、紹天明、即命。
天保　菅原致長与享保同勘申。『年号勘文』。

『詩』。天保貞爾、俾爾戩穀、罄無不宜、受天百禄。
『書』。欽崇天道、永保天命。
延享　菅原致長与享保同勘申。『年号勘文』。
『芸文類聚』。聖主寿延、享祚元吉。

**元文**《グエンブン》［げんぶん：一七三六―四一年］　桜町院天皇。享保二十一年。
菅原在秀勘申。『年号勘文』。
『文選』。武創元基、文集大命、皆体天作制、順時立政、至于帝皇遂重熙而累盛。
『易』。黄裳元吉、文在中也。『林家雑録』。
天明　菅原総長与元文同勘申。『年号勘文』。
『孝経』。則天之明、因地之利、以順天下。
文長　菅原総長与元文同勘申。『年号勘文』。
『後漢書』。通天然之明、建大聖之本、改元正暦、垂万世則。
寛延　菅原総長与元文同勘申。『年号勘文』。
『史記』。文武並用、長久之術也。
久治　菅原総長与元文同勘申。『年号勘文』。
『文選』。開寛裕之道、以延天下之英俊也。
明安　菅原総長与元文同勘申。『年号勘文』。
『漢書』。建久安之勢、成長治之業。

天悠　『書』。放勲、欽明文思安安。

　『礼記』。高明配天、悠久無疆。

明治　菅原在秀与元文同勘申。『年号勘文』。

　『易』。聖人南面而聴天下、嚮明而治。

　『荀子』。上宣明則下治弁矣。

宝文　菅原在秀与元文同勘申。『年号勘文』。

　『文選』。秘宝盈乎玉府、文駟列乎華厩。

万禄　菅原在秀与元文同勘申。『年号勘文』。

　『詩』。君子万年、福禄宜之。

得寿　菅原為成与元文同勘申。『年号勘文』。

　『礼記』。大徳必得其位、必得其禄、必得其名、必得其寿。

大亀　菅原為成与元文同勘申。『年号勘文』。

　『易』。成天下之亹亹者、莫大乎蓍亀、是故天生神物、聖人則之。

宝暦　菅原為成与元文同勘申。『年号勘文』。

　『芸文類聚』。五司告肇、万寿載光、琯叶璧輪、慶休宝暦、班和布政、懸闕徇道。

明和　菅原為成与元文同勘申。『年号勘文』。

　『史記』。信其道徳、謀明輔和。

永安　菅原為成与元文同勘申。『年号勘文』。

『後漢書』。永安漢室、綏静四海。

**寛保**［かんぽう：一七四一―四四年］桜町院天皇。元文六年。

菅原長香勘申。『年号勘文』。

『国語』。寛所以保本也。〔注〕本位也、寛則得衆。『林家雑録』。

嘉延　菅原在広与寛保同勘申。『年号勘文』。

『芸文類聚』。祥風協順、降祉自天、方隅清謐、嘉祚日延、与民優游。

万和　菅原在広与寛保同勘申。『年号勘文』。

『文選』。布政垂恵、而万邦協和、施徳百蛮、而粛慎致貢。

永安　菅原在広与寛保同勘申。『年号勘文』。

『晋書』。済育羣生、永安万国。

享和　菅原在広与寛保同勘申。『年号勘文』。

『文選』。順乎天而享其運、応乎人而和其義。

嘉徳　菅原在広与寛保同勘申。『年号勘文』。

『史記』。長承聖治、羣臣嘉徳。

開成　菅原家長与寛保同勘申。『年号勘文』。

『易』。開物成務、冒天下之道。

明安　菅原家長与寛保同勘申。『年号勘文』。

『書』。放勲、欽明文思安安。

文長　菅原家長与寛保同勘申。『史記』。文武並用、長久之術也。
天保　菅原家長与寛保同勘申。『詩』。仮楽君子、顕顕令徳、宜民宜人、受禄于天、保右命之、自天申之。
天明　菅原家長与寛保同勘申。『書』。克享天心、受天明命。
祥見　菅原長香与寛保同勘申。『漢書』。神霊応、嘉祥見。
延享　菅原長香与寛保同勘申。『年号勘文』。『芸文類聚』。聖主寿延、享祚元吉。
万安　菅原長香与寛保同勘申。『年号勘文』。『後漢書』。万世有安寧之策也。
安長　菅原長香与寛保同勘申。『年号勘文』。『漢書』。建久安之勢、成長治之業。

延享《エンキャウ》［えんきょう：一七四四―四八年］桜町院天皇。桃園院天皇。寛保四年二月十六日勘申。

菅原長香勘申。『年号勘文』。

『芸文類聚』。老人星見、揮景光明、聖主寿延、享祚元吉、自天之祐、莫不抃舞。『林家雑録』。

弘暦　菅原為範与延享同勘申。『年号勘文』。
『後周書』。職貢与雲雨俱通、憲章共光華並亙、円首方足、咸登仁寿、思隆国本、
　用弘天暦。
永安　菅原為範与延享同勘申。『年号勘文』。
『文選』。神霊扶其棟宇、歴千載而弥堅、永安寧以祉福、長与大漢而久存、実至尊
　之所御、保延寿而宜子孫。
宝暦　菅原為範与延享同勘申。『年号勘文』。
『貞観政要』。及恭承宝暦、夤奉帝図、垂拱無為、氛埃靖息。
天久　菅原為範与延享同勘申。『年号勘文』。
『礼記』。虞夏殷周、天下之盛王也、未有遺年者、年之貴乎天下久矣。
万徳　菅原為範与延享同勘申。『年号勘文』。
『文選』。布政垂恵、而万邦協和、施徳百蛮、而粛慎致貢。
永錫　菅原長誠与延享同勘申。『年号勘文』。
『詩』。君子万年、永錫祚胤。
寛禄　菅原長誠与延享同勘申。『年号勘文』。
『文選』。優以寛科、完其封禄。
観徳　菅原長誠与延享同勘申。『年号勘文』。
『礼記』。楽行而民郷方、可以観徳矣。
『貞観政要』。陛下初膺大宝、億兆観徳。

建正　菅原長誠与延享同勘申。『年号勘文』。
『周礼』。乃施法于官府、而建其正。
『史記』。古暦建正、作於孟春。
明享　菅原長誠与延享同勘申。『年号勘文』。
『国語』。明紹享余一人。
嘉延　菅原在広与延享同勘申。『年号勘文』。
『芸文類聚』。祥風協順、降祉自天、方隅清謐、嘉祥日延、与民優游、享寿万年。
万和　菅原在広与延享同勘申。『年号勘文』。
『文選』。布政垂恵、而万邦協和、施徳百蛮、而粛慎致貢。
享和　菅原在広与延享同勘申。『年号勘文』。
『文選』。順乎天而享其運、応乎人而和其義。
嘉徳　菅原在広与延享同勘申。『年号勘文』。
『史記』。長承聖治、羣臣嘉徳。
延祚　菅原在広与延享同勘申。『年号勘文』。
『後漢書』。王者承天、継宗統極、保業延祚。
明安　菅原家長与延享同勘申。『年号勘文』。
『書』。放勲、欽明文思安安。
文長　菅原家長与延享同勘申。『年号勘文』。
『史記』。文武並用、長久之術也。

天明　菅原家長与延享同勘申。『年号勘文』。『後漢書』。通天然之明、建大聖之本、改元正暦、垂万世則。
天保　菅原長香与延享同勘申。『年号勘文』。『孟子』。楽天者保天下、畏天者保其国。
明和　菅原長香与延享同勘申。『年号勘文』。『書』。百姓昭明、協和万邦。

寛延《クワンネン》［かんえん：一七四八―五一年］　桃園院天皇。延享五年。
菅原為範勘申。『年号勘文』。『文選』。開寛裕之路。以延天下之英俊也。『林家雑録』。
保禄　菅原為範与寛延同勘申。『年号勘文』。『宋書志』。思我帝皇寿万億、長保天禄祚無極。
天明　菅原為範与寛延同勘申。『年号勘文』。『書』。顧諟天之明命。『孝経』。天地明察、神明彰矣。
万保　菅原為範与寛延同勘申。『年号勘文』。『詩』。君子万年、保其家邦。
嘉徳　菅原為範与寛延同勘申。『年号勘文』。『史記』。長承聖治、羣臣嘉德。

弘暦　菅原長香与寛延同勘申。『年号勘文』。
『後周書』。思隆国本、用弘天暦。

亨和　菅原長香与寛延同勘申。『年号勘文』。
『文選』。順乎天而享其運、応乎人而和其義。

大応　菅原長香与寛延同勘申。『年号勘文』。
『史記』。輔徳天下大応、清意以照、待上帝命。

綏禄　菅原長視与寛延同勘申。『年号勘文』。
『書』。克綏先王之禄、永底烝民之生。

宝暦　菅原長視与寛延同勘申。『年号勘文』。
『貞観政要』。及恭承宝暦、夤奉帝図、垂拱無為、氛埃靖息。

嘉延　菅原長視与寛延同勘申。『年号勘文』。
『芸文類聚』。祥風協順、降祉自天、方隅清謐、嘉祚日延、与民優游、享寿万年。

## 宝暦［ほうりゃく：一七五一—六四年］

桃園院天皇。後桜町院天皇。寛延四年十月二十七日。
『八槐記』。
菅原為範勘申。『八槐記』。
『貞観政要』。及恭承宝暦、夤奉帝図、垂拱無為、氛埃靖息、於茲十余年、『未被用年号引文』。
『貞観政要』。陛下慎順聖慈、嗣膺宝暦、情深致治。『未被用年号引文』。

天明　菅原為範与宝暦同勘申。『八槐記』。

『書』。顧諟天之明命。

明和　菅原為範与宝暦同勘申。『八槐記』。

『文選』。上則崇稽古之弘道。下則闡長世之善経、庶事既安、天秩孔明。

万保　菅原為範与宝暦同勘申。『八槐記』。

『書』。百姓昭明、協和万邦。

久和　菅原長香与宝暦同勘申。『八槐記』。

『詩』。君子万年、保其家邦。

天保　菅原長香与宝暦同勘申。『八槐記』。

『周礼』。準則久、和則安。

安長　菅原長香与宝暦同勘申。『八槐記』。

『詩』。仮楽君子、顕顕令徳、宜民宜人、受禄于天、保右命之、自天申之。

天節　菅原在富与宝暦同勘申。『八槐記』。

『漢書』。建久安之勢、成長治之業。

天享　菅原在富与宝暦同勘申。『八槐記』。

『史記』。大楽与天地同和、大礼与天地同節。

文長　菅原在富与宝暦同勘申。

『文選』。順乎天而享其運、応乎人而和其義。

『史記』。文武並用、長久之術也。

**明和**《メイワ》［めいわ：一七六四―七二年］後桜町院天皇。後桃園院天皇。宝暦十四年五月二十七日。

年号勘申。

菅原□□勘申。『年号勘文』。『難陳』。

『書』。克明俊徳、以親九族、九族既睦、平章百姓、百姓昭明、協和万邦。『未被用年号引文』。

高克　菅原世長与明和同勘申。『年号勘文』。

『史記』。昭明合和万国。『未被用年号引文』。

大亨　菅原世長与明和同勘申。『年号勘文』。

『補史記』。特挙女媧、以其功高而克三皇。

文化　菅原世長与明和同勘申。『年号勘文』。

『易』。大亨以正、天之道也。

明安　菅原世長与明和同勘申。『年号勘文』。

『文選』。文化内輯、武功外悠。

長祥　菅原世長与明和同勘申。『年号勘文』。

『書』。〔尭典〕放勲、欽明文思安安。

協和　菅原輝長与明和同勘申。『年号勘文』。

『詩』。〔長発〕濬哲維商。長発其祥。

『書』。〔尭典〕協和万邦。

永錫　菅原輝長与明和同勘申。『年号勘文』。
『詩』。君子万年、永錫祚胤。
長養　菅原輝長与明和同勘申。『年号勘文』。
『礼記』。民知尊長養老、而後乃能入孝悌。
大応　菅原輝長与明和同勘申。『年号勘文』。
『易』。〔大有卦〕大有、柔得尊位、大中而上下応之。
順享　菅原輝長与明和同勘申。『年号勘文』。
『文選』。順于天而享其運、応于人而和其義。
天亀　菅原綱忠与明和同勘申。『年号勘文』。
『爾雅』。〔注疏〕天亀俯、地亀仰、東亀前、南亀卻、西亀左、北亀右、各従其耦也。
咸和　菅原綱忠与明和同勘申。『年号勘文』。
『書』。用咸和万民。
万福　菅原綱忠与明和同勘申。『年号勘文』。
『詩』。君子万年、福禄綏之。
文久　菅原綱忠与明和同勘申。『年号勘文』。
『史記』。以順守之、文武並用、長久之術也。
承禄　菅原綱忠与明和同勘申。『年号勘文』。
『五行大義』。聖王法承天、以定爵禄。

永明　菅原□□与明和同勘申。『年号勘文』。
『隋書』。隆我帝載、永明明。
嘉享　菅原□□与明和同勘申。『年号勘文』。
『晋書』。神祇嘉享、祖考是皇、克昌厥後、保祚無疆。
万安　菅原□□与明和同勘申。『年号勘文』。
『晋書』。万国安、四海寧。
天嘉　菅原□□与明和同勘申。『年号勘文』。
『宋書』。天嘉明懿、民楽薫風、星辰以之炳煥、日月以之皇華。
輔徳　菅原為璞与明和同勘申。『年号勘文』。
『書』。佑賢輔徳、顕忠遂良。
天明　菅原為璞与明和同勘申。『年号勘文』。
『孝経』。天地明察、神明彰矣。
永安　菅原為璞与明和同勘申。『年号勘文』。
『晋書』。済育羣生。永安万国。
嘉徳　菅原為璞与明和同勘申。『年号勘文』。
『詩』。〔鹿鳴〕我有嘉賓、徳音孔昭。
万保　菅原為璞与明和同勘申。『年号勘文』。
『詩』。君子万年、保其家邦。

**安永**［あんえい：一七七二―八一年］　後桃園院天皇。光格天皇。明和九年十一月十六日。『改元記』。

菅原為弘勘申。『改元記』。

『唐紀』。可保安社稷。永奉宗祧。『塩梅録』。『未被用年号引文』。

『文選』。〔張平子東京賦〕其内則含徳、章台、天禄、宣明、温飾、迎春、寿安、永寧。

『塩梅録』。『未被用年号引文』。

万保　菅原在家与安永同勘申。『改元記』。

『詩』。君子万年、保其家邦。

万禄　菅原在家与安永同勘申。『改元記』。

『詩』。君子万年、福禄宜之。

嘉徳　菅原在家与安永同勘申。『改元記』。

『左氏伝』。上下皆有嘉徳、而無違心。

延祚　菅原在家与安永同勘申。『改元記』。

『後漢書』。王者承天、継宗統極、保業延祚。

嘉享　菅原在家与安永同勘申。『改元記』。

『晋書』。神祇嘉享、祖考是皇、克昌厥後、保祚無疆。

天保　菅原世長与安永同勘申。『改元記』。

『書』。欽崇天道。永保天命。

万宝　菅原世長与安永同勘申。『改元記』。

『文選』。蕩乎大乎、万宝以之化。

大亨　菅原世長与安永同勘申。『改元記』。
『易』。大亨以正、天之道也。

貞久　菅原世長与安永同勘申。『改元記』。
『易』。恒亨、无咎、利貞、久於其道也。

建安　菅原世長与安永同勘申。『改元記』。
『漢書』。建久安之勢、成長治之策。

敬徳　菅原益良与安永同勘申。『改元記』。
『左氏伝』。敬徳之聚也、能敬必有徳、徳以治民。

万福　菅原益良与安永同勘申。『改元記』。
『詩』。君子万年、福禄綏之。

永吉　菅原益良与安永同勘申。『改元記』。
『易』。十朋之亀、弗克違、永貞吉、王用享于帝、吉。

建正　菅原益良与安永同勘申。『改元記』。
『周礼』。乃施法于官府、而建其正。

万安　菅原益良与安永同勘申。『改元記』。
『宋書』。万国安、四海寧。

欽永　菅原輝忠与安永同勘申。『改元記』。
『書』。欽崇天道、永保天命。

天久　菅原輝忠与安永同勘申。『改元記』。
『礼記』。虞夏殷周、天下之盛王也、未有遺年者、年之貴乎天下久矣。
文長　菅原輝忠与安永同勘申。『改元記』。
『史記』。文武並用、長久之術也。
寛禄　菅原輝忠与安永同勘申。『改元記』。
『後漢書』。以寛科、完其封禄。
永安　菅原輝忠与安永同勘申。『改元記』。
『後漢書』。永安漢室、綏静四海。
柔嘉　菅原為弘与安永同勘申。『改元記』。
『詩』。慎爾出話、敬爾威儀、無不柔嘉。
寿考　菅原為弘与安永同勘申。『改元記』。
『詩』。寿考万年。
元吉　菅原為弘与安永同勘申。『改元記』。
『易』。元吉在上。大有慶。
大暦　菅原為弘与安永同勘申。『改元記』。
『晋書』。応大暦。叡聖世相承。

天明《テンメイ》［てんめい：一七八一―一八九年］　光格天皇。安永十年三月二十六日。年号勘申。
菅原為俊勘申。『年号勘文』。

『書』。〔大誥〕寧王遺我大宝亀、紹天明、即命。又。嗚呼天明畏、弼我丕丕基。〔多士〕惟帝不畀、惟我下民秉為、惟天明畏。〔注〕皆是天明徳、可畏之効。

『左伝』。〔昭公二十五年〕晋游吉曰、夫礼、天地之経、而民実則之、則天之明、因地之性、為父子兄弟、姑姊甥舅、昏媾姻亜、以象天明。

『書』。克享天心、受天明命。『塩梅録』。『未被用年号引文』。

『書』。顧諟天之明命。

『孝経』。明王事父孝、故事天明、事母孝、故事地察、長幼順、故上下治、天地明察、神明彰矣。『塩梅録』。『未被用年号引文』。

万禄　菅原胤長与天明同勘申。『年号勘文』。

『詩』。君子万年、福禄宜之。

保和　菅原胤長与天明同勘申。『年号勘文』。

『易』。乾道変化、各正性命、保合大和、乃利貞。

文長　菅原胤長与天明同勘申。『年号勘文』。

『史記』。文武並用、長久之術也。

文化　菅原胤長与天明同勘申。『年号勘文』。

『文選』。文化内輯、武功外悠。

嘉延　菅原胤長与天明同勘申。『年号勘文』。

『芸文類聚』。祥風協順、降祉自天、方隅清謐、嘉祚日延、与民優游、享寿万年。

大応　菅原為俊与天明同勘申。『年号勘文』。

観徳　菅原為俊与天明同勘申。『年号勘文』。『史記』。輔徳天下大応。

天保　菅原為俊与天明同勘申。『年号勘文』。『礼記』。楽行而民郷方、可以観徳矣。

慶応　菅原為俊与天明同勘申。『年号勘文』。『孟子』。楽天者保天下、畏天者保其国。

天弘　菅原在照与天明同勘申。『年号勘文』。『文選』。慶雲応輝、皇階授木。

万徳　菅原在照与天明同勘申。『年号勘文』。『晋書』。於皇聖明、后天覆弘且仁。

明保　菅原在照与天明同勘申。『年号勘文』。『宋書』。万邦允釐、徳以位叙。

延祚　菅原在照与天明同勘申。『年号勘文』。『書』。聖有謨訓、明徴定保。

万和　菅原在照与天明同勘申。『年号勘文』。『後漢書』。王者承天、継宗統極、保業延祚。

『文選』。布政垂恵、而万邦協和。

**寛政**《クワンセイ》［かんせい：一七八九―一八〇一年］光格天皇。天明九年正月二十五日癸未。『改元記』。

菅原胤長勘申。『改元記』。
『左伝』。施之以寛、寛以済猛、猛以済寛、政是以和。『改元記』。『未被用年号引文』。
『書』。〔注〕天下被寛裕之政、則我民無遠用来。『未被用年号引文』。
長祥　菅原胤長与寛政同勘申。『改元記』。
『詩』。濬哲維商、長発其祥。
至元　菅原胤長与寛政同勘申。『改元記』。
『易』。至哉坤元、万物資生。
久和　菅原胤長与寛政同勘申。『改元記』。
『周礼』。準則久、和則安。
文化　菅原胤長与寛政同勘申。『改元記』。
『文選』。文化内輯、武功外悠。
文長　菅原益良与寛政同勘申。『改元記』。
『史記』。文武並用、長久之術也。
寛安　菅原益良与寛政同勘申。『改元記』。
『荀子』。生民寛而安。
嘉延　菅原益良、菅原在熙与寛政同勘申。『改元記』。
『芸文類聚』。祥風協順、降祉自天、方隅清謐、嘉祚日延、与民優游、享寿万年。
洪徳　菅原益良与寛政同勘申。『改元記』。
『文選』。皇恩溥、洪徳施。

建正　菅原益良与寛政同勘申。『改元記』。
『周礼』。乃施法于官府、而建其正。
延祚　菅原在熙与寛政同勘申。『改元記』。
『後漢書』。王者承天、継宗統極、保業延祚。
享和　菅原在熙与寛政同勘申。『改元記』。
『文選』。順乎天而享其運、応乎人而和其義。
文同　菅原在熙与寛政同勘申。『改元記』。
『礼記』。礼義立則貴賤等矣、楽文同則上下和矣。
嘉享　菅原在熙与寛政同勘申。『改元記』。
『晋書』。神祇嘉享、祖考是皇、克昌厥後、保祚無疆。
用保　菅原福長与寛政同勘申。『改元記』。
『書』。由古先哲王、用康保民。
和平　菅原福長与寛政同勘申。『改元記』。
『易』。聖人感人心、而天下和平。
弘化　菅原福長与寛政同勘申。『改元記』。
『書』。弐公弘化、寅亮天地、弼予一人。
天祐　菅原福長与寛政同勘申。『改元記』。
『易』。自天祐之、吉无不利。
平章　菅原福長与寛政同勘申。『改元記』。

允徳　菅原為徳与寛政同勘申。『改元記』。
『書』。克明俊徳、以親九族、九族既睦、平章百姓。

大応　菅原為徳与寛政同勘申。『改元記』。
『書』。允徳協于下、惟明后。

応禄　菅原為徳与寛政同勘申。『改元記』。
『史記』。輔徳天下大応。
『文選』。建立元勲、以応顕禄、福之上也。

# 享和—大正（一八〇一—一九二六年）

**享和**《キヤウワ》［きょうわ：一八〇一—〇四年］　光格天皇。寛政十三年二月五日。『享和改元抄』。
菅原在熙勘申。『享和改元抄』。
『文選』。順乎天而享其運、応乎人而和其義。
万保　菅原胤長与享和同勘申。『享和改元抄』。
『詩』。君子万年、保其家邦。
大暦　菅原胤長与享和同勘申。『享和改元抄』。
『書』。嗣無疆大歴服。
元吉　菅原胤長与享和同勘申。『享和改元抄』。
『易』。元吉在上、大有慶也。
慶応　菅原胤長与享和同勘申。『享和改元抄』。
『文選』。慶雲応輝、皇階授木。
嘉永　菅原胤長与享和同勘申。『享和改元抄』。
『宋書志』。思皇享多祐、嘉楽永無央。
保和　菅原福長与享和同勘申。『享和改元抄』。

大亀　菅原福長与享和同勘申。『享和改元抄』。
『易』。乾道変化、各正性命、保合大和、乃利貞。

保禄　菅原福長与享和同勘申。『享和改元抄』。
『易』。成天下之亹亹者、莫大乎蓍亀、是故天生神物、聖人則之。

万宝　菅原福長与享和同勘申。『享和改元抄』。
『宋書志』。思我帝皇寿万億、長保天禄祚無極。

嘉延　菅原福長与享和同勘申。『享和改元抄』。
『文選』。蕩乎大乎、万宝以之化。

嘉享　菅原為徳与享和同勘申。『享和改元抄』。
『芸文類聚』。祥風協順、降祉自天、方隅清謐、嘉祚日延、与民優游、享寿万年。

延祚　菅原為徳与享和同勘申。『享和改元抄』。
『晋書』。神祇嘉享、祖考是皇、克昌厥後、保祚無疆。

享寿　菅原為徳与享和同勘申。『享和改元抄』。
『後漢書』。孝文皇帝、賢明臨国、子孫頼福、延祚至今。

文政　菅原為徳与享和同勘申。『享和改元抄』。
『芸文類聚』。嘉祚日延、与民優游、享寿万年。

万和　菅原為徳与享和同勘申。『享和改元抄』。
『書』。〔孔伝〕舜察天文、斉七政。

『文選』。布政垂恵、而万邦協和。

嘉徳　菅原在熙与享和同勘申。『享和改元抄』。
『左氏伝』。上下皆有嘉徳、而無違心。
文長　菅原在熙与享和同勘申。『享和改元抄』。
『史記』。文武並用、長久之術也。
文同　菅原在熙与享和同勘申。『享和改元抄』。
『礼記』。礼義立則貴賤等矣、楽文同則上下和矣。
含弘　菅原長親与享和同勘申。『享和改元抄』。
『易』。徳合无疆、含弘光大、品物咸亨。
和保　菅原長親与享和同勘申。『享和改元抄』。
『忠経』。得人和平、天下淳質、楽其生、保其寿。
嘉延　菅原長親与享和同勘申。『享和改元抄』。
『芸文類聚』。嘉祚日延。与民優游。享寿万年。
洽和　菅原尚長与享和同勘申。『享和改元抄』。
『大戴礼』。〔明堂〕周時徳沢洽和。
文嘉　菅原尚長与享和同勘申。『享和改元抄』。
『文選』。〔五臣注表〕濬徳乃文、嘉言必史。
万喜　菅原尚長与享和同勘申。『享和改元抄』。
『史記』。万民和喜、瑞応弁。
嘉彰　□□為顕与享和同勘申。『享和改元抄』。

『書』。聖謨洋洋、嘉言孔彰。

安延　□□為顕与享和同勘申。『享和改元抄』。

『礼記正義』。以武王承文王之業、故安楽延年。

文化　□□為顕与享和同勘申。『享和改元抄』。

『文選』。文化内輯、武功外悠。

**文化《ブンクワ》**［ぶんか：一八〇四―一八年］光格天皇。仁孝天皇。享和四年。

『易』。〈繋辞〉観乎天文、以察時変、観乎人文、以化成天下。

『後漢書』。宣文教以章其化。立武備以秉其威。

『文選』。文化内輯、武功外悠。

万宝　□□□□文化同勘申。『年号難陳』。『一話一言』。

『文選』。蕩乎大乎、万宝以之化。

嘉徳　□□□□文化同勘申。『年号難陳』。『一話一言』。

『左伝』。上下皆有嘉徳、而無違心。

『史記』。長承聖治、羣臣嘉徳。

嘉政　□□□□文化同勘申。『年号難陳』。『一話一言』。

『唐書』。嘉其美政、題賛於庁事。

嘉永　□□□□文化同勘申。『年号難陳』。『一話一言』。

『宋書』。思皇享多祐、嘉楽永無央。

文政　□□□□文化同勘申。『年号難陳』。『一話一言』。
『書』。〔孔伝〕舜察天文、斉七政。

万徳　□□□□文化同勘申。『年号難陳』。『一話一言』。
『文選』。布政垂恵、而万邦協和、施徳百蛮、而粛慎致貢。

**文政**《ブンセイ》［ぶんせい：一八一八―三〇年］　仁孝天皇。文化十五年。
菅原長親勘申。『年号難陳』。
『漢書』。選豪俊、講文学、稽参政事、祈進民心。
『書』。舜察天文、斉七政。『未被用年号引文』。

嘉延　菅原長親与文政同勘申。『年号勘文』。
『文選』。寤寐嘉猷、延佇忠実。
『芸文類聚』。祥風協順、降祉自天、方隅清謐、嘉祚日延、与民優游、享寿万年。

享正　菅原長親与文政同勘申。『年号勘文』。
『文選』。至於世祖、遂享皇極、正位居体、重言慎法、仁以厚下、倹以足用、和而不弛、寛而能断、故民詠惟新、四海悦勧矣。

文長　菅原長親与文政同勘申。『年号勘文』。
『史記』。文武並用、長久之術也。

延化　菅原長親与文政同勘申。『年号勘文』。
『五行大義』。寿者孝悌道徳備、然後修神丹延寿命、富者徳化所及、豊穰無闕。

政教　菅原聡長与文政同勘申。『年号勘文』。

『史記』。内修政教、外応諸侯。

安政　菅原聡長与文政同勘申。『年号勘文』。

『羣書治要』。選賢良挙篤敬、興孝悌収孤寡、如是則庶人安政、然後君子安位矣。

洪徳　菅原聡長与文政同勘申。『年号勘文』。

『文選』。皇恩溥、洪徳施。

嘉政　菅原聡長与文政同勘申。『年号勘文』。

『唐書』。嘉其美政、題賛於庁事。

文久　菅原聡長与文政同勘申。『年号勘文』。

『史記』。文武並用、長久之術也。

廷正　菅原為定与文政同勘申。『年号勘文』。

『羣書治要』。朝廷正而後国家正。

文政　菅原為定与文政同勘申。『年号勘文』。

『羣書治要』。政平於人者謂之文政矣。

寛化　菅原為定与文政同勘申。『年号勘文』。

『羣書治要』。及孝文即位、躬信玄默、論議務在寛厚、天下化之、有刑厝之風。

嘉政　菅原為定与文政同勘申。『年号勘文』。

『唐書』。嘉其美政、題賛於庁事。

万延　菅原為定与文政同勘申。『年号勘文』。

『後漢書』。豊千億之子孫、歴万載而永延。

天保［てんぽう：一八三〇―四四年］仁孝天皇。文政十三年十二月十日。『改元記』。以京都地震故改元。

菅原為顕勘申。『改元記』。『年号勘文』。
『書』。欽崇天道、永保天命。『年号勘文』。
『詩』。〔小雅天保〕天保定爾、亦孔之固。
『礼記』。嘉楽君子、憲憲令徳、宜民宜人、受禄于天、保佑命之、自天申之、故大徳者必受命。『元秘別録』。『塩梅録』。『未被用年号引文』。
『詩』。天保定爾、俾爾戩穀。罄無不宜、受天百禄。『塩梅録』。『未被用年号引文』。
『孟子』。楽天者保天下、畏天者保其国。『未被用年号引文』。

嘉亨　菅原為顕与天保同勘申。『年号勘文』。『改元記』。
『晋書』。神祇嘉亨、祖考是皇、克昌厥後、保祚無疆。

万徳　菅原為顕与天保同勘申。『年号勘文』。『改元記』。
『文選』。布政垂恵、而万邦協和、施徳百蛮、而粛慎致貢。

保和　菅原為顕与天保同勘申。『年号勘文』。『改元記』。
『易』。乾道変化、各正性命、保合大和、乃利貞。

安延　菅原為顕与天保同勘申。『年号勘文』。『改元記』。
『礼記正義』。以武王承文王之業、故安楽延年。

天叙　菅原在久与天保同勘申。『年号勘文』。『改元記』。
『書』。天叙有典、勅我五典、五惇哉。
嘉延　菅原在久与天保同勘申。『年号勘文』。『改元記』。
『芸文類聚』。祥風協順、降祉自天、方隅清謐、嘉祚日延、与民優游、享寿万年。
嘉徳　菅原在久与天保同勘申。『年号勘文』。『改元記』。
『左伝』。上下皆有嘉徳、而無違心。
万和　菅原在久与天保同勘申。『年号勘文』。『改元記』。
『文選』。布政垂恵、而万邦協和。
元化　菅原在久与天保同勘申。『年号勘文』。『改元記』。
『晋書』。元首敷洪化、百僚股肱並忠良。
監徳　菅原以長与天保同勘申。『年号勘文』。『改元記』。
『書』。天監厥徳、用集大命、撫綏万方。
嘉延　菅原以長与天保同勘申。『年号勘文』。『改元記』。
『文選』。寤寐嘉猷、延佇忠実。
万延　菅原以長与天保同勘申。『年号勘文』。『改元記』。
『後漢書』。豊千億之子孫、歴万載而永延。
嘉永　菅原以長与天保同勘申。『年号勘文』。『改元記』。
『宋書』。思皇享多祐、嘉楽永無央。
寛安　菅原以長与天保同勘申。『年号勘文』。『改元記』。

『荀子』。生民寛而安。


**弘化**［こうか：一八四四―四八年］仁孝天皇。孝明天皇。天保十五年。以江戸城火改元。

菅原為定勘申。『年号勘文』。

『書』。弐公弘化、寅亮天地。

『晋書』。昌聖徳格于皇天、威霊被于八表、弘化已熙、六合清泰。

大寛　菅原為定与弘化同勘申。『年号勘文』。

『羣書治要』。天地之道貴大、聖人之道貴寛。

万安　菅原為定与弘化同勘申。『年号勘文』。

『呂氏春秋』。天下太平、万物安寧。

嘉政　菅原為定与弘化同勘申。『年号勘文』。

『唐書』。嘉其美政、題賛於庁事。

享安　菅原為定与弘化同勘申。『年号勘文』。

『羣書治要』。人享其宜、物安其所。

嘉永　菅原以長与弘化同勘申。『年号勘文』。

『宋書』。思皇享多祐、嘉楽永無央。

文久　菅原以長与弘化同勘申。『年号勘文』。

『史記』。文武並用、長久之術也。

万延　菅原以長与弘化同勘申。『年号勘文』。

嘉徳　菅原以長与弘化同勘申。『年号勘文』。
『後漢書』。豊千億之子孫、歴万載而永延。
『左伝』。上下皆有嘉徳、而無違心。
『史記』。長承聖治、羣臣嘉徳。

永寧　菅原以長与弘化同勘申。『年号勘文』。
『史記』。使河如帯、泰山如厲、国以永寧。
『宋書』。四海平、普天安楽、永大寧。

嘉延　菅原在久与弘化同勘申。『年号勘文』。
『芸文類聚』。祥風協順、降祉自天、方隅清謐、嘉祚日延、与民優游、享寿万年。

万和　菅原在久与弘化同勘申。『年号勘文』。
『文選』。布政垂恵、而万邦協和。

嘉享　菅原在久与弘化同勘申。『年号勘文』。
『晋書』。神祇嘉享、祖考是皇、克昌厥後、保祚無疆。

寛安　菅原在久与弘化同勘申。『年号勘文』。
『荀子』。生民寛而安。

和平　菅原在久与弘化同勘申。『年号勘文』。
『易』。聖人感人心、而天下和平。

天秩　菅原長熙与弘化同勘申。『年号勘文』。
『書』。天秩有礼、自我五礼、有庸哉。

嘉延　菅原長熙与弘化同勘申。『年号勘文』。
『文選』。寤寐嘉猷、延佇忠実。
大暦　菅原長熙与弘化同勘申。『年号勘文』。
『隋書』。尭昔命舜、舜亦命禹、大人馭暦、重規沓矩。

嘉永《カエイ》［かえい：一八四八―五四年］孝明天皇。弘化五年二月二十八日。『改元記』。
菅原以長勘申。『改元記』。
『宋書』。〔志〕思皇享多祐、嘉楽永無央。『改元私勘』。
延祚　菅原以長与嘉永同勘申。『改元記』。
『後漢書』。孝文皇帝、賢明臨国、子孫頼福、延祚至今。
嘉徳　菅原以長与嘉永同勘申。『改元記』。
『左伝』。上下皆有嘉徳、而無違心。
『史記』。長承聖治、羣臣嘉徳。
万延　菅原以長与嘉永同勘申。『改元記』。
『後漢書』。豊千億之子孫、歴万載而永延。
永寧　菅原以長与嘉永同勘申。『改元記』。
『史記』。使河如帯、泰山如厲、国以永寧。
天久　菅原為定与嘉永同勘申。『改元記』。
『易』。日月得天而能久照、四時変化而能久成、聖人久於其道、而天下化成。

『老子』。天長地久。

万安　菅原為定与嘉永同勘申。『改元記』。
『呂氏春秋』。天下太平、万物安寧。

嘉政　菅原為定与嘉永同勘申。『改元記』。
『礼記』。義生然後礼作、礼作然後万物安。
『唐書』。嘉其美政、題賛於庁事。

大元　菅原為定与嘉永同勘申。『改元記』。
『易』。大哉乾元、万物資始。又。保合大和、乃利貞、首出庶物、万国咸寧。

嘉延　菅原長煕与嘉永同勘申。『改元記』。
『文選』。寤寐嘉猷、延佇忠実。
『芸文類聚』。祥風協順、降祉自天、方隅清謐、嘉祚日延、与民優游、享寿万年。

寛禄　菅原長煕与嘉永同勘申。『改元記』。
『文選』。以寛科完其封禄、莫不終以功名、延慶于後。

文久　菅原長煕与嘉永同勘申。『改元記』。
『史記』。文武並用、長久之術也。

明治　菅原長煕与嘉永同勘申。
『孔子家語』。長聡明、治五気、設五量、撫万民、度四方。
『易』。聖人南面聴天下、嚮明而治。
『荀子』。上宣明則下治弁矣。

至元　菅原長煕与嘉永同勘申。『改元記』。
『易』。至哉坤元、万物資生。
天佑　菅原為政与嘉永同勘申。『改元記』。
『書』。惟天佑于一徳。
嘉享　菅原為政与嘉永同勘申。『改元記』。
『晋書』。神祇嘉享、祖考是皇、克昌厥後、保祚無疆。
万保　菅原為政与嘉永同勘申。『改元記』。
『詩』。君子万年、保其家邦。

**安政**《アンセイ》［あんせい：一八五四―六〇年］　孝明天皇。嘉永七年十一月二十七日。為変異改元。『改元記』。

菅原聡長勘申。『年号勘文』。『改元記』。『年号難陳』。

『羣書治要』。庶人安政、然後君子安位矣。

至元　菅原聡長与安政同勘申。

『易』。至哉坤元、万物資生。

天久　□□□□与安政同勘申。

『易』。日月得天而能久照、四時変化而能久成、聖人久於其道、而天下化成。

和平　菅原聡長与安政同勘申。『年号勘文』。『改元記』。

『易』。聖人感人心、而天下和平。

寛裕　菅原聡長与安政同勘申。『年号勘文』。『改元記』。
『礼記』。寛裕者仁之作也。

万和　菅原以長与安政同勘申。『年号勘文』。『改元記』。
『文選』。布政垂恵、而万邦協和。

万延　菅原以長与安政同勘申。『年号勘文』。『改元記』。
『後漢書』。豊千億之子孫、歴万載而永延。

延祚　菅原以長与安政同勘申。『年号勘文』。『改元記』。
『後漢書』。王者承天、継宗統極、保業延祚。

寛禄　菅原以長与安政同勘申。『年号勘文』。『改元記』。
『後漢書』。以寛科完其封禄、莫不終以功名、延慶于後。

永寧　菅原以長与安政同勘申。『年号勘文』。『改元記』。
『史記』。使河如帯、泰山如厲、国以永寧。
『宋書』。四海平、普天安楽、永大寧。

大亨　菅原為政与安政同勘申。『年号勘文』。『改元記』。
『易』。大亨以正、天之道也。

安延　菅原為政与安政同勘申。『年号勘文』。『改元記』。
『礼記正義』。以武王承文王之業、故安楽延年。

天祐　菅原為政与安政同勘申。『年号勘文』。『改元記』。
『易』。自天祐之、吉无不利。

文長　菅原為政与安政同勘申。『年号勘文』。『改元記』。
『史記』。文武並用、長久之術也。

保和　菅原為政与安政同勘申。『年号勘文』。『改元記』。
『易』。乾道変化、各正性命、保合大和、乃利貞。

天健　菅原在光与安政同勘申。『年号勘文』。『改元記』。
『易』。天行健、君子以自彊不息。

和平　菅原在光与安政同勘申。『年号勘文』。『改元記』。
『易』。聖人感人心、而天下和平。

元化　菅原在光与安政同勘申。『年号勘文』。『改元記』。
『晋書』。元首敷洪化、百僚股肱並忠良。

**万延**《マンエン》［まんえん：一八六〇―六一年］孝明天皇。安政七年三月十八日。以江戸城火、外交難、疫癘改元。『改元記』。
菅原為定勘申。『改元号一件』。『改元記』。『年号勘文』。『難陳』。
『後漢書』。〔馬融伝〕豊千億之子孫、歴万載而永延。

大元　菅原為定与万延同勘申。『改元号一件』。『改元記』。『年号勘文』。
『易』。〔乾卦〕大哉乾元、万物資始。

至治　菅原為定与万延同勘申。『改元号一件』。『改元記』。『年号勘文』。
『書』。〔君陳〕至治馨香、感于神明。

文久　菅原為定与万延同勘申。『改元号一件』。『改元記』。『年号勘文』。
『唐書』。〔五行志〕天地順成、万物茂盛、而民以安楽、謂之至治。

享寿　菅原為定与万延同勘申。『改元号一件』。『改元記』。『年号勘文』。
『後漢書』。〔謝該伝〕文武並用、成長久之計。

大亨　菅原為政与万延同勘申。『改元号一件』。『改元記』。『年号勘文』。
『芸文類聚』。〔朧部〕嘉祚日延、与民優游、享寿万年。

久治　菅原為政与万延同勘申。『改元号一件』。『改元記』。『年号勘文』。
『易』。〔上象伝〕大亨以正、天之命也。

和平　菅原為政与万延同勘申。『改元号一件』。『改元記』。『年号勘文』。
『漢書』。〔賈誼伝〕建久安之勢、成長治之業。

万徳　菅原為政与万延同勘申。『改元号一件』。『改元記』。『年号勘文』。
『易』。〔下象伝〕聖人感人心、而天下和平。

文長　菅原為政与万延同勘申。『改元号一件』。『改元記』。『年号勘文』。
『文選』。〔檄蜀文〕布政垂恵、而万邦協和、施徳百蛮、而粛慎致貢。

万和　菅原在光与万延同勘申。『改元号一件』。『改元記』。『年号勘文』。
『史記』。〔陸賈伝〕文武並用、長久之術也。

永寧　菅原在光与万延同勘申。『改元号一件』。『改元記』。『年号勘文』。
『文選』。〔檄蜀文〕布政垂恵、而万邦協和。
『宋書』。〔楽志〕四海平、普天安楽、永大寧。

大応　菅原在光与万延同勘申。『改元号一件』。『改元記』。『年号勘文』。
『史記』。〔夏本紀〕輔徳天下大応。
建正　菅原在光与万延同勘申。『改元号一件』。『改元記』。『年号勘文』。
『周礼』。〔天官〕乃施法于官府、而建其正。
至元　菅原在光与万延同勘申。『改元号一件』。『改元記』。『年号勘文』。
『易』。〔坤卦〕至哉坤元、万物資生。

**文久**［ぶんきゅう：一八六一―六四年］　孝明天皇。万延二年二月十九日。為辛酉革命改元。

『改元記』。

菅原為定勘申。『年号勘文』。『改元記』。『難陳』。

『後漢書』。〔謝該伝〕文武並用、成長久之計。

『梁書』。姫周基文、久保七百。『未被用年号引文』。『西襦抄』。

喜元　菅原為定与文久同勘申。『年号勘文』。『改元記』。『難陳』。

『書』。〔益稷〕股肱喜哉、元首起哉、百工熙哉。

和寧　菅原為定与文久同勘申。『年号勘文』。『改元記』。『難陳』。

『礼記』。〔燕義〕和寧礼之用也、此君臣上下之大義也。

乾亨　菅原為定与文久同勘申。『年号勘文』。『改元記』。『難陳』。

『易』。〔乾卦〕乾元亨利貞。

大政　菅原為定与文久同勘申。『年号勘文』。『改元記』。

建正　菅原在光与文久同勘申。『漢書』。〔王尊伝〕寛大之政行、和平之気通。

明治　菅原在光与文久同勘申。『周礼』。〔天官書〕乃施法于官府、而建其正。『年号勘文』。『改元記』。『易』。〔説卦〕聖人南面而聴天下。嚮明而治。

元化　菅原在光与文久同勘申。『年号勘文』。『改元記』。『晋書』。〔楽志〕元首敷洪化、百僚股肱並忠良。

嘉享　菅原在光与文久同勘申。『年号勘文』。『改元記』。『晋書』。〔楽志〕神祇嘉享、祖考是皇、克昌厥後、保祚無疆。

永明　菅原在光与文久同勘申。『年号勘文』。『改元記』。『隋書』。〔音楽志〕隆我帝載、永明明。

保和　菅原為政与文久同勘申。『年号勘文』。『改元記』。『易』。〔乾卦〕乾道変化、各正性命、保合大和、乃利貞。

万保　菅原為政与文久同勘申。『年号勘文』。『改元記』。『詩』。〔瞻彼洛矣〕君子万年、保其家邦。

延祚　菅原為政与文久同勘申。『年号勘文』。『改元記』。『後漢書』。〔譙玄伝〕王者承天、継宗統極、保業延祚。

嘉徳　菅原為政与文久同勘申。『年号勘文』。『改元記』。『左伝』。〔桓七年〕上下皆有嘉徳、而無違心。

寛安　菅原為政与文久同勘申。『年号勘文』。『改元記』。
令徳　『荀子』。〔致仕〕生民寛而安。
明安　菅原修長与文久同勘申。『年号勘文』。『改元記』。
『詩』。〔仮楽〕仮楽君子、顕顕令徳、宜民宜人、受禄于天。
建中　菅原修長与文久同勘申。『年号勘文』。『改元記』。
『書』。〔尭典〕放勲、欽明文思安安。
『後漢書』。〔荀爽伝〕聖人建天地之中、而謂之礼。

**元治**［げんじ：一八六四―六五年］　孝明天皇。文久四年二月二十日。為甲子革令改元。『改元記』。

菅原為栄勘申。『年号勘文』。『改元記』。『難陳』。

『易』。〔乾卦〕乾元用九、天下治也。

『三国志』。天地以四時成功、元首以輔弼興治。

政化　菅原在光与元治同勘申。『年号勘文』。『改元記』。

『貞観政要』。今聖慮所尚、誠是以極政教之源、尽至公之要、嚢括区宇、化成天下。

順治　菅原在光与元治同勘申。『年号勘文』。『改元記』。

『御注孝経』。昔者明王事父孝、故事天明、事母孝、故事地察、長幼順、故上下治。

明教　菅原在光与元治同勘申。『年号勘文』。『改元記』。

政至　菅原在光与元治同勘申。『年号勘文』。『改元記』。『礼記』。自誠明謂之性、自明誠謂之教。

寧延　菅原在光与元治同勘申。『年号勘文』。『改元記』。『貞観政要』。明章済済、倶達時政、咸通経礼、極至情於敦愛。

天悠　菅原在光与元治同勘申。『年号勘文』。『改元記』。『書』。我道惟寧、王徳延。

明治　菅原在光与元治同勘申。『年号勘文』。『改元記』。『礼記』。〔中庸〕高明配天、悠久無疆。

大寧　菅原為政与元治同勘申。『年号勘文』。『改元記』。『易』。〔説卦〕聖人南面自聴天下、嚮明而治。

政化　菅原在光、菅原為政与元治同勘申。『年号勘文』。『改元記』。『貞観政要』。天下大寧、絶域君長、皆来朝貢。

文祥　菅原為政与元治同勘申。『年号勘文』。『改元記』。『孔子家語』。尊君卑臣、政化大行。

治延　菅原為政与元治同勘申。『年号勘文』。『改元記』。『詩』。文定其祥。

万宝　菅原為政与元治同勘申。『年号勘文』。『改元記』。『貞観政要』。朕看古来帝王、以仁義為治者、国祚延長。

『文選』。蕩乎大乎、万宝以之化。

保和　菅原為政与元治同勘申。『年号勘文』『改元記』。
『易』。〔乾卦〕乾道変化、各正性命、保合大和、乃利貞。

和平　菅原為政与元治同勘申。『年号勘文』『改元記』。
『易』。聖人感人心。而天下和平。

明政　菅原修長与元治同勘申。『年号勘文』『改元記』。
『後漢書』。能明慎政体、総攬権綱。

建功　菅原修長与元治同勘申。『年号勘文』『改元記』。
『史記』。創大業、建万世之功。

政徳　菅原修長与元治同勘申。『年号勘文』『改元記』。
『書』。政乃乂、黎民敏徳。

文寛　菅原修長与元治同勘申。『年号勘文』『改元記』。
『貞観政要』。明達吏事、飾以文学、審定法令、意在寛平。

寧治　菅原修長与元治同勘申。『年号勘文』『改元記』。
『貞観政要』。内外康寧、遂臻至治。

令徳　菅原修長与元治同勘申。『年号勘文』『改元記』。
『詩』。〔仮楽〕仮楽君子、顕顕令徳、宜民宜人、受禄于天。

天建　菅原修長与元治同勘申。『年号勘文』『改元記』。
『後漢書』。通天然之明、建大聖之本、改元正暦、垂万世則。

天静　菅原為栄与元治同勘申。『年号勘文』『改元記』。

大応　菅原為栄与元治同勘申。『年号勘文』。『改元記』。
『史記』。輔徳天下大応。
『後漢書』。至徳要道、天下清静、庶事咸寧。

**慶応**［けいおう：一八六五―六八年］孝明天皇。明治天皇。元治二年四月七日。為前年京都騒擾、京都火、内外国難改元。『改元号記』。
菅原在光勘申。『改元号記』。
『文選』。〔陸士衡、漢高祖功臣頌〕慶雲応輝。

寿徳　菅原長熙与慶応同勘申。『改元号記』。
『五行大義』。寿者孝悌、道徳備、然後修神丹延寿命、富者徳化所及、豊穣無闕。

明順　菅原長熙与慶応同勘申。『改元号記』。
『御注孝経』。〔三才〕則天之明、因地之利、以順天下。

明建　菅原長熙与慶応同勘申。『改元号記』。
『後漢書』。〔賈逵伝〕通天然之明、建大聖之本。

建平　菅原長熙与慶応同勘申。『改元号記』。
『文選』。〔班固東都賦〕以建武之治、永平之事。

宝観　菅原長熙与慶応同勘申。『改元号記』。
『貞観政要』。〔直諫〕今陛下初膺大宝、億兆観徳。

寛禄　菅原長熙与慶応同勘申。『改元号記』。

享寿　菅原長熙与慶応同勘申。『改元号記』。
　『文選』。〈范蔚宗、後漢二十八将論〉以寛科、完其封禄。

明化　菅原在光与慶応同勘申。『改元号記』。
　『芸文類聚』。嘉祚日延、与民優游、享寿万年。

和政　菅原在光与慶応同勘申。『改元号記』。
　『礼記』。〈楽記〉情深而文明、気盛而化神。
　『書』。〈周官〉庶政惟和、万国咸寧、夏商官倍、亦克用乂、明王立政、不惟其官、惟其人。

元安　菅原在光与慶応同勘申。『改元号記』。
　『後漢書』。〈張純伝〉恩徳雲行、恵沢雨施、黎元安寧。

長祥　菅原在光与慶応同勘申。『改元号記』。
　『詩』。濬哲維商、長発其祥。

咸和　菅原在光与慶応同勘申。『改元号記』。
　『書』。〈無逸〉用咸和万民。

永安　菅原在光与慶応同勘申。『改元号記』。
　『後漢書』。〈鄧皇后伝〉永安漢室、綏静四海。

久和　菅原在光与慶応同勘申。『改元号記』。
　『周礼』。〈考工記〉準則久、和則安。

徳政　菅原修長与慶応同勘申。『改元号記』。

『御注孝経』。〔聖治〕能成其徳教、而行其政令。

亨長　菅原修長与慶応同勘申。『改元号記』。
『唐鑑』。〔玄宗〕享国久長、子孫蕃昌。

禎応　菅原修長与慶応同勘申。『改元号記』。
『晋書』。〔武帝紀〕禎祥顕応、風教粛清。

大安　菅原修長与慶応同勘申。『改元号記』。
『漢書』。〔高祖紀〕偃兵息民、天下大安。

建明　菅原修長与慶応同勘申。『改元号記』。
『後漢書』。〔桓帝紀〕既建明哲、克定統業、天人協和、万国咸寧。

康寧　菅原長修与慶応同勘申。『改元号記』。
『晋書』。宇内康寧、苛慝不作。修長、長修一人。

天成　菅原長修与慶応同勘申。『改元号記』。
『晋書』。〔武帝紀〕地平天成、万邦以文。

明定　菅原長熙与慶応同勘申。『改元号記』。
『書』。〔胤征〕聖有謨訓、明徴定保。

徳化　菅原長熙与慶応同勘申。『改元号記』。
『漢書』。〔平帝紀〕宣明徳化、万国斉同。

天秩　菅原長熙与慶応同勘申。『改元号記』。
『書』。〔皐陶謨〕天秩有礼、自我五礼、有庸哉。

観徳　菅原長熙与慶応同勘申。『改元号記』。
『礼記』。〔楽記〕楽行而民郷方、可以観徳矣。
大暦　菅原長熙与慶応同勘申。『改元号記』。
『隋書』。〔楽志〕尭昔命舜、舜亦命禹、大人馭暦、重規沓矩。
万寧　菅原長熙与慶応同勘申。『改元号記』。
『呂氏春秋』。〔仲夏〕天下太平、万物安寧。
大寛　菅原長熙与慶応同勘申。『改元号記』。
『羣書治要』。〔表子書〕天地之道貴大、聖人之道貴寛。
天政　菅原在光与慶応同勘申。『改元号記』。
『文選』。〔王元長、永明九年策秀才文〕食惟民天、農為政本。
万弘　菅原在光与慶応同勘申。『改元号記』。
『文選』。〔曹子建求通親親表〕夫天徳之於万物、可謂弘広矣。
天健　菅原在光与慶応同勘申。『改元号記』。
『易』。〔乾〕天行健、君子以自彊不息。
文隆　菅原在光与慶応同勘申。『改元号記』。
『文選』。〔曹子建求自試表〕欲卒文武之功、継成康之隆。
天享　菅原在光与慶応同勘申。『改元号記』。
『文選』。〔于令氏晋紀総論〕順乎天而享其運、応乎人而和其義。
永基　菅原修長与慶応同勘申。『改元号記』。

『晋書』。〔武帝紀〕朕守遺業、永惟保乂皇基、思与万国、以無為為政。

平成　菅原修長与慶応同勘申。『改元号記』。

『書』。〔大禹謨〕地平天成、六府三事允治、万世永頼。

天寧　菅原修長与慶応同勘申。『改元号記』。

『文選』。〔七発〕天下安寧、四宇和平。

乾永　菅原修長与慶応同勘申。『改元号記』。

『隋書』。〔音楽志〕聖主寧区宇、乾坤永相保。

万保　菅原修長与慶応同勘申。『改元号記』。

『詩』。〔瞻彼洛矣〕君子万年、保其家邦。

永寧　菅原修長与慶応同勘申。『改元号記』。

『宋書』。〔楽志〕普天安楽、永大寧。

大亨　菅原修長与慶応同勘申。『改元号記』。

『易』。〔无妄〕大亨以正、天之命也。

明治［めいじ：一八六八—一九一二年］　明治天皇。慶応四年。

『易』。〔説卦〕離也者明也、万物皆相見、南方之卦也、聖人南面而聴天下、嚮明而治、

蓋取諸此也。

『阮籍通易論』。南面聴断、向明而治。

大正［たいしょう：一九一二―二六年］今上。明治四十五年。

『易』。〔上象伝〕臨、大亨以正、天之道也。又。大畜、能止健、大正也。〔注〕健莫過乾、而能止之、非夫大正、未之能也。

『書』。〔武成〕惟有道曾孫、周王発、将有大正于商。〔注〕大正以兵征之也。

『書』。〔冏命〕今予命汝作大正、正于羣僕侍御之臣。〔注〕欲其教正羣僕、無敢佞偽。

# 後記

この巻には帝謚考、元号考、の二書を収めてある。

帝謚考　は歴代天皇の謚号の出典を考証したもので、図書頭に就任した当時、図書寮で帝謚考を編輯するや否やが問題になつてゐたさうであるが、就任後直ちにこれを編輯することに決定し、一年半後の大正八年十月三日稿を畢り、同十年三月図書寮から、限定版一百部、毎冊番号入りで刊行、関係諸官及び特別縁故ある者に配附された。美濃判和紙和装二三四頁で、無論非売品である。

元号考　は帝謚考に引続いて、大化以来明治に至るまで二百四十有余の年号の出典を考証したもので、薨去の数日前まで加筆を怠らなかつたが、遂に完成せずに終つた。始めて鷗外全集の編輯が計画されるに当り、以上二篇を特に宮内大臣の許可を得て集中に収め、更に遺志によつて、図書寮編修官吉田増蔵氏に請ひ、帝謚考全部の訂正補修を得、同編修官芝葛盛氏は中御門、桜町、桃園三天皇の謚号に関し、記録中より有益なる資料を抽いて吉田氏に提供せられた。今回の刊行には、その補修に係るものは補字を冠し、小文字を以て記して置いた。校正に際してはわたくしの保管してゐる自筆の原稿と、図書寮の刊本とを参照した。

元号考に関しては、旧版全集に与謝野寛氏が書かれた編纂者の言葉の中に茲に採録したるは、先生の遺嘱と我々の懇請とに由り、図書寮の吉田増蔵先生が非常なる努力を以て未成の三分を補修せられたるものである。されば正に先生と吉田先生との共撰と称すべきであるが、謙遜なる吉田先生は之を肯ぜられないから、一言この事を附記して我々編者の感謝を表して置く。なほ吉田先生は、「帝謚考」、「元号考」両篇の何れに就いても、公余の時の乏しいため、多くの史料を悉く渉猟するに至らず、従つて故先生の遺嘱に対し自ら満足するだけの完成を遂げ得なかつた事を遺憾とする旨、茲に附記する事を求められた。

と記された。その当時図書寮の自筆原稿から謄写した印刷用原稿は、普及版刊行の節与謝野氏に照会した処、麹町より荻窪に転居の際、不用の反故類と共に誤つて焼却したとの事であつたから、今度の印刷にかゝる前に、旧版全集を以て原稿と対校するつもりで、それには十日間あれば充分と思ひ、図書寮編修課長に宛てて原稿閲覧の事を願つたが、図書寮から原稿は無いといふ回答に接し、不取敢旧全集に拠つて印刷し、誤字脱字と思はるゝものは帝国図書館、静嘉堂文庫、無窮会神習文庫の蔵書を以て校訂した。元来が未完の稿本であるから、同一書でも引用の場所によつて字句に詳略があり、句読点が違つてゐる。又殆ど書名のみで、篇目が記されてゐない為に、捜索し得なかつたものもあり、且稿本を見られぬ為に何れの部分が補修にかゝるものか判明せず、わたくしとしては甚だ不満足であるが事情已むを得ない。尚一言して置きたいのは、元号考撰述に着手した頃は、未だ長慶院天皇の御在位の期間が決定して居らなかつた為に、文中、天授、弘和三元号の配合が現在と相違して居ることで、すべて本のまゝにして置いた。読者の諒恕を得ば幸ひである。

森潤三郎

本書は改めて特に記すこともないので、昭和十二年版の鷗外全集の後記をそのまゝ使つた。

森於菟

＊編集部注　この「後記」は本書が底本とした『鷗外全集』第一三巻（岩波書店、一九五三年）に付されたものです。

# 解説

猪瀬直樹

## 1

新元号「令和」が決定する三年近く前、平成二十八年（二〇一六年）八月八日、天皇はビデオメッセージで「生前退位」を表明した。天皇が国民に直接語りかけるのはきわめて異例で、昭和天皇の終戦の玉音放送はよく知られているが、その後は東日本大震災とこのときのみに限られた出来事だった。

「戦後七十年という大きな節目を過ぎ、二年後には、平成三十年を迎えます。

私も八十を越え、体力の面などから様々な制約を覚えることもあり、ここ数年、天皇としての自らの歩みを振り返るとともに、この先の自分の在り方や務めにつき、思いを致すようになりました」

高齢により体力が低下したなかで被災地を始め全国各地を厭わずに訪れるだけでなく、国賓を迎えて晩餐会を行い、また内廷での伝統行事に出席しなければならない。「生前退位」は近代天皇制にとって異例だが、高齢社会の到来を身近に感じている国民にはきわめてわかりやすいメッセージとしてシンパシィをもって受け止められたと思う。

だがここにもうひとつ、国民はあまり強い印象をもたないでいるが、重要な意味も込められているのが後半のくだりである。

「これまでの皇室のしきたりとして、天皇の終焉に当たっては、重い殯《もがり》の行事が連日ほぼ二ヶ月にわたって続き、その後喪儀《そうぎ》に関連する行事が、一年間続きます。その様々な行事と、新時代に関わる諸行事が同時に進行することから、行事に関わる人々、とりわけ残される家族は、非常に厳しい状況下に置かれざるを得ません」

僕は昭和天皇の容体報道を思い出していた。昭和六十三年（一九八八年）九月十九日夜、昭和天皇の容体が急変した。その二日前の九月十七日に韓国でソウル五輪が開幕したが、天皇の容体報道はしだいに過熱して、ソウル五輪の中継を画面から外へ押しやってしまった。お笑い番組やプロレス中継も自粛となり、井上陽水の「お元気ですか〜」という自動車メーカーのCMも音声を消されて流されることもあった。

　こうして翌昭和六十四年一月七日の天皇崩御まで、さらに二月二十四日の大喪の礼まで、メディアの自主規制が続いたのである。

　それから武蔵陵への埋葬があり、「喪儀に関連する行事が、一年間続きます」と述べられたように内廷には崩御にまつわる伝統儀式は幾つもあった。ふつうの国民でも葬式があり、納骨があり、初七日があり、四十九日があり、一周忌があるが、それが国家レベルで行われる。したがっておめでたい即位式は一年十ヵ月後まで待たねばならなかったのだ。

　天皇は「家族は非常に厳しい状況下に置かれる」との旨を遠回しに述べられたが、その前に「新時代に関わる諸行事に関わる人々」とはっきり述べられたのは、もし二〇二〇東京オリンピック・パラリンピックの開催と自らの崩御が重なり合えば、一九六四年以来、半世紀振りの祝祭空間が台無しになってしまう、そのリスクを配慮されたと推量できる。

天皇崩御・改元・新天皇の即位という一連の行事は、明治から大正へ、大正から昭和へ、昭和から平成へと、時代の節目となる国家的な祭祀空間が成立する瞬間であった。それが一個人の肉体の消滅という偶然事に委ねられているのである、一世一元の制が敷かれた近代天皇制においては。それを最もよく認識している唯一の当事者は何方なのか、明らかだろう。

天皇崩御と改元が、こうして近代天皇制下で初めて分離された。後世、この苦渋裡の判断に気づいた国民は、平成の天皇を英明なる君主として記憶するに違いない。

## 2

森鷗外が宮内省帝室博物館総長兼図書頭《ずしよのかみ》に任ぜられたのは、奇しくも大正天皇崩御の日のちょうど九年前、大正六年（一九一七年）十二月二十五日だった。前年の大正五年四月十三日、陸軍軍医総監・陸軍省医務局長を辞して以来、一年八ヵ月振りの官職復帰である。

鷗外にはやらねばならぬ仕事があった。そのため史伝小説『北条霞亭《ほうじようかてい》』を、東京日日・大阪毎日新聞で連載しはじめていたが、この連載は官職復帰翌日の十二月二十六日をもって中断した。連載を中断してもやらねばならなかったこと、それが『帝諡考《ていしこう》』及び『元号考』（本書では『元号通覧』と改題）の作業だった。

図書頭就任六日目の十二月三十日、親友賀古鶴所《かこつるど》宛に「老ぬれと馬に鞭うち千里をも走らむとおもふ年立ちにけり」（傍点は原文）と書き送っている。先に手をつけたのが『帝謚考』だった。天皇の謚《おくりな》についての考証である。

明治天皇が正式に元号「明治」を謚号（実は追号）としたのは、崩御より四週間後の大正元年八月二十七日であった。生存中は今上天皇であり、崩御後四週間は大行《たいこう》天皇（先帝）と呼ばれていた。一世一元の制が敷かれる以前、つまり、明治天皇のひとつ前の孝明天皇は弘化三年（一八四六年）に践祚《せんそ》したが、在位二十年間に元号は弘化、嘉永、安政、万延、文久、元治、慶応と七つを数えた。天皇即位（践祚）と改元とは別立てになっていたのである。

鷗外のまとめた『帝謚考』は上篇と下篇に分かれている。上篇は「天皇追号ノ種類」「漢風謚」「本朝ノ漢風謚」「国風謚」「謚ノ停廃」「院号及後号」「天皇号」の七項で、謚の分類と沿革の考証である。

『帝謚考』が宮内省図書寮より刊行されたのは大正十年三月だが、鷗外はそれより一年近く前に、すでに次の作業である『元号考』の探究に向かっていた。

鷗外は大正九年四月二十八日賀古鶴所宛書簡で、「明治」と「大正」の元号について否定的な見解を開陳するようになる。

「明治は支那の大理と云ふ国の年号にあり尤《もつとも》これは一作二明統一とあるゆゑ明治ではなかつたかも知れず、大正は安南人の立てた越《えつ》（ベトナム）といふ国の年号にあり又何も御幣をかつぐには及ばねど支那にては大いに正の字の年号を嫌候《きらひさうらふ》。「一而《ニシテ》止《ル》」と申候。正の字をつけ滅びた例を一々挙げて居候。不調べの至と存候」（原文に句読点なし、仮名遣い片カナ、

以下同じ）
「不調べの至と存候」と鷗外が吐き棄てるように書きつけてから病床に臥すまでの期間は決して長くない。大正十一年五月二十六日、死期を予感した鷗外は、賀古宛書簡でこう書いた。
「女、酒、烟草《たばこ》、宴会、皆絶対にやめてゐる。此上《このうへ》は役を退くヿ《こと》より外ない。しかしこれは僕の目下やつてゐる最大著述（中外元号考）に連繋してゐる。これをやめて一年長く呼吸してゐると、やめずに一年早く此世をおいとま申すとどつちがいいか考物である。又僕の命が著述気分をすてて延びるかどうか疑問である」
　僕はこの「最大著述」という言葉に誇張はないと思っている。なぜ鷗外は『元号考』を「最大著述」と敢えていうか。
「お通夜の晩、図書寮の方が、こんな話をされた。ある朝、図書寮の坂に掛かると、自分よりも十歩ばかり前を、ノロノロとまるで這うようにして坂を登って行く老人がいる。見ると、右の足を引き摩《ず》るようにして前へ出し、次に左の足を同じように引き摩るようにして前へ出す。気息奄々《えんえん》という言葉を絵にしたら、こんなだろうと思いながら、忽《たちま》ちその老人を追い抜こうとしてフト見ると、何と、それが先生だったというのである。（萎縮腎により）足に浮腫が来たのだ」（「森鷗外」、『小島政二郎全集』第三巻、鶴書房、昭和四十二年刊）
　死期が迫っていた鷗外が病床に就くのは大正十一年六月十五日である。はじめて額田晉《ぬかだすすむ》の診療を受けたのが六月二十九日、その日まで鷗外は自ら日記を書いていた。が、三十日以降、吉田増蔵に代筆させた。全日記を収録した『鷗外全集』第三十五巻（岩波書店、昭和五十年刊）では、「二十九日。木。第十五日。額田晉診予」の次に「（以下吉田増蔵氏代筆）」と一行挿入されている。「第十五日」というのは、出勤できなくなった日数のことで、日記の最後、七月五日の項は「五日。水。第二十一日……」となっている。

ここに登場する吉田増蔵という人物は、鷗外とどういう関係にあるのだろう。遺言を筆記した賀古鶴所は、鷗外にとって「少年ノ時ヨリ老死ニ至ルマデ一切秘密無ク交際シタル友」だったが、日記の代筆を頼まれた吉田増蔵にも、それなりのいわく因縁があるはずである。ところが、吉田が漢学者で宮内省編修官であったこと以外、鷗外研究の諸家はいずれも無関心なのである。

宮内庁人事課所蔵の『転免物故歴』を閲覧して、「本貫族籍・福岡県平民　勲位・正六位　生年月日・慶応二年十一月二十三日」で私塾で漢学を学び中等教育検定を受け、属官として宮内省に入り、「明治四十二年、京都帝大支那哲学修業」（正規の課程でなく選科なので卒業でなく修業）、奈良女子高等師範学校教授などを歴任、大正九年に宮内省図書寮編修官に任ぜられている、などの経歴はつかめた。鷗外が『元号考』に取り組んだ時期と、吉田が図書寮にきた時期が一致している。

これが偶然の一致ではないと思われるのは、病床の鷗外が吉田に日記を代筆してもらう少し前、六月二十日の項に、留意しておきたい記述がある点だ。

「二十日。火。晴。第六日。呼吉田増蔵託事」

吉田に託した事、とはいったいなにか。鷗外の死の直後に『明星』（大正十一年九月号）は「森林太郎先生哀慕篇」と題した特集を組んだ。そのなかに「森先生に就て」という吉田増蔵の一文がある。

「小生の先生を識りしは大正七年の冬にて、先生に親炙《しんしゃ》せる時期極めて短かりしも、九年十月図書寮に奉職してより、毎週火木土の三日は午餐の卓を共にし先生の緒論を聞くを得たるのみならず、下僚として時々調査物など申付られ、意見を交ふる事もあり、殊に先生の易簀《えきさく》の二十日前より委嘱せられしことありて、先生の邸中に起臥せる関係もあり、旁々《かたがた》先生晩年に於ける思想の一斑を窺ふことを得申し候」

　この「易簀の二十日前より委嘱せられしこと」が大正十一年六月二十日の「吉田増蔵託事」にあたる。易簀つまり鷗外が死去したのはその年の七月九日午前七時だからである。

　吉田が「先生を識りしは大正七年の冬」であったが、翌八年三月二十七日の鷗外の日記に「吉田増蔵再至。出詩歌稿似我。知其号学軒」とある。吉田は号を学軒と称したが、そのことを鷗外が初めて知るのは、吉田の漢詩をみてからだったことが、この記述からわかる。注目すべきは「出詩歌稿似我」である。吉田に自分と似た何かを感じていたにちがいない。『帝謚考』『元号考』が収録されている『鷗外全集』第十三巻（岩波書店、昭和二十八年刊）の後記（本書、三一〇―三一二頁に収録）には「旧版全集に与謝野寛氏が書かれた編纂者の言葉」として『元号考』と吉田増蔵の関係について触れられている。その旧版全集に載せられた与謝野寛の解説を引く。

「(『元号考』を) 茲《ここ》に採録したるは、先生の遺嘱と我々の懇請とに由《よ》り、図書寮の吉田増蔵先生が非常なる努力を以て未成の三分を補修せられたるものである。……吉田先生は、『帝謚考』、『元号考』両篇の何《いず》れに就いても、公余の時の乏しいため、多くの史料を悉《ことごと》く渉猟するに至らず、従つて故先生の遺嘱に対し自ら満足するだけの完成を遂げ得なかつた事を遺憾とする旨、茲に附記する事を求められた」

鷗外が吉田に託した事とは未完の『元号考』を完成させることだった。吉田はさすがに鷗外ではないから総括的な意味を記す『帝諡考』の上篇にあたる部分は書くことができなかったのだ。

しかし、果たしてそれだけだろうか。吉田に託した最も肝腎なこと、それは次代の元号を選定することではなかったか。

一木喜徳郎《いちききとくろう》・宮内大臣は吉田増蔵に「左記の五項の範囲内に於て」元号選定にあたるように命じた。

「一、元号は、本邦はもとより言うを俟《ま》たず。支那、朝鮮、南詔、交趾《こうし》（ベトナム）等の年号、その帝王、后妃、人臣の諡号、名字等及び宮殿、土地の名称等と重複せざるものなるべきこと。

一、元号は、国家の一大理想を表徴するに足るものとなるべきこと。

一、元号は、古典に出拠を有し、その字面は雅馴《がじゅん》にして、その意義は深長なるべきこと。

一、元号は、称呼上、音階調和を要すべきこと。

一、元号は、その字面簡単平易なるべきこと」

一木宮内大臣が掲げたこの五項は「元号とは何か」という正面からの問いを巧みに避けている。しかし元号がもたねばならぬ不可欠な条件をぬかりなく示していた。

吉田増蔵の遺族が保管している資料があった。「大正十五年二月」という日付のある宮内省専用箋には七十近い数の元号案が筆文字で列挙されている。スミで消してある文字もあるため、正確な数は数えられないが、「昭和」はこの段階ですでに入っている。「十五年七月」の日付のものは三十一に絞られていた。

宮内省とは別に内閣側でも元号案をつくらせており、東京日日新聞がスクープしたとされる「光文」はそのひとつだが、大正天皇崩御直後の枢密院会議には提出されていない。枢密院会議が終わる前に「光文」の号外が出たから慌てて「昭和」に切り換えたという都市伝説は間違いである。

吉田増蔵の遺族が保管していた資料が、さらにもうひとつある。先の資料と同じく宮内省専用箋に書かれた一五七頁に及ぶその資料の最初の行には、「年号索引」と題されている。

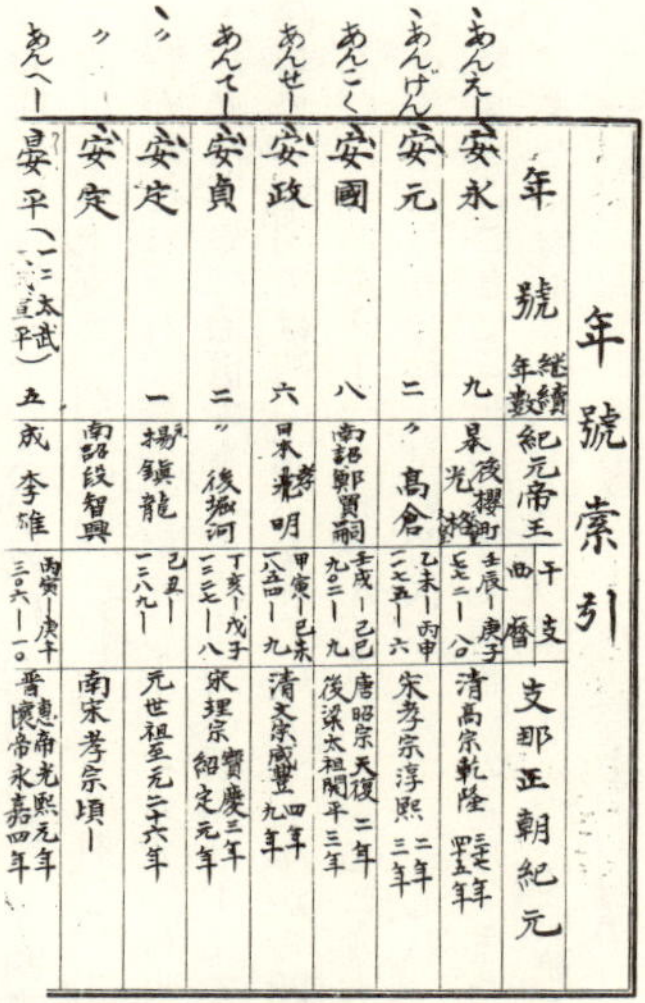

年號索引

| 年號 | 継續年數 | 紀元帝王 | 干支西曆 | 支那正朝紀元 |
| --- | --- | --- | --- | --- |
| あんえい 安永 | 九 | 後桜町 光格 | 壬辰—庚子 一七七二—八〇 | 清高宗乾隆 三七年 四五年 |
| あんげん 安元 | 二 | 〃 高倉 | 乙未—丙申 一一七五—六 | 宋孝宗淳熙 二年 三年 |
| あんこく 安國 | 八 | 南詔鄭買嗣 | 壬戌—己巳 九〇二—九 | 唐昭宗天復 二年 後梁太祖開平 三年 |
| あんせい 安政 | 六 | 日本 孝明 | 甲寅—己未 一八五四—九 | 清文宗咸豐 四年 九年 |
| あんてい 安貞 | 二 | 〃 後堀河 | 丁亥—戊子 一二二七—八 | 宋理宗 寶慶三年 紹定元年 |
| 〃 安定 | 一 | 元 楊鎮龍 | 乙丑— 一二八九— | 元世祖至元二十六年 |
| 〃 安定 | | 南詔段智興 | | 南宋孝宗頃— |
| あんへい 晏平（一二太武 [illegible]平） | 五 | 成 李雄 | 丙寅—庚午 三〇六—一〇 | 晋恵帝光熙元年 懐帝永嘉四年 |

『年号索引』第1葉

『元号考』があくまでも日本の元号のみを対象としているのに対し、『年号索引』では、まさに一木宮内大臣が掲げた「支那、朝鮮、南詔、交趾」の元号に加えて「永喜」などの日本の私年号も含めて網羅され、五十音順に並べられている。

少し詳しく見てみると、標題の次行は項目名となっており、最上段の欄には「年号」、その下部に「継続年数」と割書きされ、二段目の欄には「紀元帝王」、三段目は「干支」「西暦」の二行に分けられ、最下段には「支那正朝紀元」とある。その次の行からそれぞれの欄に対応する形で「安永」は九年続き、その年号は日本の後桜町天皇および光格天皇の治世のもの、具体的な期間は干支では壬辰から庚子、西暦では一七七二―八〇年で、中国では清の高宗乾隆帝の三十七年から四十五年だったことが示される。また欄外上部には「あんえー」と読みが記されている（なお、本書にもあるように「安永」は実際には後桃園天皇と光格天皇の時代の元号で、一七八一年（乾隆帝四十六年）まで続く）。

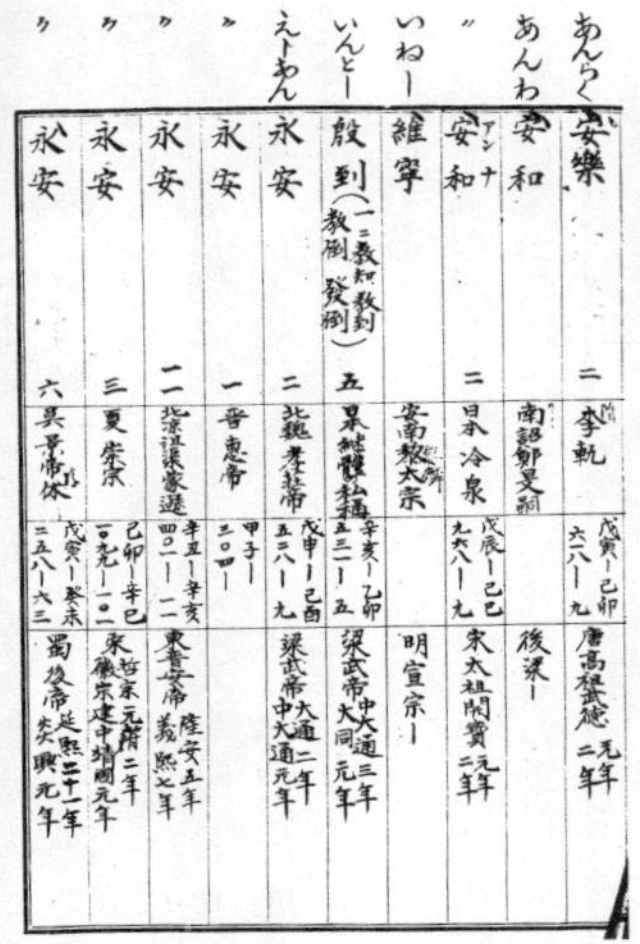

| | | | | | |
|---|---|---|---|---|---|
| あんらく | 安樂 | 二 | 李軌 | 戊寅―己卯 六一八―九 | 唐高祖武徳元年二年 |
| あんわ | 安和 | | 南詔鄭旻嗣 | | 後梁― |
| 〃 | 安和《アンナ》 | 二 | 日本冷泉 | 戊辰―己巳 九六八―九 | 宋太祖開寶元年二年 |
| いねー | 維寧 | | 安南黎太宗 | | 明宣宗― |
| いんとー | 殷到（一ニ殷知 殷到 殷例 發例） | 五 | [illegible] | 辛亥―乙卯 五三一―五 | 梁武帝中大通三年大同元年 |
| えーあん | 永安 | 二 | 北魏孝荘帝 | 戊申―己酉 五二八―九 | 梁武帝大通二年中大通元年 |
| 〃 | 永安 | 一 | 晋恵帝 | 甲子― 三〇四― | |
| 〃 | 永安 | 一一 | 北涼沮渠蒙遜 | 辛丑―辛亥 四〇一―一一 | 東晋安帝隆安五年義熙七年 |
| 〃 | 永安 | 三 | 夏崇宗 | 己卯―辛巳 一〇九九―一一〇一 | 宋哲宗元符二年徽宗建中靖国元年 |
| 〃 | 永安 | 六 | 呉景帝休 | 戊寅―癸未 二五八―六三 | 蜀後帝延熙二十一年炎興元年 |

興味深いことに「明治」は「南詔」の元号、また「大正」も「安南」の元号として掲げられ、また「南詔」の「明治」の欄には「（一に明統）」とあり、本節の冒頭で紹介した大正九年四月二十八日の賀古宛書簡の記述と一致する（鷗外の書簡では「大理」「越」だが、『年号索引』では時代にかかわらず地域名として「南詔」や「安南」を使用していると思われる）。さらに大正十一年五月二十六日の書簡で「最大著述（中外元号考）」（傍点は筆者）と記していることを考えると、鷗外が日本のみならず各国の元号を網羅しようとして

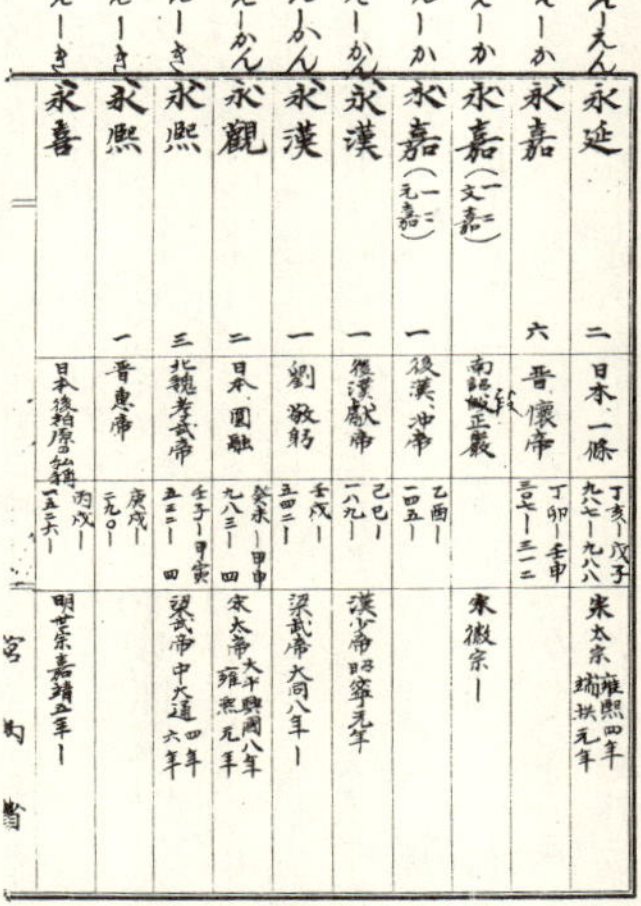

| | | | | | |
|---|---|---|---|---|---|
| えーえん | 永延 | 二 | 日本、一條 | 丁亥―戊子 九八七―九八八 | 宋太宗雍熙四年 端拱元年 |
| えーか | 永嘉 | 六 | 晋、懐帝 | 丁卯―壬申 三〇七―三一二 | |
| えーか | 永嘉（一文嘉） | | 南詔鄭正厳 | | 宋徽宗― |
| えーか | 永嘉（一元嘉） | 一 | 後漢、冲帝 | 乙酉― 一四五― | |
| えーかん | 永漢 | 一 | 後漢、献帝 | 己巳― 一八九― | 漢少帝昭寧元年 |
| えーかん | 永漢 | 一 | 劉、敬躬 | 壬戌― 五四二― | 梁武帝大同八年― |
| えーかん | 永観 | 二 | 日本、円融 | 癸未―甲申 九八三―四 | 宋太帝太平興国八年 雍熙元年 |
| えーき | 永熙 | 三 | 北魏、孝武帝 | 壬子―甲寅 五三二―四 | 梁武帝中大通四年 六年 |
| えーき | 永熙 | 一 | 晋、恵帝 | 庚戌― 二九〇― | |
| えーき | 永喜 | | 日本後柏原の私稱 | 丙戌― 一五二六― | 明世宗嘉靖五年― |

宮内省

『年号索引』第２葉

いたと考えてもおかしくはない。鷗外もこの『年号索引』のような資料を作成していたのかもしれない。

後で触れるように『元号考』では、南朝の長慶天皇の在位期間が現在の理解とは異なる。『年号索引』では、『元号考』で退位時期と考えられている「文中」と、現在退位時期と考えられている「弘和」の間の「天授」で退位したことになっている。また南詔の「明治」に加えて日本の「明治」が掲げられていても「大正」は掲げられていないことなど、『元号考』とは微妙に差異があり、その完成時期や『元号考』との関係は不明である。しかし、次の元号選定のために吉田増蔵にとってもこの『年号索引』の作成は、必須の作業であっただろう。

吉田増蔵の提案した「昭和」は、『書経（尭典）』の「克明俊徳、以親九族、九族既睦、平章百姓、百姓昭明、協和万邦、黎民於変時雍」から「昭」と「和」を取り出したものであった。

問題は天変地異が改元の理由になった時代とはちがう、合理主義の時代に元号に固執することの意味である。

## 3

鷗外はこれに最後の情熱をふりそそいだ。宮内省図書頭という官職をただ務めるためだけで、彼は『元号考』にとり組んだのではなかった。その傍証はすでに掲げてきた。洋行体験のある一級の知識人をとらえて離さなかった心事は、元号のどこに隠されているのだろうか。

吉田増蔵の語るエピソードのなかにこういう話がある。

「或る時天とかいう問題に触れたので、私は儒学の天という字には自然界の天と宗教的の天と哲学的の天との三種の意義あることを説明した。此の問題に就いて哲学的の天、即ち道徳的の天を主張して、宗教的の天即ち神霊的の天に反対する人があったので、先生は徐《おもむ》ろに僕は矢張り神は有るものにして置きたいと言われた」(『文学』昭和十一年六月号)

図書寮の食堂で編修官らといっとき、軽い冗談を挟みながら雑談しているうちに、話題は一挙にシリアスなものに転じた。「僕は矢張り神は有るものにして置きたい」と鷗外が思わず呟いたこのひとことは、たぶん本音なのだろう。『元号考』のため漢籍の山に埋もれながら考証に取り組んでいたときにそう述べている。考証の作業は「万世一系」という虚構をつぶさにみつめることになるにもかかわらず、である。

かつて五十歳の誕生日を目前にした鷗外は『かのやうに』(明治四十五年一月『中央公

論』に発表）で「万世一系」の虚構に対するジレンマについて書いた。『かのやうに』の主人公五条秀麿《ひでまろ》は若き日の鷗外の分身である。

五条秀麿は大学で歴史を専攻した後、ドイツに留学。帰国後は歴史家を志す。父親である五条子爵は必ずしも頑固な国家主義者でもなく、また古風な神道家でもない。むしろ常識的な政治家として描かれている。ただ息子に対しては、神話と歴史とを結合して国民の信仰を崩さないことを望んでいる。秀麿は、神話が歴史でないということを言明することなしには、科学的な歴史の研究は不可能であると感じて、この間のジレンマに懊悩《おうのう》する。洋行帰りの息子は思う。

「まさかお父う様だつて、草昧《さうまい》の世に一国民の造つた神話を、その儘《まゝ》歴史だと信じてはゐられまいが、うかと神話が歴史でないと云ふことを言明しては、人生の重大な物の一角が崩れ始めて、船底の穴から水の這入《はい》るやうに物質的思想が這入つて来て、船を沈没させずには置かないと思つてゐられるのではあるまいか」

答は仮に置かれたにすぎない。

「祖先の霊があるかのやうに背後《うしろ》を顧みて、祖先崇拝をして、義務があるかのやうに、徳義の道を踏んで、前途に光明を見て進んで行く。……どうしても、かのやうにを尊敬する、僕の立場より外に、立場はない」

いかなる価値をも絶対化しないにしても、社会が秩序を必要としている以上、伝統的な価値が絶対の真理であるかのように振舞う他はない。鷗外は『かのやうに』の主人公秀麿にそう言わせた。

明治国家は後世から見れば立派な天守閣があり金の鯱《しやちほこ》がきらめいている。だが文久二年（一八六二年）生まれの鷗外はその設計者の世代に近い。鷗外は官僚エリートとして近代国家創出から完成へとかかわってきたのだ。だから明治国家は権威ではない。楽屋裏を知っているのである。彼にとって明治は新興勢力のつくった危うい国家であった。表から見れば堅固な城郭が、裏からのぞくと随所に急いで打ち付けた釘のところどころが浮いている。鷗外は自然主義作家として登場した田山花袋より九歳、島崎藤村より十歳年長である。明治の権威に反発することにアイデンティティを見つけるわけにもいかないのである。

鷗外は大正七年（一九一八年）の元日から十日まで『礼儀小言』という随筆を東京日日（大阪毎日は五日から十四日まで）に発表した。同紙には、大正五年に『澀江抽斎《しぶえちゆうさい》』『伊沢蘭軒《いざわらんけん》』を発表している。この『礼儀小言』を書いていた時期は恐らく、前年大正六年の暮であろう。

「今の人類の官能は意義と形式とを別々に引き離して視《み》ようとする。そして形式の中《うち》に幾多の厭悪《えんを》すべき疵瑕《しか》を発見する。荘重の変じて滑稽となるは此時である。是《これ》は批評精神の醒覚《せいかく》に本づいてゐる。そして批評精神の醒覚は現代思潮の特徴である。批評精神が既に形式の疵瑕を発見する。荘重なる儀式は惣《たちま》ち見功者《みごうしや》の目に映ずる緞帳《どんちやう》芝居となる。是に於て此疵瑕を排除せむと欲する欲望が生ずる。此欲望は動《やや》もすれば形式を破壊するにあらでは已《や》まぬものである」

鷗外は形式の破壊を嘆いている。では、形式主義がいいのか、という通俗的な反問をここでしてはならないと思う。「此《かく》の如き礼は皆滅び尽して、これに代るものは成立してをらぬ」というとき、誰も反論できないからだ。

古い形式は滅びつつあったが新しい明治国家の形式は、「応急の制作物」でしかない。どこか威厳が感じられないが、明治天皇というパーソナリティの幻想はあった。しかし、その「大木」なきあとの国家の形式は、鷗外が『礼儀小言』で嘆いたとおり、日々崩れていく趨勢にあった。国家が機能しなくてはならないと考える鷗外にとって、形式は確保する必要があった。

鷗外は「草昧の世に一国民の造つた神話を、その儘歴史だと信じてはゐ」ない。が、賀古宛書簡で、明治、大正の元号が、過去に他国で使用され、しかも、あまり感心できない先例だったことを述べている。「不調べの至と存候」と明治国家の楽屋裏のお粗末さに内心あきれかえっていた。『元号考』への情熱、すでに明らかである。吉田増蔵に最後に託した事とは、単に『元号考』という著述の完成ではない。そんな事務的な事柄ではなかった。天皇制国家の象徴である元号すらきちんと整備されていない国家を形式において「完成」させることであった。大正のつぎにくる元号は完全無欠である必要があった。

## 4

日本最初の元号は「大化」（六四五年）、教科書に載っているあの「大化の改新」の「大化」である。そこから数えて二百四十六番目が「昭和」であり、鷗外が完璧なものにしたいと吉田増蔵に託してつくられた元号だ。

最初の「大化」について、読み方の補足をすると、並べられている出典の三番目の『書』

は『書経』を指す。つぎの「〔大誥《たいこう》〕」は、『書経』のなかの「周書」内の「大誥」を指すように、典拠内のさらに詳しい箇所を示している。『元号考』はあくまでも稿本（下書き）で、またその稿本そのものが散逸してしまったため、この〔 〕も鷗外によるものか、全集に収録するにあたってほかの誰かによって付されたものなのかは不明である。

飛鳥時代から奈良時代の元号は大宝律令の「大宝」（七〇一―七〇四年）や、仏教文化が花開いた天平文化の「天平」（七二九―七四九年）など耳に馴染んだ元号も少なくない。

この時代の改元は、祥瑞《しょうずい》（めでたいことのしるし）によることが多い。「天平」は「天王貴平知百年」と背中に彫られた亀が献上されたことをきっかけに改元されている。「大宝」は対馬から金が献上された（ただしこの金は対馬産でないことがのちに判明）。「和銅」（七〇八―七一五年）は武蔵野国から銅が献上されたから。

平安時代に入ってから「天長」（八二四―八三四年）など元号の勘申者（元号案の提出者）も判明した範囲で記されるようになるが、「長保」（九九九―一〇〇四年）は典拠として『易』の書名のみで、該当箇所は示されていない。未完のためであろう。

『元号考』には「（按、……）」という注意書き、意見がところどころにみられる。『元号考』に先立って図書寮から刊行された『帝諡考』には「按スルニ……」として、各諡号のところどころに但し書きがあるので、このような形になるものの下書きであったかと思われる。

「白鳳」について、鷗外は「按」の形で、天武天皇の即位を壬申と考え、この年を白鳳元年として、天武天皇の在位中この元号が続いたと解釈し、白鳳十五年に改元された「朱鳥」

（六八六年）を持統天皇在位中の元号としている。しかし、「白鳳」は現在では正式な元号として数えられておらず、また「朱鳥」は天武時代の元号と考えられている。「和銅」の項にも「按」があり、「もとは和同だったのではないか」と推測して「和同」の典拠を挙げている。

先にも触れた鷗外の末弟潤三郎による「後記」には、南朝の長慶天皇の在位期間が本書に着手したころには決定していなかったために、文中、天授、弘和の三元号の「配合」が現在と違うが、そのままにしてある旨がことわられている。『元号考』では「文中」（一三七二―七五年）のときに長慶天皇から後亀山天皇に譲位したことになっているが、現在、譲位はそのあとの「弘和」（一三八一―八四年）のことと考えられている。明治天皇が南朝を正統と勅裁したのは明治四十四年（一九一一年）だが、実証的な研究により長慶天皇の場合、在位が確定するのは大正十五年（一九二六年）まで待たねばならなかった。未完であることと時代的な制約もあり、現在の歴史学の水準から考えると誤っている箇所もある。

すでに述べたように一世一元は明治時代からだ。古代は祥瑞が多かったが、辛酉《しんゆう》革命による改元も増えていく。「延喜」（九〇一―九二三年）は、「為歳次辛酉。又老人星見改元」と理由が記されている。辛酉の年には異変が起こるという説で、原則的に六十年ごとにめぐってくる辛酉の年には改元された。『日本書紀』の神武天皇の即位も「辛酉」となっている。「応和」（九六一―九六四年）は辛酉の年に加え、皇居火災も改元の理由だった。

六十年周期で辛酉に似ているのが「甲子革令《かっしかくれい》」、十干十二支の最初にあたる「甲子」は政治上の変革が起こりやすい年として改元された。「康保」（九六四―九六八年）には「為歳次甲子改元」とある。辛酉、甲子の改元は中国では行われておらず、日本独自であった。

そのほかに「承暦」(一〇七七—八一年)は「天変疱瘡」による改元。「永祚」(九八九—九九〇年)は「彗星地震」による。彗星も改元理由として『元号考』に見えるだけでも四回もある。日照りや洪水、大火事などの改元も多い。「永観」(九八三—九八五年)は「炎旱火災」、「承徳」(一〇九七—九九年)は「天変地震洪水大風等」、「天承」(一一三一—三二年)は「為災旱洪水天変」。「治暦」(一〇六五—六九年)の「三合」、「天元」(九七八—九八三年)の「陽五厄」など陰陽道の厄年に当たる場合もあった。

そのほかの改元理由として地震がある。『元号考』だけでも十五回も数えられるがほんとうはまだあったと思われるが、未完のためか江戸時代以降、改元理由が示されることが少なくなる。

それでも江戸の大火は記録に残るので気になったのであろう。元号制定は本来は朝廷の専管事項だが、成長を続ける大都会・江戸における出来事、規模の大きい大火は被災者も多いので改元の理由になる。

「万治」(一六五八—六一年)は「江戸城火」(明暦の大火)で改元、「弘化」(一八四四—四八年)も「江戸城火」。「万延」(一八六〇—六一年)は「江戸城火、外交難、疫癘改元」と火事だけでなく新しく「外交難」が加わった。桜田門外の変も影響しただろう。翌年が「辛酉」のため、すぐ改元されるとわかっていても改元している。気分一新の厄払いのような、前近代の「改元」に対する考え方がよく表れている。

江戸最後の元号「慶応」(一八六五—六八年)の「前年京都騒擾、京都火、内外国難改

元」は幕末の空気が反映された。「前年京都騒擾」は禁門の変である。

鷗外が不満に思っていたのは、明治や大正の元号があたふたとつくられた感があるからだ。「明治」が最初に候補になるのは、「正長」（一四二八—二九年）を決める際で、その後九回も候補に上がっていた。「大正」も「元弘」（一三三一—三四年）に改元する際の候補にあり、その後二回も落ちている。鷗外と増蔵が苦心した「昭和」はそういうことが一度もない。「平成」は江戸時代最後の元号、「慶応」を決めるときの案にあった。

日本人はこれから「令和」という新しい元号の時代を生きることになる。出典は『万葉集』巻五の梅花の歌三十二首の序「于時、初春令月、気淑風和、梅披鏡前之粉、蘭薫珮後之香（時に初春の令月にして、気淑《よ》く風和《やわら》ぎ、梅は鏡前の粉を披《ひら》き、蘭は珮後《はいご》の香を薫《かお》らす）」から「令」と「和」が選ばれた。

「令和」はこれまで一度も候補に上がっていない。「和」は「昭和」にもあったが元号としては二十回の登場となる。日本人の好みのようだ。「令」は明治時代の前、孝明天皇の時代に七つの元号があったがそのうちの「文久」（一八六一—六四年）と「元治」（一八六四—六五年）のときの候補「令徳」の「令」でしか見つからない。

吉田増蔵が整理した『年号索引』でも他の漢字文化圏の王朝にも事例はない。

そういう意味でひとまず胸をなで下ろした。最晩年の時間を元号に賭け燃え尽きた森鷗外の執念は「令和」にも結実しているのだと思う。

だがひとつだけ忘れてはならないことがある。八世紀に編纂された『万葉集』は日本独自の伝統文化だが、この梅花の歌の序の出典は後漢時代の張衡《ちょうこう》（一三九年没）の『帰田賦《きでんふ》』にあり、六世紀に編纂され広く行き渡っていた『文選《もんぜん》』に収載されている。それをテキストにしてほとんどそのまま引用した一節が、『万葉集』巻五の該当部分である。

ヨーロッパの文明が、ラテン語やギリシア語を古典とするように、東アジア一帯に拡がった漢字文明圏を母体にして日本の文化が育まれてきたのである。元号は漢民族だけでなく蒙古族など北方民族や西域、チベットやベトナムに拡がり、朝鮮半島にしろ日本列島にしろ、各地で独自に使用された。だから鷗外は『元号考』について「中外元号考」という言い方もしている。吉田増蔵が、東アジアまで含めた『年号索引』をつくっているのはそのためだ。

そしていま唯一、日本でのみ「元号」は生き延びた。あらためて「元号」とは何か、と考える機会を与えられているのだ。

こうして「大化」に始まる元号と向き合うとあらためて不思議な感慨に浸る。一四〇〇年の間に二四八もの元号があった。近世まではそれでよい。近代の合理主義の時代ではどうなのか。鷗外は近代国家における元号の役割を究極の形式に見立てた。城郭のてっぺんにある金の鯱は構造設計上の建物の強度には影響を与えず実用性はない。だが鯱がない天守閣はどこか間が抜けて見える。その形が崩れていてはいけないし、完璧であればあるほど美しい、と鷗外は考えたのだと思う。

東京・三鷹の禅林寺に、たまたま森鷗外と太宰治の墓が向き合っている。六月の桜桃忌には、太宰ファンの文学青年風・文学少女風がわがもの顔で墓地を闊歩する。花を手向け、桜桃の缶詰を置き、ウィスキーをかけ、記念写真を撮る場合はてごろな台座を躊躇なく見つける。その台座に利用されるのが斜め向かいの住人森鷗外なのである。

鷗外は日本の近代文学における最後の家長であった。だが、その後、放蕩息子の系譜が主流になっていく。権威に反撥するのはじつは容易で、権威をつくることがいかに難しいかということに考えが及ばないまま現在に至っている。

日本人は自覚的な国家観を持っているのだろうか。鷗外の『元号考』をきっかけにあらためて問い直す時期に来ていると思う。

（作家）

本書は、一九五三年に岩波書店より刊行された、『鷗外全集』第一三巻に収録された『元号考』を改題して文庫化したものです。

森　鷗外（もり　おうがい）

1862-1922年。小説家，評論家，翻訳家。本名は森林太郎。陸軍軍医として最高位を極める一方で，旺盛な文筆活動を展開し，晩年は歴史小説，さらに史伝に転じた。1917年から没するまで帝室博物館総長兼宮内省図書頭を務め，歴代天皇の諡号（おくりな）の出典を考証した『帝謚考』（1921年）を刊行。主な著作に『舞姫』（1890年），『高瀬舟』（1916年）など。

---

講談社学術文庫

定価はカバーに表示してあります。

元号通覧《げんごうつうらん》

森《もり》　鷗外《おうがい》

令和元年5月1日　第1刷発行

発行者　渡瀬昌彦
発行所　株式会社講談社
東京都文京区音羽2-12-21 〒112-8001
電話　編集（03）5395-3512
販売（03）5395-4415
業務（03）5395-3615
装　幀　蟹江征治
印　刷　豊国印刷株式会社
製　本　株式会社国宝社
本文データ制作　講談社デジタル製作

2019　Printed in Japan



---

ISBN978-4-06-515740-4

# 「講談社学術文庫」の刊行に当たって

これは、学術をポケットに入れることをモットーとして生まれた文庫である。学術は少年の心を養い、成年の心を満たす。その学術がポケットにはいる形で、万人のものになることは、生涯教育をうたう現代の理想である。

こうした考え方は、学術を巨大な城のように見る世間の常識に反するかもしれない。また、一部の人たちからは、学術の権威をおとすものと非難されるかもしれない。しかし、それはいずれも学術の新しい在り方を解しないものといわざるをえない。

学術は、まず魔術への挑戦から始まった。やがて、いわゆる常識をつぎつぎに改めていった。学術の権威は、幾百年、幾千年にわたる、苦しい戦いの成果である。こうしてきずきあげられた城が、一見して近づきがたいものにうつるのは、そのためである。しかし、学術の権威を、その形の上だけで判断してはならない。その生成のあとをかえりみれば、その根は常に人々の生活の中にあった。学術が大きな力たりうるのはそのためであって、生活をはなれた学術は、どこにもない。

開かれた社会といわれる現代にとって、これはまったく自明である。生活と学術との間に、もし距離があるとすれば、何をおいてもこれを埋めねばならない。もしこの距離が形の上の迷信からきているとすれば、その迷信をうち破らねばならぬ。

学術文庫は、内外の迷信を打破し、学術のために新しい天地をひらく意図をもって生まれた。文庫という小さい形と、学術という壮大な城とが、完全に両立するためには、なおいくらかの時を必要とするであろう。しかし、学術をポケットにした社会が、人間の生活にとってより豊かな社会であることは、たしかである。そうした社会の実現のために、文庫の世界に新しいジャンルを加えることができれば幸いである。

一九七六年六月　　野間省一